全国高职高专教育"十一五"规划教材

现代信息检索与利用

Xiandai Xinxi Jiansuo yu Liyong

主　编　张秀红　郑益光
副主编　孙建仁　赵生让　宋兰安

高等教育出版社·北京
HIGHER EDUCATION PRESS　BEIJING

内容提要

本书内容主要包括信息检索基础知识、图书馆信息利用、网络信息检索、中文数据库检索、事实和数据检索、特种文献检索和科技论文写作等。在内容体系上，既突出了易用的图书馆信息检索和实用的万维网信息检索，又介绍了常用的中文数据库检索以及各种事实和数据检索；在检索工具上，重点介绍了有代表性的搜索引擎、联机数据库和各种检索网站，选取了个别手工检索工具；在检索方法上，力求详尽，并附以大量的最新实例及图例。每章后设计了思考与练习栏目，以方便教师教学和学生的实践操作。

全书结构合理、内容丰富、图文并茂、通俗易懂，是一部内容全面、深入浅出、实用性较强的信息素质教育专门教材，既可供高职高专院校各学科专业教学使用，也可作为高等院校、科研机构、企事业单位科技人员和图书馆、信息机构有关工作人员的参考用书。

图书在版编目（CIP）数据

现代信息检索与利用/张秀红，郑益光主编. —北京：高等教育出版社，2010.8（2014.5 重印）

ISBN 978-7-04-030830-3

Ⅰ.①现… Ⅱ.①张…②郑… Ⅲ.①情报检索-高等学校：技术学校-教材 Ⅳ.①G252.7

中国版本图书馆 CIP 数据核字（2010）第 144703 号

策划编辑	刘洛克	责任编辑	王友富	封面设计	张 志	责任绘图	尹文军
版式设计	余 杨	责任校对	王 雨	责任印制	毛斯璐		

出版发行	高等教育出版社	咨询电话	400-810-0598
社　　址	北京市西城区德外大街4号	网　　址	http://www.hep.edu.cn
邮政编码	100120		http://www.hep.com.cn
印　　刷	北京中科印刷有限公司	网上订购	http://www.landraco.com
开　　本	787×1092 1/16		http://www.landraco.com.cn
印　　张	12.25	版　　次	2010年8月第1版
字　　数	320 000	印　　次	2014年5月第4次印刷
购书热线	010-58581118	定　　价	22.80元

本书如有缺页、倒页、脱页等质量问题，请到所购图书销售部门联系调换
版权所有　侵权必究
物 料 号　30830-00

前 言

　　21世纪是知识经济的时代,知识成为社会经济发展的主要动力,信息成为社会发展的重要战略资源。信息检索作为专门研究信息存储与信息获取的学科,对于提高大学生的信息素养和信息获取能力具有重要意义。

　　本书在系统介绍信息检索的原理、方法和各类检索工具的使用的基础上,力求探究网络环境下信息检索和利用的新变化,反映信息检索领域的新动态和新方法,以推进大学生信息素质教育。

　　在编写本书过程中,编者总结了过去多年在信息检索教学和实践过程中的经验和成果,突出应用,着力从多方面进行创新。本书具有以下特色:

　　(1) 编写目的明确,内容实用。本书针对高职高专学生的特点,以中文信息资源检索和网络信息资源检索为重点,理论讲授与课后实训操作相结合,学生在学习该课程后,可掌握信息知识,提高信息意识和信息能力,培养良好的信息道德,不但成为信息的利用者,而且成为信息的提供者,为今后的学习打下良好的基础。

　　(2) 检索方法详细,内容常用。本书对图书馆信息资源、网络信息资源及著名数据库等常用资源,从资源内容、检索方法、结果处理等方面都作了详细的介绍。

　　(3) 体系结构完整,内容新颖。本书体系结构完整,既系统介绍了基础理论知识,又联系实际应用。内容在常用、实用的基础上,尽量介绍信息检索领域的最新变化和发展趋势。

　　本书由张秀红、郑益光担任主编,孙建仁、赵生让、宋兰安担任副主编。其中绪论、第一、二、四章由张秀红编写,第三章由郑益光编写,第五章由赵生让编写,第六章由张秀红、赵生让、宋兰安共同编写,第七章由宋兰安编写。全书由张秀红、郑益光、孙建仁统稿。

　　由于时间仓促及作者水平有限,书中难免存在疏漏与不足之处,恳请广大读者批评指正。

编　者
2010年7月

绪论 ………………………………………… 1

第一章 文献信息检索基础 …………… 4

第一节 信息、信息源、文献信息源 …… 4
一、信息 …………………………………… 4
二、信息源 ………………………………… 5
三、文献信息源 …………………………… 6

第二节 文献信息检索 …………………… 9
一、文献信息检索原理 …………………… 9
二、信息检索类型 ………………………… 10
三、信息检索效果评价 …………………… 11

第三节 文献信息检索语言与检索途径 …… 12
一、检索语言 ……………………………… 12
二、检索途径 ……………………………… 14

第四节 文献信息检索的方法与步骤 …… 15
一、文献信息检索方法 …………………… 15
二、文献信息检索步骤 …………………… 17

第五节 文献信息服务系统 ……………… 18
一、图书馆系统 …………………………… 18
二、科技信息服务系统 …………………… 19
三、专利文献服务系统 …………………… 19
四、标准文献服务系统 …………………… 20
五、档案馆系统 …………………………… 20

第二章 图书馆信息资源利用 ………… 22

第一节 图书馆读者服务 ………………… 22
一、图书馆的传统服务 …………………… 22
二、图书馆的网上服务 …………………… 23

第二节 图书馆文献信息组织 …………… 30
一、图书分类 ……………………………… 30
二、图书分类法 …………………………… 30
三、《中国图书馆分类法》 ……………… 30
四、分类索书号与藏书排架 ……………… 33

第三节 数字图书馆 ……………………… 34
一、数字图书馆的定义与特征 …………… 34
二、读秀学术搜索 ………………………… 35
三、中国高等教育文献保障系统（CALIS）… 38
四、国家科技图书文献中心（NSTL）…… 41

第三章 网络信息资源检索 ……………… 44

第一节 网络信息资源 …………………… 44
一、网络信息资源的定义和特点 ………… 44
二、网络信息资源的类型 ………………… 45
三、网络信息检索的一般方法 …………… 47

第二节 网络检索工具——搜索引擎 …… 48
一、搜索引擎概念 ………………………… 48

目录

  二、搜索引擎基本工作原理 …………… 48
  三、搜索引擎类型 …………………………… 49
  四、搜索引擎的检索功能 ………………… 51
  五、搜索引擎的发展趋势 ………………… 52
 第三节 常用中文搜索引擎 ……………… 53
  一、百度 ………………………………………… 53
  二、谷歌 ………………………………………… 59
  三、中文雅虎 ………………………………… 64
  四、天网 ………………………………………… 65
  五、垂直搜索引擎 …………………………… 66
  六、P2P 搜索 ………………………………… 72
 第四节 常用英文搜索引擎 ……………… 73
  一、微软 Live Search ……………………… 73
  二、AltaVista ………………………………… 73
 第五节 网络免费学术资源的获取 …… 74
  一、网络学术资源导航 …………………… 74
  二、信息服务机构的资源 ………………… 75
  三、开放获取资源 …………………………… 76

第四章 常用中文数据库检索 ………… 79

 第一节 中国知网(CNKI) ………………… 79
  一、中国知网概述 …………………………… 79
  二、数据库介绍 ……………………………… 80
  三、跨库检索 ………………………………… 81
  四、单库检索 ………………………………… 86
  五、检索结果页 ……………………………… 88
  六、检索结果处理 …………………………… 91
 第二节 万方数据知识服务平台 ……… 92
  一、万方概述 ………………………………… 92
  二、资源介绍 ………………………………… 92
  三、检索方法 ………………………………… 94
 第三节 维普信息资源系统 ……………… 97
  一、维普概述 ………………………………… 97
  二、资源介绍 ………………………………… 98
  三、检索方法 ………………………………… 99
  四、检索结果 ………………………………… 102
 第四节 数字图书检索 …………………… 102
  一、数字图书概述 ………………………… 102

  二、超星数字图书馆 ……………………… 103
  三、方正 Apabi 数字资源平台 ………… 106
  四、书生之家数字图书馆 ……………… 107

第五章 事实、数据检索 ………………… 109

 第一节 事实数据检索工具概述 …… 109
 第二节 字典、词典 ……………………… 110
  一、印刷型字典、词典 …………………… 111
  二、在线字典、词典 ……………………… 113
 第三节 百科全书 ………………………… 114
  一、印刷型百科全书 ……………………… 114
  二、网络版百科全书 ……………………… 118
 第四节 年鉴、手册 ……………………… 119
  一、年鉴 ……………………………………… 119
  二、手册 ……………………………………… 121
 第五节 名录 ………………………………… 121
  一、人名录 …………………………………… 121
  二、地名录 …………………………………… 123
  三、机构名录 ………………………………… 124
 第六节 中国工具书网络出版总库 … 125

第六章 特种文献检索 …………………… 127

 第一节 标准文献及其检索 …………… 127
  一、标准概述 ………………………………… 127
  二、标准文献 ………………………………… 129
  三、标准文献检索 ………………………… 130
 第二节 专利文献及其检索 …………… 134
  一、专利概述 ………………………………… 134
  二、专利文献的特点和分类 …………… 136
  三、专利文献检索 ………………………… 139
 第三节 科技报告及其检索 …………… 143
  一、科技报告概述 ………………………… 143
  二、科技报告检索 ………………………… 143

第七章 科技论文写作 …………………… 148

 第一节 科技论文概述 …………………… 148
  一、科技论文的定义 ……………………… 148
  二、科技论文的分类 ……………………… 148

三、科技论文的特点……………… 150
　四、科技论文写作与发表的意义…… 151
第二节　科技论文的基本格式与
　　　　写作要求…………………… 151
　一、基本格式……………………… 151
　二、科技论文各部分的写作要求…… 153
　三、科技论文规范表述的几个重要
　　　问题…………………………… 163
第三节　科技论文的写作……………… 165
　一、选题…………………………… 165
　二、开题报告……………………… 167
　三、资料的搜集与整理…………… 168
　四、提纲的编写…………………… 169
　五、论文的撰写…………………… 169
　六、论文的修改与校核…………… 170
　七、投稿与核心期刊简介………… 171

附录一　中国高校信息素质能力指标体系（讨论稿）………… 174

附录二　《中图法》结构示意图……… 176

附录三　《国际标准分类法》一级类目表………………………… 178

附录四　中华人民共和国标准代号……………………………… 179

附录五　中国科技论文在线稿件格式（中文）………………… 181

参考文献………………………………… 184

绪　　论

> 人类社会的生存和发展,离不开信息,信息与物质、能量并称为现代社会发展的三大要素。如果说物质向人类提供材料,能量向人类提供动力,那么信息向人类提供的便是知识和智慧。在当今的信息社会,信息素质已经成为人们生存、学习、发展的重要能力与基本素质,是衡量个人综合素质的重要指标之一。因而,信息素质教育也越来越得到全社会的关注与重视。

一、信息素质

信息素质,又称信息素养,是从英文 Information Literacy 翻译而来,最早是由美国信息产业协会主席保罗·泽考斯基(Paul Zurkowski)于1974年在美国全国图书馆和情报科学委员会上提出的,主要包括文化素养(知识层面)、信息意识(意识层面)和信息技能(技术层面)三个方面。三十多年来,信息素质这个概念不断丰富和发展,在全世界流传开来,信息素质教育也成为全世界图书信息界所关注的热点。目前,对信息素质的诠释,最有影响的是1992年美国学者克里斯蒂娜·多伊尔(Christina Doyle)在《信息素养全美论坛的终结报告》中的阐述:"一个具有信息素质的人,能够认识到精确和完整的信息是作出合理决策的基础,能够确定对信息的需求,形成基于信息需求的问题,确定潜在的信息源,制定成功的检索方式,从包括基于计算机的和其他的信息源获取信息、评价信息、组织信息用于实际的应用,将新信息与原有的知识体系进行配合,以及在批判性思考和问题解决的过程中使用信息。"

这个诠释较好地概括了信息素质的内涵,从中可以看出,信息素质包括信息获取的意识,评价、判断信息的能力,查找、收集、组织信息的能力以及信息决策和处理的能力。可见,信息素质与学习能力息息相关,是人们终身学习必备的素质。

二、信息素质教育

信息素质教育是指为启发人的信息意识、提高人的信息能力、提升人的信息道德水平所进行的一系列社会教育和培训活动。需要强调的是,信息素质教育的目的不仅是培养人们的信息检索技能和计算机应用能力,更重要的是培养人们对现代信息环境的理解能力、应变能力以及运用信息的自觉性、预见性和独立性,从而提高人们的综合素质。其主要内容包括信息意识教育、信息能力教育和信息道德教育。

绪　论

信息意识教育。信息意识是指人对信息的敏感程度,是人们对信息的感知和需求的能动反映,包括捕捉判断信息并及时抓住有用信息的敏感力。信息意识教育的目的在于把个体潜在的信息需求意识转化为显性的信息需求,并能充分正确地表达、辨析、鉴定信息价值和合理利用信息,从而形成一种对信息所特有的恒久注意力和反应力。

信息能力教育。信息能力是信息素质的重要组成部分。信息能力教育是信息素质教育的主体,是培养人们的信息获取能力、信息评价能力、信息组织能力、信息利用能力和信息交流能力的教育和培训活动。信息能力的加强和提高,有利于促进开放式信息思维的形成,培养纵向、横向、立体思维的能力,使创造力得到更大的发挥。

信息道德教育。就是培养人们在信息活动中要遵循一定的信息伦理与道德准则,规范自身的信息行为,提高自身的信息道德修养,避免出现信息泄密、信息犯罪等现象的教育和培训活动。

三、文献检索课教学在信息素质教育中的作用与地位

信息素质是人的重要素质,它决定着人对信息的认识和利用,也决定着一个人的成功与失败。但它并非与生俱来,而是通过后天不断学习培养出来的。高等学校必须培养学生的信息素质,使信息素质成为大学生必须具备的基本素质之一。在高等学校中,普遍开设的信息素质教育课程主要包括计算机文化基础课程和文献检索课,前者主要培养信息技能,后者作为信息素质教育的主体课程,主要从信息意识、信息能力和信息道德三个方面系统开展。

2002年1月,教育部高等学校图书情报工作指导委员会主持召开了全国高校信息素质教育学术研讨会,首次将"文献检索课学术研讨会"改名为"信息素质教育学术研讨会",由此确立了文献检索课在信息素质教育中的主体地位,明确了其在信息素质教育中所承担的任务。同年2月,教育部下发了教高〔2002〕3号文件,明确要求:通过开展文献信息检索与利用课程以及其他多种手段,进行信息素质教育,培养学生的信息意识和获取、利用文献信息的能力。显而易见,国家对文献检索课教学已提出了适应新形势的新要求,文献检索课成为大学教育阶段信息素质教育的重要方式。

四、开设文献检索课的意义

被称为"词典之父"的英国学者S.约翰逊说过:"知识分两类,一类是我们所知道的科学知识,另一类是关于哪儿可以获得这些知识的知识。"文献检索课正是"关于哪儿可以获得这些知识的知识"的一门课程,是一门"授人以渔"的方法课。对大学生来说,通过该课程的学习,可学会获取知识信息的技能和科学学习的方法,能有效提高检索信息和利用信息的效率。

掌握文献检索的方法与技能,具有以下重要意义和作用:

1. 借鉴前人成果,避免重复劳动

科研具有继承和创造两重性,科研的两重性要求科研人员要尽可能多地占有相关的资料、情报。从实践经验看,科研中出现的绝大多数问题都有必要、而且有可能通过查找科技文献得到启发甚至得到解决。可以说,一项科研成果中95%是别人的,只有5%是个人创造的。因此,研究人员在开始着手研究一项课题前,必须利用科学的文献检索方法来了解这个课题的情况,即前人在这方面做过哪些工作,还存在什么问题,以及相邻学科的发展对研究这项课题提供了哪些新的有利条件等与研究课题有关的信息,只有这样才能正确地制定研究方案,避免重复研究,并少走

弯路。

在我国,重复研究的现象比较严重。一方面,重复研究国外已有的技术;另一方面,国内各机构之间相互重复研究。因此,研究人员只有加强科技文献检索意识和能力的培养,才能彻底改变这种状况。

2. 节省查找时间,提高科研效率

文献的数量增加十分迅速。实际上,任何人都不可能将世界上所有的文献都阅读完。据统计,科研人员查阅文献的时间占总科研时间的40%~50%,如果懂得文献检索的方法技巧,就可以大大缩短研究人员查阅文献的时间,提高科研效率。

3. 更新知识结构,提高获取知识的能力

在知识激增、新知识层出不穷的今天,每个人都必须不断学习,不断更新自己的知识结构。大学生在校学习中已获得了本专业最基本的知识,但还远远不够。参加工作以后,仍需不断更新知识,才能适应科技的迅速发展。据美国工程教育协会统计,美国大学毕业的科技人员所具有的知识,只有12.5%是在大学期间获取的,其余87.5%来自工作实践。大学毕业后,五年内不补充新知识,原有知识的50%会失效;十年不补充,就会100%失效。

掌握了文献的检索方法与技能,就可无师自通,从检索获得的信息中进行学习,掌握新知识、新技术,不断更新自己的知识结构,适应时代需要。

4. 提高人们的生活质量

互联网的普及以及网上信息的与日俱增,直接影响着人们的日常生活。衣食住行的诸多繁琐问题通过网络就能迎刃而解,坐在家里便能"行走"天下,这已经逐步成为现实。网上信息如此丰富,人们要想从中搜索到各自所需的信息,就必须掌握现代信息检索技术。

第一章 文献信息检索基础

> 信息无时不在,无处不在。人类从产生的那天起,就生活在信息的海洋中。无论是认识外部世界的事物,还是表达自己的思想感情,我们都必须接收、利用或发出信息。在人类漫长的历史进程中,人类在实践中学会认识、利用及存储信息,以达到特定的目的。但是把信息作为一门科学来认识,并将其与社会的发展联系在一起,却是近几十年的事情。如今,人类社会已经迈入一个新的时代,人们开始从一个新的视野来认识信息,信息也日益受到人们的重视,将其与能量、物质并列,称为现代社会发展的三大战略资源。

第一节 信息、信息源、文献信息源

一、信息

(一) 信息的含义

信息(information)一词来源于拉丁文 informatio,原意是通知、报道或消息,作为一个科学概念,是在 19 世纪末提出的,最早出现在通信领域,是指通信系统传输和处理的对象。随着科学技术的发展,社会信息量剧增,信息概念逐步运用到各个领域,人们从不同角度对其进行表述,由此产生了信息定义的多样化。据统计,国内外关于信息的定义已有百余种之多。下面是几种有代表性的定义。

《中国大百科全书(图书馆学 情报学 档案学)》(1993 年版)对信息的解释是:信息是关于事物的运动状态和运动方式的反映,用来消除人们在认识上的某种不定性。

《辞海》(1999 年版普及本)对信息的解释是:① 音讯,消息。② 通信系统传输和处理的对象,泛指消息和信号的具体内容和意义。通常须通过处理和分析来提取。

美国《韦氏词典》(1994 年版)对信息的解释是:① 知识或智慧的交流;② 从调查、研究中获得的知识,如事实、数据等。

信息论的创始人申农认为:信息是用来消除不确定性的东西。

控制论的创始人维纳认为:信息是人们在适应外部世界,并且这种适应反作用于外部世界的过程中,同外部世界进行互相交换的内容的名称。

今天,人们对信息的定义仍然众说纷纭,但是,有关信息的基本内涵已取得普遍共识,即信息不是物质本身,而是物质的一种基本属性,是物质的存在方式、运动规律的表征,是事物及其现象的内外特征、相互联系及作用的反映。利用文字、符号、声音、图形、图像等形式,通过各种渠道传播的信号、消息、情报或报道等内容,都可以称为信息。

(二) 信息的特点

信息具有如下特点:

1. 普遍性和客观性

信息广泛存在于自然界、人类社会及思维领域中。只要有事物存在,有事物的运动,就会有信息存在,而且是不以人的意志为转移的。

2. 存储性与传递性

信息是可以被存储和传递的。利用信息的可存储性,人们可以有意识地将流动的信息以某种方式存储在物质载体上,避免信息的流失;信息的传递依赖于某种物质媒介。信息在空间上的传递称为通信,在时间上的传递称为信息的存储。存储和传递是信息的两种基本状态,存储是静态的(相对),而传递则是动态的。

3. 共享性

同物质与能量的传递不同,信息源在发出信息后其自身信息并不减少,而且同一信息可以同时被不同的人共同享用。

4. 时效性

信息是有价值的,但是信息的价值又会随时间的推移而改变甚至消失。

5. 价值相对性

相同的信息对不同的人会产生不同的效果和结局。这就是信息价值的相对性。

6. 依附性

信息的存储与传递都离不开物质作为它的"载体"或"媒体",信息必须依附在一定的载体上才能被传递和利用。

二、信息源

(一) 信息源的定义

信息源就是信息的来源,是指一切产生、生产、存储、加工和传播信息的源泉。信息源内涵丰富,它不仅包括各种信息载体,也包括各种信息机构;不仅包括传统印刷型文献资料,也包括现代电子图书报刊;不仅包括各种信息储存和传递机构,也包括各种信息生产机构。简而言之,信息源可看做是产生、持有和传递信息的一切物体、人员和机构。

联合国教科文组织出版的《文献术语》把信息源定义为:个人为满足其信息需要而获得信息的来源。

(二) 信息源的分类

1. 根据信息产生的时间顺序划分

根据信息产生的时间顺序,信息源可分为:

(1) 先导信息源。指产生于社会活动之前的信息源,如天气预报。

(2) 即时信息源。指在社会活动中产生的信息源,如工作记录、实验报告等。

(3) 滞后信息源。指某一社会活动完成之后产生的反映这一活动的信息源,如报刊、会议论文等。

2. 根据信息的来源形式划分

根据信息的来源形式,信息源可分为:

(1) 实物信息源。是指以物质实体形式存在的信息源,包括自然实物和人工实物(各种文物、产品及样本等)。这类信息源比较直观、真实,但比较零散。

(2) 口头信息源。指以声波为载体交流传播的信息源。通常通过交谈、讨论、报告、广播电视、电话等途径获取有价值的口头信息。这类信息源具有及时性、强调感知性、主观随意性等特点。

(3) 文献信息源。存在于文献中(包括印刷型信息源和电子信息源等),人们可以通过阅读、视听等方式进行交流传播。

(4) 集约信息源。是文献信息源和实物信息源的集约化和系统化,前者如档案馆、图书馆、数据库,后者如博物馆、样品室、展览馆、标本室等。这类信息源具有权威性、综合性等特点。

实物信息源、口头信息源是非记录性信息源;文献信息源是记录性信息源,是主要的信息源,也是本书研究的主要对象。

三、文献信息源

(一) 文献

什么是文献? 国际标准化组织《文献情报术语国际标准》(ISO/DIS 5217)对文献的定义是:"文献是在存储、检索、利用或传递记录信息的过程中,可作为一个单元处理的,在载体内、载体上或依附载体而存储有信息或数据的载体。"中国国家标准《文献著录总则》(GB/T 3792.1—2009)对文献所作的定义是"记录有知识的一切载体"。

这两个定义基本上揭示了文献的特征,但"载体"或"一切载体"比较笼统,有的载体是固态的,有的载体是动态的(如借助声波传递信息)。信息通道的概念被提出来后,载体被分为存储型和传播型两种。文献应属于存储型的固态载体,如印刷件、缩微制品、磁盘和光盘等,而不是可承载和传递同样信息的电话、语音信箱、图文电视、电子公告板、网络等瞬时信息的附载物。

据此,我们可理解为,文献就是将知识和信息用文字、符号、图像、音频等记录在一定的固态载体上的结合体。可以说,文献是信息的有形载体,是将游离流动的信息固化在物质载体上而形成的,因此,我们通常也将文献和文献信息理解为同一概念。

(二) 文献的构成

从定义可以看出,文献由四个要素构成:① 信息内容,即文献所记录的知识和信息,这是文献的灵魂。② 符号系统,记录知识和信息的符号。文献中的知识和信息是借助于文字、图表、声音、图像等记录下来并为人们所感知的。③ 物质载体,用于记录知识和信息的物质载体,如竹简、纸张、胶卷、胶片等,它们是文献的外在形式。④ 记录方式,如铸刻、书写、印刷、复制、录音、录像等,它们是知识、信息与载体的联系方式。

知识和信息是文献的内容,符号系统是知识和信息的携带者,物质载体是符号赖以依附的"寄主",而记录方式则是代表知识和信息的符号进入载体的方法和过程,四要素缺少任何一项都不可能形成文献。

（三）文献信息源的类型

文献信息在世界上存在的形式多种多样，人们为了便于学习和利用，将它进行了归类和划分。

1. 根据存储载体和记录形式划分

根据存储载体和记录形式，文献可分为：

（1）手写型。是指用手将知识信息人工写刻记录在各种载体上的一种文献形式，如中国古代的甲骨文、竹简、帛书、手抄本等，现在的各种手稿、档案等。

（2）印刷型。通过铅印、油印和胶印等手段，将知识信息固化在纸张上的一类文献，例如，图书、期刊以及其他印刷资料。这是一种有着悠久历史的传统文献形式，至今仍在发挥着主导作用。它的主要优点是便于阅读和携带、易于长期保存；缺点是体积大、信息密度低。

（3）缩微型。以感光材料为载体，以照相为记录手段而形成的一种文献形式，包括缩微胶卷、缩微平片、缩微卡片等。缩微型文献的优点是体积小、信息密度高、便于收藏和保存、价格便宜等，但阅读时需要有专用的设备来支持。如微缩胶片在温度 21℃，湿度 50% 的条件下，至少可以保存 500 年。因此，缩微型文献常用于保存一些珍贵资料。

（4）声像型。又称视听资料，以磁性和感光材料为介质，记录声音、图像等信息的一种文献形式。这类文献信息很多，如唱片、录音带、录像带、幻灯片、电影等。其优点是比较直观、形象，易理解；缺点是制作成本较高，需要借助于一定的设备才能阅读。

（5）电子型。电子型文献是通过编码和程序设计将信息转换成机读语言，存储到计算机外存设备上而形成的文献。它具有存储密度高，存取速度快，数据易修改、删除、更新并能实现自动检索等特点。随着互联网的普及，信息实现了远程快速传递和检索，电子型文献更是达到了无时、无处不在的状态。

2. 根据内容性质和加工程度划分

根据内容性质和加工程度不同，文献可以分为：

（1）零次文献。是指未经出版发行的文献，包括手稿、个人通信、原始记录等。零次文献比较客观，但零散、不成熟、不公开交流，一般难以获得。

（2）一次文献。也称原始文献，是指作者以本人在生产、科研或理论探讨中获得的第一手资料为基本素材撰写的用于正式出版或发表交流的文献。一次文献是对知识的第一次加工，具有创造性，内容比较具体、详尽，数量庞大，类型多样，出版或发表分散。如图书、期刊论文、科技报告、会议论文、专利说明书等，一次文献是我们利用的主要对象。

（3）二次文献。也称检索工具，是图书情报工作者在大量收集原始文献的基础上，经过分析、归纳、加工、重组后形成的报道和查找一次文献的工具，如各种目录、文摘、索引、书目数据库等。二次文献是对一次文献的集约化和有序化，是存储、利用一次文献的主要的、科学的途径。二次文献具有系统性、概括性、有序性等特点。

（4）三次文献。是利用二次文献提供的线索，选用大量一次文献的内容，经综合、分析和评述而产生的文献，如各种综述、述评、研究报告、技术预测、数据手册、一次文献书目的书目、二次文献的书目和索引等。三次文献具有浓缩性、指引性、针对性、参考性等特点。

上述的零次文献由于没有进入出版、发行和流通渠道，收集利用十分困难，一般不作为我们检索和利用的文献类型。其他三种文献则是一个从分散无序的原始文献到系统化、密集化的过程。一般来说,一次文献是基础,是检索利用的对象;二次文献是对一次文献进行加工整理后形成的检索一次文献的工具;三次文献是对一次文献内容的高度浓缩重组,是我们利用的重要情报源之一。一、二、三次文献的关系如图1-1-1所示。

3. 根据出版形式划分

根据出版形式,文献通常划分为图书、连续出版物、特种文献三大类,如图1-1-2所示。

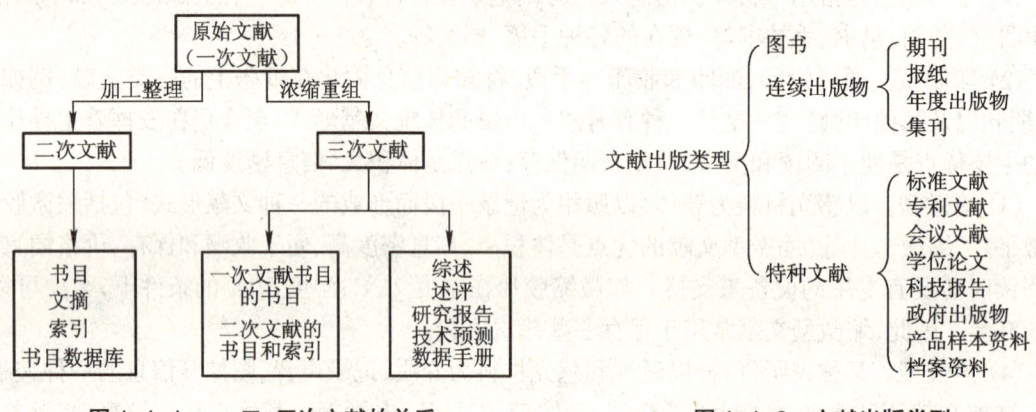

图1-1-1 一、二、三次文献的关系　　　　图1-1-2 文献出版类型

(1) 图书。凡篇幅达49页以上并构成一个书目单元的文献称为图书。未达到49页的,可称为小册子。图书的特点:主题突出,内容系统,论述全面、深入,知识成熟稳定,出版周期长,信息传递慢,适合于学习型读者。

(2) 连续出版物。连续出版物一般是指定期或不定期连续出版的出版物,包括期刊、报纸、年度出版物(年鉴、指南等)以及成系列的报告、学会会刊和会议录等。连续出版物内容新颖、出版周期短、速度快,能及时反映最新知识、最新科研成果和最新时事。

期刊,也称杂志,是一种以印刷或其他形式逐次、连续出版发行的出版物,通常有连续的数字编号和发行的顺序时间,并打算无限期地连续出版下去。期刊出版周期短,报道速度快,内容新颖广泛,信息量大,发行面广。

报纸是一种以刊载新闻和评论为主的定期出版物。它比期刊时间性更强,出版周期更短,报道信息更快。报纸的学术内容较少,但与人们的日常生活关系很密切,所以拥有大量读者。

(3) 特种文献。通常指那些出版发行方式或获取途径比较特殊的文献。特种文献类型复杂多样,内容新颖广泛,涉及科学技术、生产生活的各个领域,出版发行无统一规律,但具有重要的科技价值。

标准文献是按规定程序制订,经公认权威机构(主管机关)批准的一整套在特定范围(领域)内必须执行的规格、规划、技术要求等规范性文献。标准具有一定的法律约束力,对技术的规定详尽、完整、可靠,更新频繁。检索时必须注意是否最新标准。

专利文献是记录有关发明创造信息的文献,蕴涵着技术信息、法律信息和经济信息。广义的专利文献包括专利申请书、专利说明书、专利公报和专利检索工具,以及与专利有关的其他资料;狭义的专利仅指各国专利局出版的专利说明书。专利文献内容详尽、广泛,专利说明书既是技术文件又是法律文件。

会议文献是在各种会议上宣读和交流的论文、报告和其他有关资料。会议文献质量较高,能及时反映科学技术中的新发现、新成果、新成就以及学科发展趋向。其特点是传递情报比较及时,内容新颖,专业性和针对性强。

学位论文是高等院校或研究机构的学生为取得各级学位,在导师指导下完成的科学研究、科学试验成果的书面报告。学位论文一般不对外发行,数量少,质量参差不齐,其中硕士、博士论文较为专深,附有大量的参考文献,对研究工作有较大参考价值。

科技报告是对科学、技术研究结果的报告或研究进展的记录,注重详细记录科研进展的全过程,是科技人员交流其研究活动及成果的重要手段。科技报告内容新颖,选题实用,质量参差不齐;不公开发行或少量发行,保密性强;每份报告独立成册,有连续编号。

政府出版物是由政府机构制作出版,或由政府机构编辑并授权指定出版商出版的文献。各国对政府出版物虽无一致定义,但大致上可分为两类:一类是行政性文献(包括宪法、司法文献),主要涉及政府法律和经济方面的会议记录、议案、决议、司法资料、听证记录、法律、法令、规章制度、政策和调查统计资料等;另一类是科学技术文献,主要指政府部门出版的科技报告、标准、专利文献、科技政策文件、公开后的科技档案、经济规划和气象资料等。后者约占政府文献的30%~40%。

产品样本资料是厂商为向客户宣传和推销其产品而印发的介绍产品情况的文献。包括产品目录、单项产品样本、产品说明书、企业介绍和广告性厂刊等。产品样本反映的技术比较成熟,数据也较为可靠,内容具体、通俗易懂,常附较多的外观照片和结构简图,形象直观。但产品样本的时间性强,使用寿命较短,且多不提供详细数据和理论依据。

档案文献是国家机构、社会组织以及个人从事政治、军事、经济、科学、技术、文化、宗教等活动直接形成的具有保存价值的各种文字、图表、声像等不同形式的历史记录,是完成了传达、执行、使用或记录现行使命而备以查考的文件材料。档案文献的最大特点是集记录性和原始性于一体,又因其可靠性和稀有性而具有特殊的使用价值。档案的内容广泛、形式多样、材料来源庞杂。按内容分为文书档案、人事档案、会计档案、科研档案、产品档案、工程档案等;从文献形式上看,包括了信函、日记、账簿、报告、照片、地图、图样、协议书、备忘录、会议记录、契约、布告、通知、履历表等。

第二节 文献信息检索

广义的文献信息检索,包括信息的存储和查找两个过程,即将信息按照一定的方式组织和存储起来,并根据用户的需要找出有关信息的全过程。而狭义的文献信息检索则仅指该过程的后半部分,即根据需要,借助于检索工具,从信息集合中找出所需信息的过程。本书提到的"信息检索"是狭义的概念,即信息查找。

文献信息的存储方式在一定程度上决定了信息查找技术和策略的运用以及检索的结果。信息查找的方法和所采取的检索策略则直接影响了信息检索的结果。

一、文献信息检索原理

文献信息检索的实质就是将用户的信息需求和文献信息的存储标识进行比较和选择,从中找出与用户需求一致或基本一致的信息的过程。

文献信息的存储过程包括:首先对文献信息按照一定的标准进行选择与收集,接着对信息单元表达的概念进行分析,形成文献信息特征,然后对单元信息按一定的规则和方式进行标引,形成信息检索系统。

文献信息的查找过程包括:首先用户对检索课题进行分析,形成所需信息内容的特征描述,接着构成检索式或检索指令,向信息检索系统进行提问,并按照一定检索技术将检索式与检索系统信息源单元进行比较匹配,然后以一定标准将匹配度较高者输出作为检索结果。如图1-2-1所示。

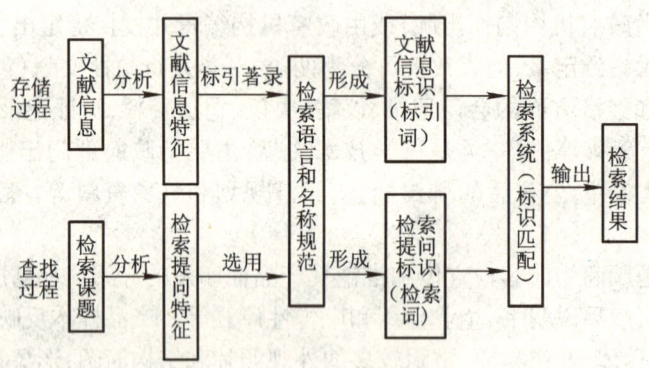

图 1-2-1 文献信息检索原理

由以上两个过程可以看出,文献信息存储的过程就是建立信息检索系统的过程,查找的过程就是从信息集合中找出所需信息的过程。存储是检索的前提,只有经过组织的有序的信息集合才能提供检索利用,查找是存储的反过程。存储与查找是相辅相成、相互依存的辩证关系。

因此,文献信息检索是以文献信息的存储与查找所依据规则基本一致为基础的,如果两个过程不能相符,信息检索就失去了基础,用户就查不到所需信息,存储也就失去了意义。为保证文献检索的顺利进行,必须使文献信息存储与查找所依据的规则一致,也就是说,标引人员和检索人员都必须遵循相同的规则。

二、信息检索类型

(一) 根据检索对象划分

根据检索对象不同,信息检索可分为以下几种:

1. 文献检索

以文献作为检索对象的检索,即查找含有用户所需信息内容的文献,目的是为读者提供文献出处、收藏处等。

2. 数据检索

以数值或数据为对象的检索,要求从检索系统存储的大量数据中查出所需的数字资料。

3. 事实检索

以具体事项为目的和对象的检索,检索的结果是有关某一事物的具体答案。事实检索需要一定的逻辑推理和自然语言理解能力,较复杂的检索需要借助专业人员完成。

4. 全文检索

以系统中存储的整篇文章或整本图书为对象的检索。还有另一层含义,即从文献的全文中进行某项检索。

5. 概念检索

以特定概念的含义、作用、原理或使用范围等解释性内容或说明为对象的检索。

6. 图像检索

以图形、图像或图文信息为对象的信息检索。

7. 多媒体检索

是以文字、图像、声音等多媒体信息为对象的信息检索。

其中,数据和事实信息检索是确定性检索,检索结果可以直接利用,一般通过三次文献来完成。文献检索是一种相关性检索,检索结果是文献的线索,一般通过二次文献来实现。全文数据库是一次文献和二次文献的综合体,在检索结果中,有直接的全文链接。

(二) 根据检索手段划分

按检索手段不同,可分为:

1. 手工检索

利用卡片式和书本式目录、索引、文摘等手工检索系统进行的检索。

2. 计算机检索

利用计算机及网络技术,通过计算机检索系统及网络进行的文献信息检索。计算机检索可分为计算机光盘检索和计算机网络在线检索。

手工检索方式检索途径少、速度慢、检准率较高;计算机检索方式检索途径多、速度快、检全率较高,综合效率高。

三、信息检索效果评价

查找出文献以后,并不意味着大功告成。通常情况下,衡量检索效果好坏主要依靠"检全率"和"检准率"两个指标。

(一) 检全率

是指从检索系统中检出的有关某课题的文献数量与检索系统中实际与该课题有关的文献总量的比率,用来反映检索的全面性。用公式可表示为:

$$检全率 = \frac{检索出的相关文献数量}{系统中的相关文献总量} \times 100\%$$

漏检率是检全率的互补数,即漏检率 = 1 - 检全率。

(二) 检准率

是指从检索系统中检出的有关某课题的文献数量与检索出的文献总量的比率,用来反映检索的准确性。用公式可表示为:

$$检准率 = \frac{检索出的相关文献数量}{检索出的文献总量} \times 100\%$$

误检率是检准率的互补数,即误检率 = 1 - 检准率。

实践表明，检全率和检准率之间存在互逆的关系。如果查找时所用的检索表达式泛指性强，查出的文献就多，则检全率会提高，但误检率也会增大，使得检准率降低；相反，如果表达式专指性强，则检准率高，但也会把一些相关文献排除在外，导致检全率降低。值得注意的是，当检全率和检准率都很低的时候，两者可以通过检索策略的改善同时得到提高。一般情况下，科技信息检索系统能达到的检全率和检准率分别是 60%~70% 和 40%~50%。

用户查找信息的目的各不相同，对检全和检准的要求也不同。有时，寻找特定的事实并不关心一次检索中漏检了多少；或探索某个主题时，并不在乎误检了多少。因此，用户可根据需要，选择合适的检全和检准要求。

第三节 文献信息检索语言与检索途径

一、检索语言

信息检索语言又称情报语言、情报存储与检索语言、标引语言等，是根据检索的需要而创制的人工语言，专门用于各种手工的和计算机化的文献信息检索系统，用来表达文献主题概念和检索课题概念。简言之，检索语言是信息检索系统存储和检索所使用的共同语言。

（一）检索语言的作用

文献信息检索包括信息存储和检索两个过程，检索语言是沟通这两个过程的桥梁，在文献信息检索中起着极其重要的作用。在信息存储过程中，用它来描述信息的内容和外部特征，从而形成标引标识（标引词）；在检索过程中，用它来描述检索提问，从而形成检索标识（检索词）；当检索标识与标引标识能够匹配时，结果即为命中文献。

可见，检索语言的作用就是把文献的内容特征及其外部特征简明而有效地揭示出来，对内容相同及相关的文献加以集中或揭示其相关性，并保证文献存储的集中化和系统化，使有规律的检索成为可能；同时，沟通标引人员和检索人员的思想，引导检索人员和标引人员理解一致，避免检索的漏误。简单而言，检索语言能够保证不同标引人员表达文献的一致性，保证不同检索人员检索提问的一致性，保证检索提问与文献标引的一致性。

（二）检索语言的类型

目前，世界上的信息检索语言有几千种，依据不同的划分方法，可分为不同的类型。

1. 根据检索语词的规范化程度划分

根据检索语词的规范化程度，检索语言可分为人工语言和自然语言。

（1）人工语言。又称规范化语言，是人为地对标引词或检索词加以控制和规范，使每一个词只能表达一个概念的语言。这些语言经过规范化处理，词和事物之间具有一一对应的关系，排除了自然语言中同义词、多义词、同形异义词的现象。例如，"飞机"这一概念在英语中有多种表达方式：plane，airplane，aeroplane，aircraft 等，但在规范化语言中，规定以 aircraft 来表达"飞机"这一概念，使用 aircraft 一词进行检索，在检索结果中将包括全部含有"飞机"概念的信息。

人工语言采用特定词汇来指示宽度适当的概念，用户在检索时既可省略对该概念的全部同义词或近义词的考虑，也可避免多次输入检索词的麻烦和出错的可能，实现了比较高效并能有效避免漏检、误检的查找。分类语言、主题语言中的叙词和标题词都属于人工语言。

(2) 自然语言。自然语言是直接从原始信息中抽取出自由词作为检索词的检索语言。该语言对主题概念中的同义词、多义词等不加处理,取其自然状态,因此,被称为自然语言。主题语言中的关键词和单元词就属于自然语言。

自然语言检索使用自由词,具有较大的灵活性,专指性强,能及时反映最新的概念和规范词难以表达的特定概念,并且符合大家的检索习惯,深受大众欢迎。其不足是缺乏对词汇的控制能力,也无法指示概念之间的关系,存在大量同义词、多义词现象和含义模糊现象。

2. 根据描述文献的特征划分

按描述文献的特征,检索语言可分为描述文献外部特征的检索语言和描述文献内容特征的检索语言。如图1-3-1所示。

(1) 描述文献外部特征的检索语言。主要是指文献的题名、责任者(个人/团体)、出版者、报告号和专利号等。将文献的这些不同特征按一定的顺序排列,形成文献的不同检索途径,来满足用户的检索需要。

(2) 描述文献内容特征的检索语言。指描述文献论述的主题、观点、见解和结论等的检索语

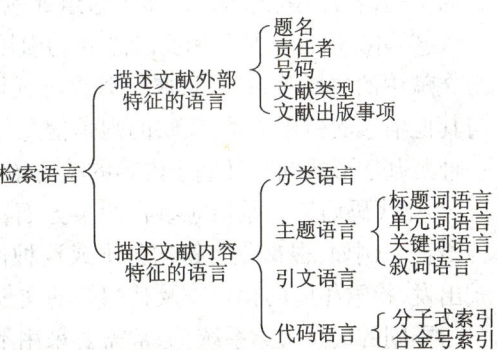

图1-3-1 检索语言的类型

言,如常用的分类语言、主题语言、引文语言和代码语言都是描述文献内容特征的检索语言。

① 分类语言。是按学科范畴划分事物而构成的一种检索语言体系,它集中反映学科的系统性,反映事物之间的相关、从属、派生等关系,并从总体到局部分层、分面展开,最终形成分类体系。

具体而言,它是以学科分类为基础,按照概念划分的原理,将知识概念从总体到个体,从一般到特殊,从全部到局部逐级划分,每划分一次就形成一批并列的概念。分类语言具有按学科或专业集中、系统地揭示信息内容的功能,有利于系统掌握某一学科或专业范围的信息。

分类语言以分类法的形式来体现,其特点是用分类号来表达各种概念,把各种概念按学科分类进行系统组织和排列,有很好的系统性。

② 主题语言。是直接以代表文献内容特征和科学概念的名词术语作为检索标识,并按字顺组织起来的一种检索语言。根据主题词性质不同,又可分为:标题词语言、单元词语言、关键词语言和叙词语言等。

标题词语言是从文献的题目和内容中抽取出来,经过规范化处理的主题语言,属于先组式检索语言。标题词一般分为主标题和副标题,词表中按级一一列举各级标题,把主标题和副标题加以组配,作为标引和检索中使用的依据。所谓标题词,它不是书名或篇名,而是事物定型的名称,如计算机、书、教育等。

单元词语言。单元词又叫元词,是指概念上不能再分的最小的语词单位。例如,"电子工程"不是单元词,分割为"电子"、"工程"才是单元词。单元词检索语言是通过若干单元词的组配来表达复杂的主题概念,其组配是灵活进行的,不是预先规定好的,属于后组式检索语言。

关键词语言。关键词是指从文献的题目、正文或摘要中抽出的能表达文献主题内容的具有实质意义的语词。例如,"国家预算"可提取"国家"和"预算"两个关键词。关键词语言没有经

过处理,也不需要编制关键词表,凡是有意义的信息单元都可以用做关键词,是一种用自然语言做标识的检索语言,在计算机检索系统中应用较广。由于它不加规范,所以容易标引、快速、客观,适用于目的性不强的浏览性查找,或是对准确性和全面性要求不高的信息查找。

叙词语言。叙词语言是以叙词(即主题词)作为文献内容标识和检索依据的主题语言。所谓叙词(主题词),是指从自然语言中优选出来并经过规范化处理的名词术语。叙词语言是采用表示单元概念的规范化语词的组配来对文献内容主题进行描述的检索语言,也是目前使用最广泛的主题语言。叙词语言也属于后组式检索语言。

③ 引文语言。是利用文献之间的引用关系建立的一种自然语言。引文语言无词表,标引词为文献中的主要著录项目,属于后组配式检索语言。引文整序方法所依据的是著者明确指出的与其他信息的引用关系,反映的则是信息与信息之间在内容上的联系。正因为如此,引文语言是一种既基于形式同时又基于内容的检索语言。可以认为它是情报检索语言的一种特殊类型。

④ 代码语言。是指对事物的某方面特征,用某种代码系统来表示和排列,并提供检索的一种语言。例如,根据化合物的分子式这种代码语言,可以构成分子式索引系统,允许用户从分子式出发,检索相应的化合物及其相关的文献信息。

不同的信息检索系统,通常需要采用不同的检索语言,以适应不同的检索特性要求。即便是同一个检索系统,也往往同时采用多种检索语言,形成多种不同的检索途径,方便读者从不同角度检索。

二、检索途径

检索语言描述文献的各种特征是为了方便读者从不同途径检索,不同的检索语言为我们提供了不同的检索途径。

检索途径,又称检索点,是用以排列与存取文献或记录的数据单元。包括反映文献外部特征的检索途径和反映文献信息内容特征的检索途径两大类。

(一) 文献外部特征检索途径

文献的外部特征比较直观、易用。常用的文献外部特征检索途径有题名途径、责任者途径、号码途径三种。

1. 题名途径

是根据文献题名查找文献的检索途径。文献题名主要指书名、篇名、期刊名等。

2. 责任者途径

是根据文献责任者名称查找文献的检索途径。责任者一般包含个人责任者、团体责任者、专利权人、合同户、学术会议主办单位等。

3. 号码途径

是根据文献所编的序号或标识号码来查找文献的检索途径。常见的号码有:ISBN、标准号、专利号、报告号、合同号、馆藏单位编制的索取号、排架号等。

从文献的外部特征入手的检索途径的优点是,文献的排列与检索方法以字顺或数字为准,不易错检或漏检。若已知文献的书名、刊名、著者名或有关序号,可直接判断该文献的有与无。

(二) 文献内容特征检索途径

文献的内容特征是指文献中隐含的、潜在的特征和内容实质,如分类、主题等。内容特征作为检索途径更适宜检索未知线索的文献。以文献的内容特征作为检索途径的主要有分类途径、主题途径、引文途径和代码途径四种。

1. 分类途径

是以文献的学科属性为出发点,按学科分类体系来查找文献信息的检索途径。通过分类途径可以把同一学科的文献集中检索出来,但对一些新兴学科、边缘学科的文献难以进行确切的分类,容易出现误检或漏检。

2. 主题途径

是按照文献的信息内容,利用关键词、叙词、标题词等主题语言来查找文献的检索途径。主题检索途径使用方便,专指性强,能够集中搜集与课题有关而又分散在各个学科的文献。

3. 引文途径

是根据文后参考文献或引用文献的特征查找相关文献的检索途径。

4. 代码途径

是利用事物的某种代码编成的索引查找事物信息的检索途径。如分子式索引、环系索引等,可以按特定代码顺序进行检索。代码途径通常作为一种辅助检索途径。

当前,随着计算机技术的发展,许多计算机信息检索系统除提供以上各种检索途径外,还提供全文检索(也称任意匹配)。所谓全文检索,就是指用户的检索词只要出现在数据库中的任意字段(如标题、作者、文本内容等)中就表示相应的记录被命中。全文检索可大大提高文献的检全率。

第四节　文献信息检索的方法与步骤

一、文献信息检索方法

文献信息检索方法即查找文献信息的方法,它与检索课题的性质和要求有关。掌握文献信息检索方法,目的在于寻求一种省时、准确、有效的捷径。在实践中,人们总结出了以下几种常用的检索方法。

(一) 常用法

常用法又称工具法,就是直接利用书目、索引、文摘等检索工具查找文献信息的一种方法。使用常用法,首先需要明确检索课题的学科内容和检索范围,熟悉各类型检索工具的收录范围与使用方法,从中选择合适的检索工具。常用法的具体操作,又可分为顺查、倒查和抽查三种方式。

1. 顺查法

就是根据检索课题的起始年代,利用选定的检索工具,按照由远及近、从过去到现在的时间顺序逐年查找的检索方法。这种方法的优点是所查得的文献较为系统全面,基本上可反映某学科专业或某课题发展的全貌,检全率较高,特别适合于检索范围较大、时间较长的复杂课题或专题文献的普查工作;缺点是涉及文献年代久远、检索工作量大、费时费力、效率不高。

2. 倒查法

与顺查法相反,是按照由近及远、从现在到过去的逆时顺序查找文献的一种方法。这种方法重点放在查找近期文献上,适用于一些新课题、新观点、新理论、新技术的检索。其优点在于可以最快地获得新信息,而新信息中往往又包含着原有研究成果的精华,从而可同时了解检索课题的发展状况和最新观点。在检索中,还可以根据所获资料的完备程度随时中止检索。故该方法灵活高效、节约时间,可以保证文献信息的新颖性,但检索不够全面系统,有可能遗漏重要的文献。

3. 抽查法

是根据检索课题所属学科的发展特点,选定其中学科发展兴旺、发表文献较多的时段进行查找的一种方法。这种方法针对性强,能以较少的检索时间获得较多的相关文献,效率较高,但检索人员必须熟悉学科发展特点和发展阶段,选准检索的时段,否则难以取得预期的效果。

(二) 引文法

引文法是利用文献之间的引用关系查找相关文献的方法,包括追溯法和引文索引法两种。

1. 追溯法

是利用现有文献后附的参考文献或引用文献作为线索,由近及远地逐一追溯查找相关文献的方法。追溯法往往在缺乏检索工具,同时又拥有丰富的原始文献的情况下使用。在实际的操作中,可以从已掌握的一种文献入手,按照文后参考文献中提供的题名、作者、出版情况或刊名、年、期等信息,查找到所需的参考文献的原文,再根据这些参考文献的原文,继续查找它们所引用的文献,如此反复,即可获得大量的有关文献信息。

这种方法的缺点是,作者引用的参考文献往往有限,且多与作者观点相同;同时,追溯的年代越远,所获取的文献越陈旧,故检索结果系统性差,漏检、误检率都高。

在缺乏检索工具或检索系统时,追溯法便成为唯一的检索方法。即便是在拥有检索工具或检索系统时,也可用此种方法进行必要的补充检索。

2. 引文索引法

是从被引论文开始查找引用它的全部论文的一种检索方法。这种方法通过先期文献被后来文献的引用情况,来说明文献之间的相关性及先前文献对当前文献的影响力。如美国的《科学引文索引》(SCI),就是从被引用的文献入手,查到引用它的文献,再把所查出的文献作为被引用文献,查找出引用它们的文献,如此反复操作,即可获得大量的有关文献信息。

追溯法是向前回溯检索的过程,所查文献会越来越老;而引文索引法则是向后追踪检索的过程,查找获得的文献是越来越新的。

(三) 循环法

循环法又称综合法、交替法或分段法,是交替使用常用法和追溯法来查找文献的一种检索方法。在查找文献信息时,一般先用常用法,即利用检索工具查出一批文献资料,然后选择出与检索课题针对性较强的文献,再利用这些文献所附的参考文献追溯查找。如此交替、循环使用常用法和追溯法,不断扩检,直到满足检索要求为止。

这种方法的好处是综合了常用法和追溯法的优点,能够弥补检索工具不完善或收藏不全的缺陷,最大限度地获得所需的文献信息。

(四) 浏览法

因检索工具反映文献有时滞,可利用新到文献浏览最新信息。由于只能浏览获得本机构收藏文献,此法有局限性,不全面,不系统,不能作为查阅文献的主要方法。

以上四种检索方法各具特色。在实际检索中,可根据检索的要求和所具备的条件灵活选用,以便达到更好的检索效果。

二、文献信息检索步骤

文献信息检索步骤就是根据检索课题的要求,利用一定的检索工具,选择适当的检索途径和方法,实施查找有关资料的具体过程。若要获得良好的检索效果,一般需经过以下五个步骤:

(一)分析检索课题,明确检索要求

分析检索课题就是明确信息需求的类型(是撰写论文、科学研究,还是解答具体问题)及检索课题的内容和要求。通过分析,确定课题的学科范围、文献类型、查检年限、语种、主题,并了解课题对文献的检全、检准、查新等方面的要求,以便作好检索准备,为检索的顺利进行打下良好的基础。

(二)选择检索工具或检索系统

根据检索课题的要求,选择最能满足检索要求的检索工具或检索系统。在选择工具或检索系统时,要考虑的主要问题如下:

(1) 在内容上和时间上,考虑检索工具或检索系统对课题的覆盖程度和一致性;
(2) 在手段上和技术上,有机检条件一般不选择手检工具,机检无疑有较高的效率;
(3) 在价格和可获取性上,选择价格低廉、容易获取的检索系统和数据库。

(三)确定检索途径和检索式

确定检索途径,即选择文献的检索入口。在手工检索时,每次检索只能从一个检索点出发,而且只能选择其中的一个属性值,检索范围比较窄。而机检系统适应多点、多属性值检索,对课题所涉及的方方面面,对包含的多个概念或多种限定都可以做出相应的处理,检索结果的精确度高。但是,计算机检索需要制订一个可执行的方案,这就是检索式的构造,它是检索策略的具体表现。

检索式将各个检索概念间的逻辑关系、位置关系等用检索系统规定的各种组配符连接起来,成为机器可识别和执行的命令形式。

检索词是构成检索式的基本单元,因此,它们的准确选择是至关重要的。检索词应满足形式匹配和内容匹配两方面的要求。所谓内容匹配,是指由检索概念转化而成的检索词应能准确、完整地表达检索课题的内容;所谓形式匹配,是指检索使用的语言要和检索系统中使用的语言一致,检索词才能被系统"认识"。

(四)实施检索操作

确定了具体的检索式后,就要利用检索工具的索引,在一定的年代范围内具体查找,以获得所需文献线索。手工检索时可以一边检索一边分析取舍,获得符合要求的文献。计算机检索时,在输出最终结果之前,检索可能要经过多次反复的过程。用户对每次检索结果作出判断,并对检索策略(检索式)作出相应的修改和调整,直到得到比较满意的结果。比如,检索到的文献数量太多,就要考虑适当紧缩检索式,如通过增加限定性检索词或选用较专指的检索词等方法,来减少检出文献数量;反之,检出文献量太少,则考虑采取相反的措施。

(五)获取原始文献

文献检索的最终目的是获取相关的原始文献。传统的原文获取方式是根据检索结果中提供的文献来源,利用馆藏目录或联合目录查找文献收藏单位,到图书馆借阅复印。现在,随着网络

技术的发展,全文数据库的兴起,获取原文的方式也越来越多。主要有以下几种途径:
（1）通过全文数据库直接获取;
（2）通过网络信息检索获取;
（3）通过馆际互借获取;
（4）通过文献传递系统获取;
（5）通过文献著者获取;
（6）通过联机检索系统订购原文。

第五节 文献信息服务系统

文献信息服务机构是文献信息资源的最大集散地,它们负责搜集、整理、存储、传递各种文献信息。在互联网日益普及的今天,国内外的文献信息服务机构都在网上提供本单位的馆藏信息（如本馆的书目数据库、光盘数据库、特色数据库、文献传递等）服务和网上虚拟馆藏信息（如学科导航、各种电子书刊、可共享的异地信息资源等）服务,促进了信息资源的社会共享。

我国的文献信息服务机构主要有图书馆系统、科技信息服务系统、专利文献服务系统、标准文献服务系统和档案馆系统。它们之间有着密切的联系,又有各自不同的服务重点与服务对象。

一、图书馆系统

图书馆是对文献进行搜集、整理、保管并提供服务的科学、教育、文化机构。其主要任务是整理和传递科学信息,进行社会教育,搜集和保存人类文化遗产。图书馆入藏的文献以各种载体的图书和期刊为主,其他类型的文献入藏较少。其主要服务方式有文献外借服务（如个人外借、预约借书、馆际互借等）、文献阅览服务、文献复制服务、信息咨询与检索服务、用户教育与辅导、信息研究服务、网上信息服务（如网上公共目录查询、网上预约服务、网上咨询服务、利用电子邮件提供信息服务、文献传递服务）等。

随着社会的迅猛发展,数字化信息的应用已经深入到各个领域,数字图书馆已成为图书馆的发展趋势。它不但包含了传统图书馆的功能,向社会公众提供相应的服务,还融合了其他信息机构（如博物馆、档案馆等）的一些功能,提供综合的公共信息访问服务。数字图书馆将成为未来社会的公共信息中心和枢纽。

在国际标准化组织（ISO）和国际图联（IFLA）2006年颁布的《ISO 2789:2006(E)信息与文献——国际图书馆统计》中,将图书馆分为:国家图书馆、公共图书馆、高校图书馆、专业图书馆、流动图书馆、学校图书馆、储存图书馆等各种类型。

现阶段我国规模和影响力较大的图书馆主要是高校、公共和科学院三大系统的图书馆。

1. 高校图书馆

高校图书馆是高校文献信息中心,是为教学和科研服务的学术性机构,是高校的三大支柱之一。高校图书馆的藏书范围一般密切结合本校的学科、专业设置和发展趋势,藏书质量高、系统且比较完整。其主要职责是通过提供文献信息资源和服务,保证学校完成其教学、科研任务,服务对象主要是本校的师生。

高校图书馆的文献资源十分丰富,各种专业文献信息总量远远超出其他两大系统,是国家文献信息保障体系的重要组成部分。

2. 公共图书馆

公共图书馆是面向全社会公众开放的图书馆，隶属各级文化部门，主要包括国家图书馆，省、市、自治区图书馆和区、县图书馆。

国家图书馆全面收藏本国出版物，以及各种珍、善本特藏文献，有选择地入藏国外文献，起着国家总书库的作用。它既为从事教学和学术研究的专家、学者服务，也为普通读者服务。世界上著名的国家图书馆有美国国会图书馆、俄罗斯国家图书馆、法国国家图书馆、英国国家图书馆（不列颠图书馆）、中国国家图书馆等。

省、市、自治区图书馆全面收藏地方性文献，有选择地收藏各种中、外文书刊以及其他文献，主要为本地区各层次的读者服务。

区、县级图书馆主要收藏大众化的通俗读物、科普读物、非专业研究性的科技书刊等，主要为普通读者提供文献服务。

3. 专业图书馆

又称专门图书馆，是指政府部门、协会、科学研究机构（大学研究所除外）、学术性学会、专业性协会、事业单位、工业企业等或其他有组织的集团所属的图书馆。专业图书馆类型复杂，数量众多，是图书馆事业的重要组成部分。它收藏的大部分文献是某一特殊领域或课题的文献资料。

在我国，专业图书馆主要是指科学院系统的图书馆、政府部门所属的研究院（所）和大型厂矿企业的技术图书馆。它们主要为本系统或本单位的科学研究服务，兼顾其他社会需求。其特点是，馆藏具有较强的学科专业性，一般按所属单位的科研、生产任务建设藏书体系；除日常业务工作外，还根据各单位的研究课题开展针对性的情报服务。

我国规模最大的专业图书馆是中国科学院文献情报中心（http://www.las.ac.cn）。它是集文献信息跟踪服务、情报研究服务、科学文化传播服务和图书馆学情报学高级人才培养功能于一身的研究型国家科学图书馆。

二、科技信息服务系统

科技信息服务系统主要负责搜集、整理、研究和传递各种专业性学术信息，收藏各种类型的中、外文专业性文献，如专业性图书、期刊、会议文献、科技报告、专利文献、标准文献等，为广大信息用户提供专业性信息资源。其服务方式主要有文献阅览服务、文献信息检索服务、文献复制服务、文献代译服务、科技信息研究以及科技信息传递报道服务等。其服务内容十分丰富，如为各级领导提供调研及决策信息，为专利申请或科技成果申报进行查新服务，进行科技成果转让及推广服务，编译专题资料等。

我国有一个庞大的科技信息服务系统，它们分别隶属于不同的部门，其中最高级别的是隶属科技部的中国科技信息研究所，其次是隶属于各省、市的科技信息研究所，以及隶属国务院各部委的专业性科技信息研究所，如机械工业信息研究所、中国国防科技信息所、航天部航天信息中心等。

三、专利文献服务系统

专利文献系统是国家科技信息体系的重要组成部分。专利文献中心是从事专利文献的收集、存储、加工、检索和服务的专门机构,也开展专利信息研究工作,编辑、出版有关专利文献的专题目录、索引、文摘等。

我国专利文献服务工作主要由中国专利文献服务中心(国家知识产权局专利局文献馆)以及各地的专利代理机构(通常挂靠在各省科技信息研究所)负责。中国专利文献服务中心负责收集、管理专利文献,并向用户提供专利文献的检索和复制服务等。它还收藏世界各国和国际组织的专利说明书及中国的专利说明书。各地的专利代理机构(专利事务所)主要承办专利咨询、专利申请、专利查新、专利文献检索、专利技术转让等工作。

四、标准文献服务系统

该系统由中国标准化研究院国家标准馆和各省、市、自治区标准化研究院(所)下设的标准馆以及国内相关标准文献收藏机构组成。国家标准馆是我国唯一的国家级标准文献、图书、情报的馆藏、研究和服务机构,隶属中国标准化研究院,是国家标准化管理委员会的基础信息支撑机构。国家标准馆是国家标准文献中心,负责全面收集、整理、存储我国的国家标准、行业标准和企业标准,收藏国际标准,有选择性地收藏世界各国的标准文献,并提供标准文献的信息服务,是检索和获取标准文献的好去处。

各省、市、自治区的科技情报所、各种专业图书馆和标准颁布单位一般均收藏部分标准文献。

五、档案馆系统

档案馆负责档案资料的收集、整理、保管并提供社会利用,它是档案史料的服务中心。我国档案馆大致可分为国家档案馆、地方档案馆、专门性档案馆和基层单位档案室等。

国家档案馆主要负责收集、保管党和国家需要长久保存的档案和有关资料,并对其进行研究和利用。地方档案馆负责收集和保管各省、市、自治区档案资料。专门性档案馆负责保管各种专门性的档案,如城市建设档案、照片档案、电影资料、公安档案、军事档案等。档案室作为各机关、企业、事业单位的一个部门,负责管理本单位内部的全部档案资料。

档案馆面向全社会或本系统的用户提供服务,而档案室主要为本单位用户提供服务。由于档案通常是单份的,且具有一定的保密性,一般不外借,只按密级的限制提供馆内阅览、检索、复制等服务。

通常情况下,各种类型文献的主要收藏机构如表1-5-1所示。

表1-5-1 各类文献收藏机构一览表

文献类型	收藏机构
图书	各级各类图书馆
期刊论文	各级各类图书馆
会议文献	专业图书馆、中国科技信息研究所、省级以上信息研究所
专利文献	国家专利局专利文献馆、省级以上信息研究所
标准文献	中国标准化研究院标准馆、省级以上信息研究所
科技报告	国图、省级以上信息研究所
学位论文	国图、中国科技信息研究所、学位授予单位
档案文献	各级各类档案馆、单位档案室

随着我国科学技术发展,传统的文献信息收藏与服务体系已难以满足社会需求,一批商业化的科技信息提供商应运而生,将大量商品化的科技文献信息数据库推向市场,使用户足不出户就可轻松获取所需科技信息。

思考与练习

1. 一、二、三次文献有何区别与联系?
2. 什么是特种文献?主要包括哪些文献类型?
3. 常用的检索途径有哪些?
4. 文献检索方法有哪些?各有什么优劣?
5. 简述信息检索的步骤。
6. 获取原文的途径有哪些?
7. 简述我国主要的文献信息服务系统。
8. 简述三大系统图书馆的服务对象和藏书特点。

第二章 图书馆信息资源利用

> 图书馆是对文献进行搜集、整理、存储并提供服务的机构。主要任务是整理和传递科学信息,进行社会教育。高校图书馆是学校的文献信息中心,是为教学和科学研究服务的学术性机构,是学校信息化和社会信息化的重要基地,是学生的第二课堂。对现代大学生来说,如何高效地从图书馆获取所需文献信息是一项基本技能,也是评价大学生信息素质的一项重要指标。随着社会的发展,以数字图书馆为发展趋势的现代图书馆在资源表现形式和服务方式上都与传统图书馆有很大不同。掌握现代图书馆信息资源的检索与利用方法,对大学生的学习和今后的工作生活都大有益处。

第一节 图书馆读者服务

一、图书馆的传统服务

(一) 外借服务

外借服务是图书馆最基本、最普遍的读者服务方式。读者根据需要借出自己挑选的书刊,在规定期限内自由安排时间阅读,可不受图书馆服务时间和场地的限制,充分利用馆藏文献资源。外借服务包括个人外借、集体外借、预约借书等方式。由于外借服务受文献范围、品种、外借期限等因素的限制,故不能完全满足读者的阅读需要。

(二) 阅览服务

多数图书馆都设有阅览室,为读者提供馆内阅览服务。阅览室收藏的文献一般不外借,故其开放时间较长。通常情况下,图书馆根据文献的类型、语种、读者对象等设置不同的阅览室或阅览区。除古籍外,大多数印刷型图书、期刊和工具书都实行开架阅览;音像型、缩微型文献和电子出版物一般实行闭架管理,读者向馆员索取到所需文献后,利用图书馆提供的设备,进行"阅览"。阅览室是读者利用馆内各种信息资源进行学习和研究的主要场所。

(三) 参考咨询服务

参考咨询服务是图书馆读者服务工作的重要组成部分,是参考咨询员对读者利用文献和寻找知识方面提供帮助的一种信息服务方式。传统的文献借阅服务是为了满足读者的共性需求,而参考咨询是为了满足读者的个性化需求,是发挥图书馆信息服务职能、开发文献资源、提高文献利用率的重要手段。它以协助检索、解答咨询、专题文献报道、信息检索服务等方式向读者提供事实、数据和文献线索。参考咨询服务是读者服务工作的深化和拓展,属于比较复杂的高水平服务工作。

(四)馆际互借与文献传递服务

为提高图书馆资源的利用率,促进文献信息的流通,一些图书馆和文献收藏机构联合起来,本着互惠的原则,订立互借规则,相互利用对方的馆藏资源,通过资源共享来满足本单位读者的文献信息需求。这种服务实际上扩大了各图书馆读者的藏书利用范围,打破了馆藏资源受部门分割的界限,实现了图书馆间的资源共享,深受读者欢迎。这种资源共享的服务分为馆际互借(返还式)和文献传递(非返还式)两种方式。

(1) 馆际互借(返还式)。通常馆际之间只进行图书互借,且以本地区间为主。

(2) 文献传递(非返还式)。提供期刊论文、学位论文、会议论文、科技报告、专利文献、标准文献等的复印件、扫描件、电子文档等。

(五)读者教育与培训

读者教育与培训是图书馆有计划、有目的地对读者开展的教育活动。主要内容包括两个方面:一是向读者宣传和介绍图书馆的资源与服务,二是提高读者的信息素质,主要是提高读者检索与利用信息资源的水平。图书馆通过开展新生入馆教育、讲授文献检索与利用课程、举办不同层次培训班或讲座等多种手段,增强读者的信息意识和获取、利用文献信息的能力,为以后的终身学习打好基础。

(六)定题检索服务

定题检索是根据用户的需要,定期或不定期地对某一特定课题进行跟踪检索,把经过筛选的最新检索结果,以书目、文摘、全文等方式提供给用户;或接受用户的委托,为用户提供从课题前期调研、开题立项、中期成果直到成果验收全过程的文献检索提供服务。定题检索可以是一次性服务,也可以是长期定题跟踪服务。

二、图书馆的网上服务

随着现代科学技术的发展,文献载体日趋多样化,数据库、光盘等多媒体文献大量涌现,数字化信息资源正在逐步取代传统的纸质文献。为适应信息社会的发展,图书馆也开展了许多网上服务项目。读者通过校园网,进入图书馆主页(如图2-1-1所示),就可以轻松利用图书馆的各种信息服务。由于各个学校图书馆的情况不同,条件各异,提供的网上服务也各不相同,其中,带有共性的、常规的服务主要有以下几项。

(一)OPAC 查询系统

OPAC 原意是"开放的公共查询目录"(Open Public Access Catalogue),20世纪70年代初发端于美国大学和公共图书馆,随着技术的发展而演化为"联机公共查询目录"(Online Public Access Catalogue)。OPAC是一种通过网络查询馆藏信息资源的联机检索系统,用户可以不受时间、空间的限制,查询图书馆的资源。现在,OPAC系统已成为用户获取图书馆信息最直接、最常用的途径。

虽然各种信息服务系统的系统平台、用户界面有所不同,但是,它们的OPAC系统的功能是

第二章 图书馆信息资源利用

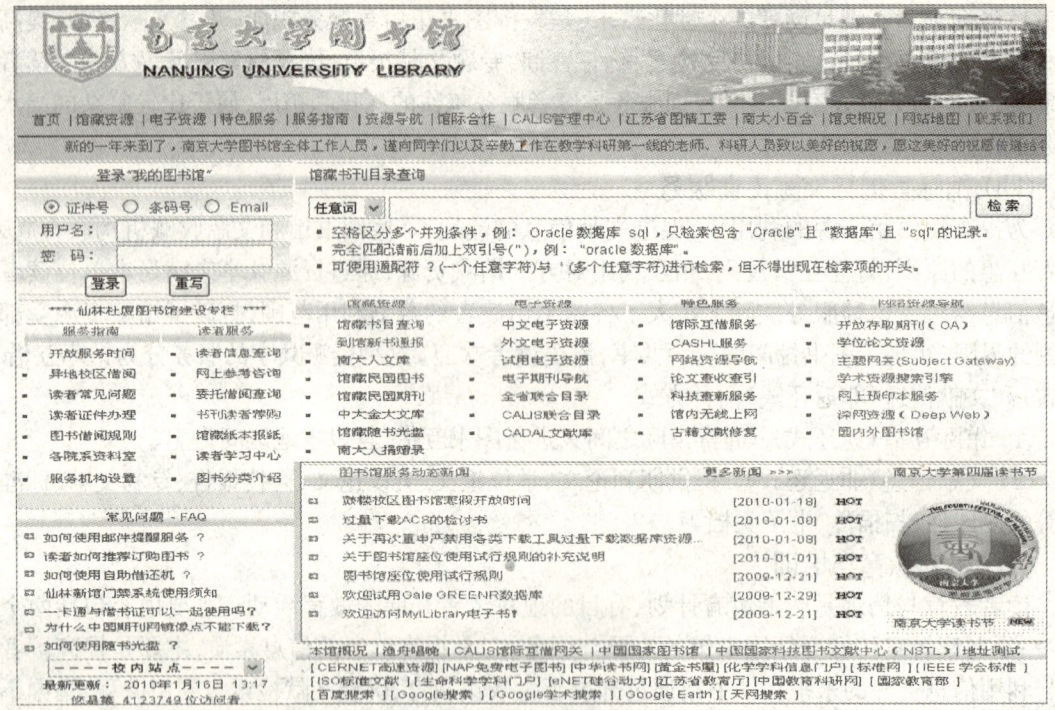

图 2-1-1　南京大学图书馆主页

基本相同的。OPAC 系统一般都具备馆藏文献目录查询、读者信息查询(如本人注册信息、借阅信息、预约信息、违章欠款信息查询)、信息发布(如新书通报、预约到馆信息、违章欠款信息、到期催还信息)和订购征询等功能,一些较先进的 OPAC 系统还为用户提供个性化信息推送服务。

本节以汇文文献信息服务系统的 OPAC 4.0 为例,介绍 OPAC 查询系统。汇文 OPAC 4.0 有书目检索、分类浏览、期刊导航、新书通报、公共书架、信息发布、读者荐购和我的图书馆八项功能,首页如图 2-1-2 所示。下面重点介绍一下书目检索、读者荐购和我的图书馆三项功能。

1. 书目检索

书目检索是图书馆提供的最基本的网上服务项目,也是读者通过校园网利用图书馆资源的一种重要途径。读者通过查询馆藏书目数据库可以了解书刊的收藏和外借情况。

(1) 全文检索。也即任意词检索,是在书目记录的所有著录字段中进行比较匹配。在图书馆主页,点击馆藏书目查询,进入如图 2-1-2 所示页面(默认为全文检索方式)。在全文检索方式下,可组合复杂检索条件,支持手工输入逻辑条件,支持通配符检索、完全匹配检索等功能。检索结果默认按相关度排序输出。

例 1　检索关于"信息服务系统"方面的馆藏文献。

第一步　在图 2-1-2 页面的检索框中输入"信息服务系统"一词,点击检索,出现图 2-1-3 所示页面,表明本馆符合条件的记录有 6 条。

第二步　浏览发现前 5 条的题名中有"信息服务系统"、"信息"、"系统"字样,第 6 条结果看上去与检索词无关,我们进行进一步查看。

第三步　点击第 6 条记录题名,出现图 2-1-4 所示详细书目信息页面,在其"提要文摘附注"

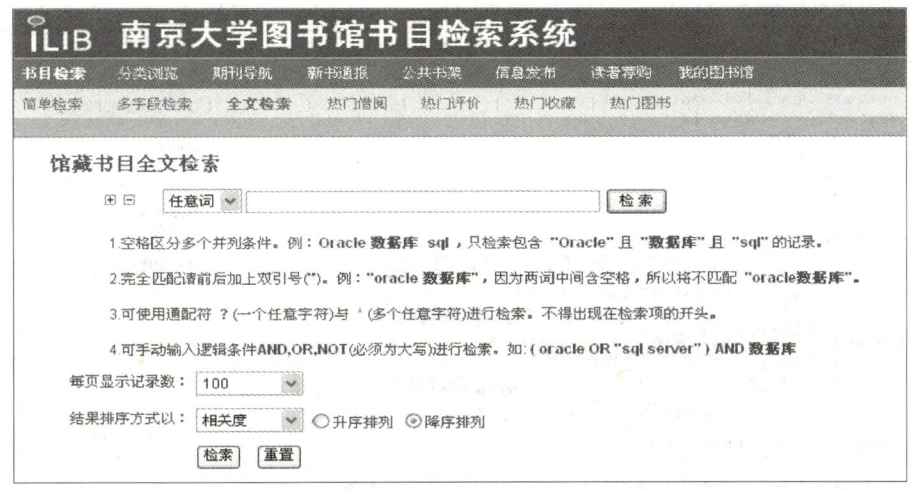

图 2-1-2　汇文系统 OPAC 全文检索页面

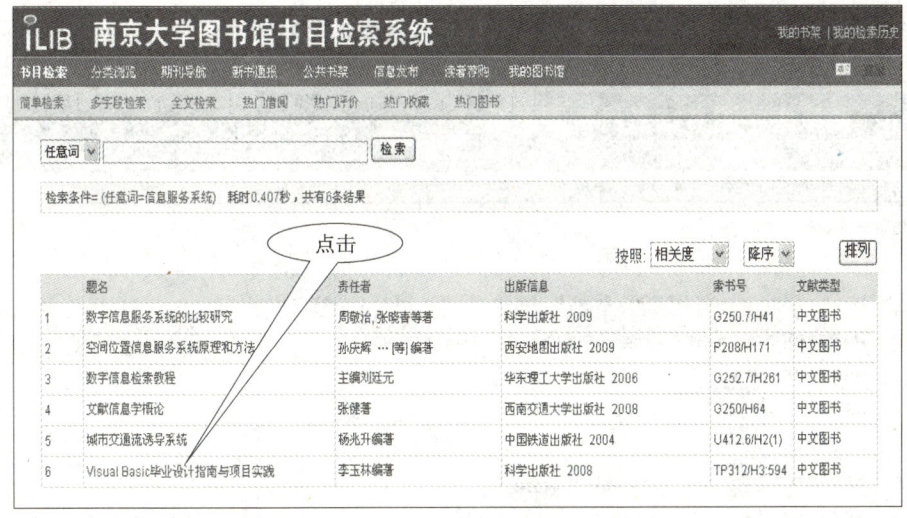

图 2-1-3　汇文系统 OPAC 全文检索结果页面

项中也出现了"信息服务系统"一词，可见此书著录内容中包含检索词，符合检索要求。

在详细书目信息页面可看到图书的详细信息和馆藏情况。若该书全部借出，可点击"读者预约"，预约此书。办理预约时，读者需先登录个人账号，然后进入预约页面，选择该图书，点击"执行预约"按钮完成预约。

(2) 简单检索。简单检索时每次只能选择一种检索类型(检索途径)，但可输入多个检索词。若输入一个检索词，往往检索结果较多，需进行二次检索。简单检索一般在检索目标较模糊的情况下使用，若某个检索项匹配结果很少时，也能用于明确目标检索。

点击"简单检索"，进入图 2-1-5 所示简单检索页面。读者可根据自己需求选择检索类型，输入检索词，即可获得检索结果。题名、责任者、主题词、分类号、索书号、丛书名、ISBN(国际标准书号)、ISSN(国际标准连续出版物号，简称国际标准刊号)等是机读目录普遍提供的检索途径。

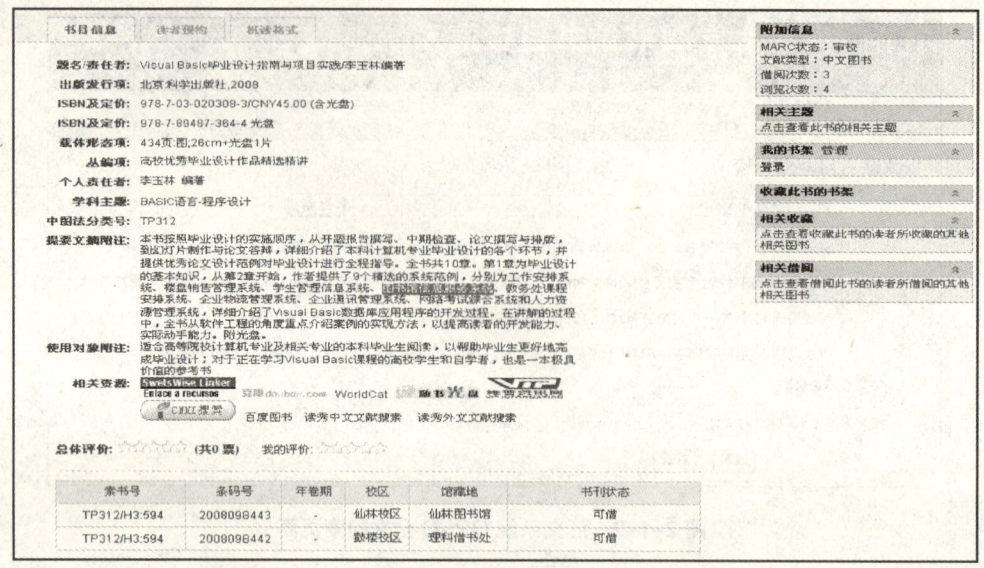

图 2-1-4　汇文系统 OPAC 详细书目信息页面

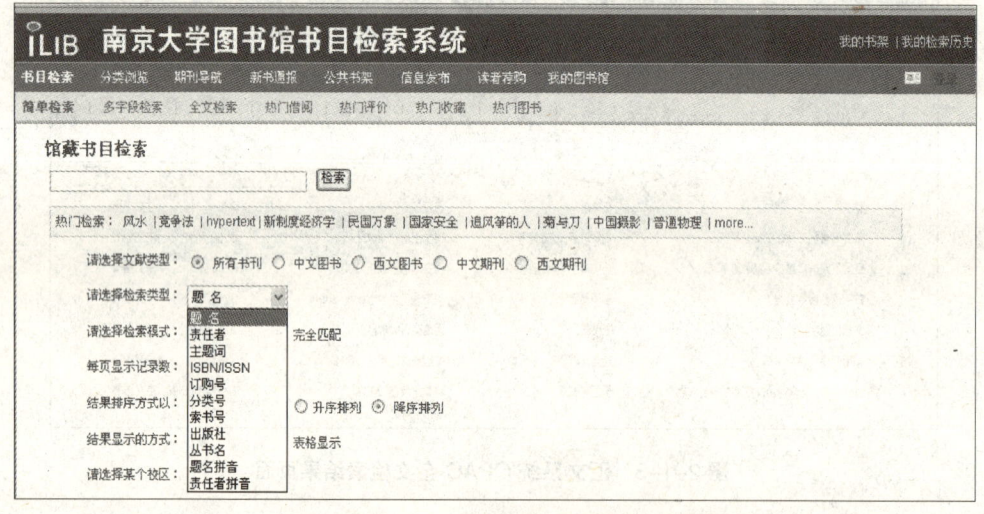

图 2-1-5　汇文系统 OPAC 简单检索页面

检索中,读者还可限定文献类型、检索模式(前方一致,完全匹配)和结果排序方式(入藏日期、出版日期、索书号、题名、责任者)等条件。

例2　想了解中文系都收藏了余秋雨的哪些作品。

第一步　选择"责任者"途径,输入"余秋雨",检索出责任者中含有"余秋雨"的图书66种,如图 2-1-6 所示。命中结果中匹配的检索词倾斜亮红显示,很醒目。

第二步　在结果页面左侧对检索结果从学科分类、文献类型、馆藏地等角度进行了自动分类,并给出各类文献数量。点击"馆藏地"下的"中文系",即可看到中文系收藏的全部26种余秋雨作品。

图 2-1-6 汇文系统 OPAC 简单检索结果页面

读者在简单检索的基础上可进行二次检索(在结果中检索)。简单检索与二次检索结合起来同样能达到高级检索的效果,只是需要多次检索。

(3) 多字段检索。也即高级检索,能同时对多个检索项进行检索,如图 2-1-7 所示。多字段

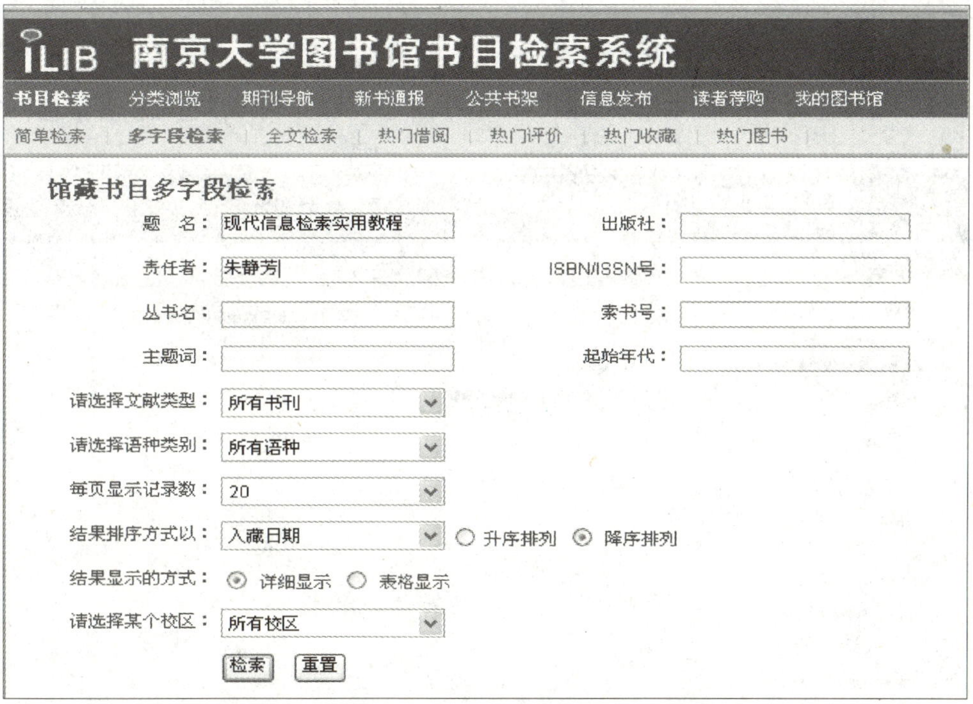

图 2-1-7 汇文系统 OPAC 多字段检索页面

检索是实现快速准确检索的最好方法,前提是检索目标很明确。如果一次只对一个检索项进行检索,其效果等同于简单检索。

例3 查找朱静芳主编的《现代信息检索实用教程》一书。

进入多字段检索页面,在题名、责任者输入框内分别输入"现代信息检索实用教程"和"朱静芳",如图2-1-7所示。检索结果为1条记录,精确命中,如图2-1-8所示。

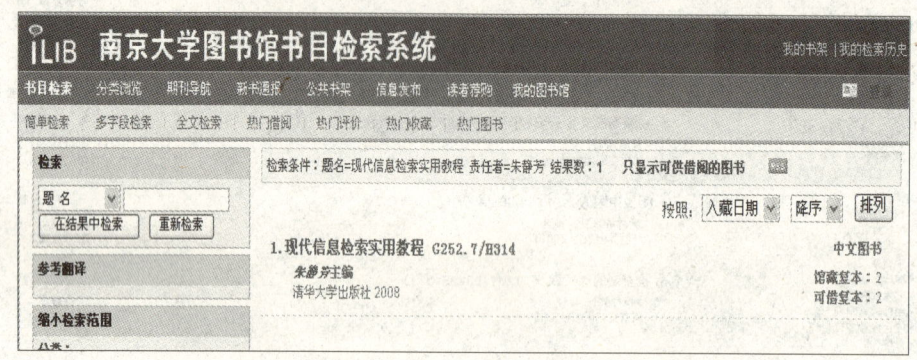

图 2-1-8　汇文系统 OPAC 多字段检索结果页面

2. 读者荐购

汇文OPAC4.0可让读者向图书馆推荐自己需要的图书。读者可通过查询征订书目、浏览征订书目进行荐购,也可直接推荐。直接推荐时,题名和责任者必须填写。对题名和责任者不清楚的图书,可查找网上资源,获取详细书目信息后再进行荐购,如图2-1-9所示。推荐图书前读者必须先登录,才能成功荐购。

3. 我的图书馆

读者登录后,进入"我的图书馆",如图2-1-10所示。"我的图书馆"包括读者信息和个性化

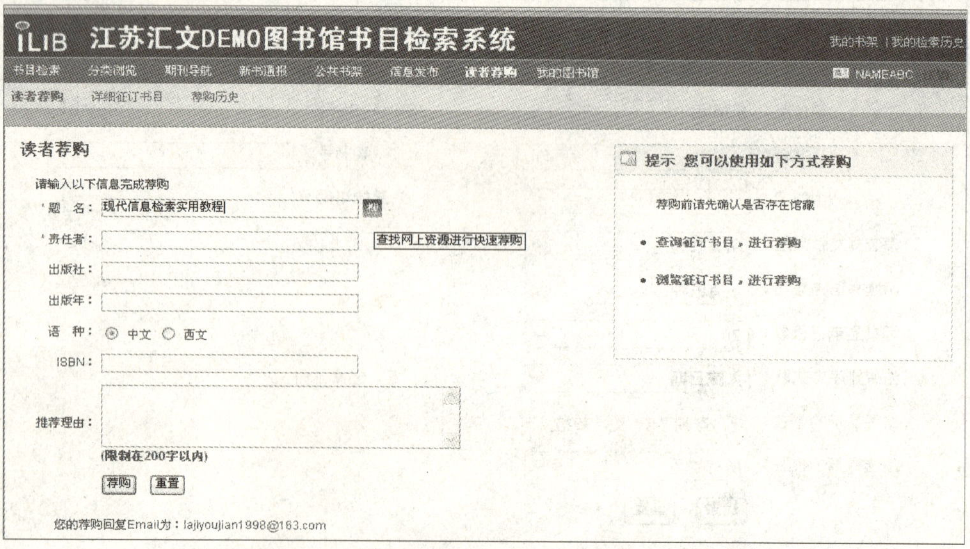

图 2-1-9　汇文系统 OPAC 读者荐购页面

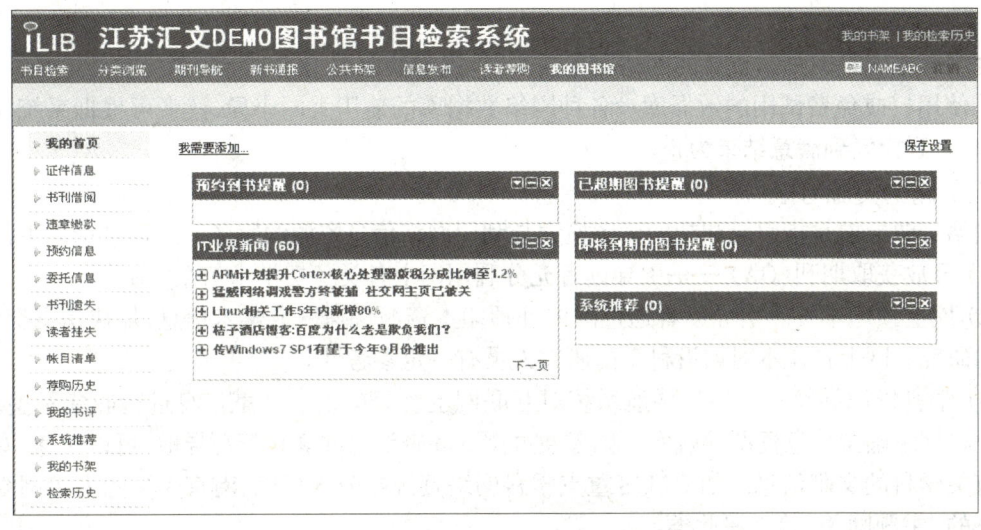

图 2-1-10　汇文系统 OPAC 我的图书馆页面

信息服务两部分内容。点击读者信息栏目的各个标签，可以查看读者的基本信息、借书数量、借还时间、荐购历史、检索历史等信息，还能方便地进行图书预约和续借。如，点击"证件信息"标签，出现如图 2-1-11 所示页面。在此页面可修改登录密码和联系信息。

个性化信息服务包括读者按照自己的需求定制各种信息和系统为读者提供推荐信息两类。读者可定制特定类目图书的新书通报，预约到书、超期图书、即将到期图书提醒等信息，也可添加外部 RSS 源订阅信息；系统推荐信息是系统根据读者的借阅历史、学科背景和各种定制信息等为不同用户提供个性化的信息推送服务，如为读者推荐图书等，如图 2-1-10 所示。

此外，还可通过分类浏览，了解图书馆各类图书的收藏情况；通过新书通报，了解图书馆新近入藏了哪些图书。

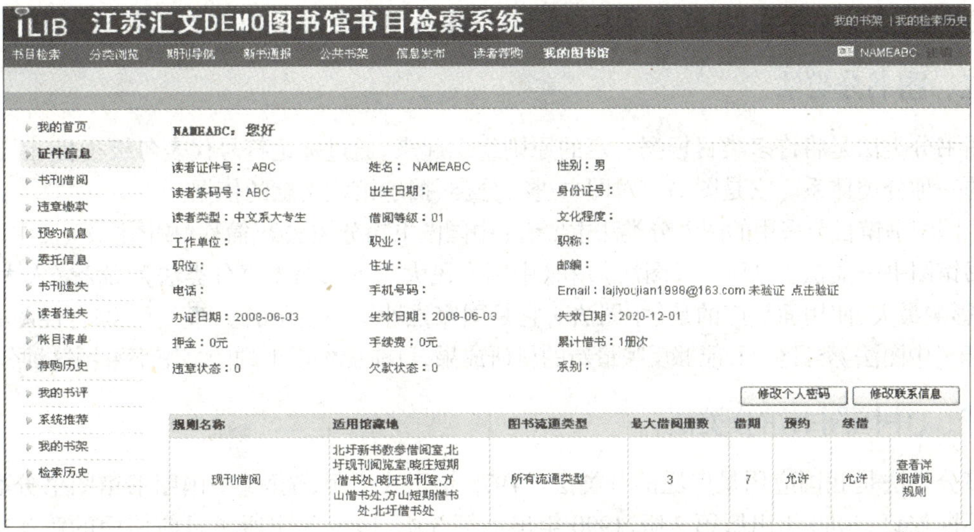

图 2-1-11　汇文系统 OPAC 证件信息页面

（二）网络数据库

网络数据库是图书馆重要的网络服务项目，是读者获取图书馆数字资源的重要途径，一般指本馆有使用权或免费试用的数据库。各种网络数据库的使用大同小异，读者可根据系统提示进行操作，直到检索到满意结果为止。

（三）网络资源导航

网络资源导航是指引导和帮助读者检索与利用网络信息资源的服务。通常包括以下几种：

（1）开放获取期刊（OA）——引导读者充分利用网上各类免费学术信息资源。

（2）网上预印本——引导读者通过国内外预印本资源快速获取学术信息，加快信息交流，促进学术研究。网上预印本对前沿科学的研究人员有一定参考性。

（3）学科资源导航——通过导航系统对互联网上纷繁的电子文献信息进行收集和整理，形成各学科网络虚拟信息资源导航库。读者通过浏览和查询这些学科资源导航，可以快速、有效地获取有关学科的文献信息。如 CALIS 重点学科网络资源导航数据库、南京大学图书馆网络资源导航下的"主题网关"等都属此类。

（4）图书馆及相关信息机构导航——帮助链接其他图书馆或信息机构，以利用其丰富的文献信息资源。

第二节　图书馆文献信息组织

一、图书分类

图书分类是指根据图书内容的学科属性或其他特征，分门别类地、系统地组织与揭示藏书的一种方法。所谓的分门别类地组织藏书，就是把特征相同的图书集中在一起，相近的联系在一起，不同的区别开来。对图书进行分类必须依照一定的标准和原则进行。图书分类的主要标准是图书内容的学科属性，此外，还有一些辅助标准，如图书的体裁、语言、编辑形式、读者对象等。图书分类的主要目的是便于图书馆分类组织藏书、编制分类目录和科学管理藏书，同时方便读者按类查找图书。

二、图书分类法

图书分类法是将许多类目根据一定的原则组织起来，通过标记符号代表各级类目、固定先后次序的一种分类体系。它是图书馆对图书进行分类、揭示馆藏文献的依据。

我国图书馆目前采用的图书分类法主要有《中国图书馆分类法》（简称《中图法》）、《中国科学院图书馆图书分类法》（简称《科图法》）和《中国人民大学图书馆图书分类法》（简称《人大法》）。其中，影响最大、使用面最广的是《中图法》，它是国家推荐统一使用的一部大型、综合性图书分类法。由于《中图法》类目全面，能够反映最新的科研成果，目前95%以上的图书馆都采用这种分类法。

三、《中国图书馆分类法》

该分类法是我国应用最广泛的分类法。1975年正式出版，全称《中国图书馆图书分类法》，其后不断修订，1980年出版第2版，1990年出版第3版，1999年出版了目前使用的第4版。并更名为《中国图书馆分类法》，简称《中图法》。

(一)《中图法》的体系

《中图法》将知识门类分为"哲学"、"社会科学"、"自然科学"三大部类。马克思主义、列宁主义、毛泽东思想、邓小平理论是指导我们思想的理论基础,作为一个基本部类,列于首位。此外,考虑到图书本身的特点,《中图法》将一些内容庞杂、类无专属、无法按某一学科内容性质分类的图书,概括为"综合性图书",作为一个基本部类,置于最后。由此,在《中图法》体系中就形成了如下5个基本部类的序列:

马克思主义、列宁主义、毛泽东思想、邓小平理论
哲学
社会科学
自然科学
综合性图书

在5个基本部类序列的基础上,将社会科学部类扩充为9个基本大类,自然科学部类扩充为10个基本大类。按照从总到分,从一般到具体的编排原则展开,组成了22个大类,形成了《中图法》的一级类目。具体如表2-2-1所示。

表2-2-1 《中图法》一级类目

类号	类名	类号	类名
A	马克思主义、列宁主义、毛泽东思想、邓小平理论	N	自然科学总论
B	哲学、宗教	O	数理科学和化学
C	社会科学总论	P	天文学、地球科学
D	政治、法律	Q	生物科学
E	军事	R	医药、卫生
F	经济	S	农业科学
G	文化、科学、教育、体育	T	工业技术
H	语言、文字	U	交通运输
I	文学	V	航空、航天
J	艺术	X	环境科学、安全科学
K	历史、地理	Z	综合性图书

在"T 工业技术"类中,因内容多,涉及面广,采用双字母表示大类以下的二级类目,以字母的顺序反映类目的序列。具体类目如表2-2-2所示。

表2-2-2 T 工业技术类二级类目

TB	一般工业技术	TL	原子能技术
TD	矿业工程	TM	电工技术
TE	石油、天然气工业	TN	无线电电子学、电信技术
TF	冶金工业	TP	自动化技术、计算机技术
TG	金属学与金属工艺	TQ	化学工业
TH	机械、仪表工业	TS	轻工业、手工业
TJ	武器工业	TU	建筑科学
TK	能源与动力工程	TV	水利工程

分类表是分类法的主体,分类表就是这样层层细分、逐级展开的一个等级分明、次第清楚的科学系统。在这个科学系统中,各个类目之间彼此构成从属关系、并列关系、交替关系和相关关系,体现出类目严格的系统性。

(二)《中图法》的标记制度和标记符号

《中图法》采用层累制,又称等级标记制,以一个大写英文字母标记一个大类,再加一个字母或一位数字标记二级类目,如此层层累加,表示类目的层层划分,体现出类目的等级关系。分类号位数少的类目是大类目(上位类),位数多的是小类目(下位类),换句话说,类号位数越少所代表的类目越大,类号位数越多代表类目越小。

标记符号是分类表中类目的代号,也叫分类号,它以序级性的符号表明各个类目在分类体系中的先后位置,用来组织分类目录、进行分类排架。《中图法》采用英文字母与阿拉伯数字结合的混合号码,以一个大写英文字母标记一个大类。在工业技术大类中,为适应工业部门分类的需要,采用双字母方式标记其二级类目。其余类目均采用数字标记,所有数字按小数对待。为使号码醒目,规定从左至右每3位数字与其后一位之间注一小圆点".",这个小圆点称为间隔符号,对类号所代表的类目不发生任何影响。

下面是"I 文学"类部分类目的类号及类名。

I 文学　　　　　　　　　　　　　　　　　　　　　　　　　(一级类目)
……
I2 中国文学　　　　　　　　　　　　　　　　　　　　　　　(二级类目)
……
I24 小说　　　　　　　　　　　　　　　　　　　　　　　　　(三级类目)
……
I247 当代作品(1949年—)　　　　　　　　　　　　　　　　　(四级类目)
I247.4 章回小说
I247.5 新体长篇、中篇小说　　　　　　　　　　　　　　　　(五级类目)
I247.51 革命斗争　　　　　　　　　　　　　　　　　　　　　(六级类目)
I247.52 军事
I247.53 史传
I247.54 经济、政治
I247.55 科学、科幻
I247.56 惊险、推理
I247.57 社会、言情
I247.58 武侠
I247.59 其他题材
I247.7 新体短篇小说　　　　　　　　　　　　　　　　　　　(五级类目)
I247.8 故事、微型小说
I25 报告文学　　　　　　　　　　　　　　　　　　　　　　　(三级类目)
……
I26 散文

......
I3 亚洲各国文学　　　　　　　　　　　　　　　　　　（二级类目）
......

除上述字母、数字标记以外，《中图法》中还常用到总论复分号，用辅助符号"-"标记。带总论复分号的分类号排列于相同的主类号之后，下一分类号之前。如 TP316.8，TP316.81，TP316.81-43，TP316.81-61，TP316.81-62，TP316.82 等。

下面是几种常用的总论复分号：
-33 试验方法与试验设备　　　　　　　如《计算机网络实验教程》TP393-33
-42 教学法、教学参考书　　　　　　　如《物理教学参考书》O4-42
-43 教材　　　　　　　　　　　　　　如《大学英语》H31-43
-44 习题、试题及题解　　　　　　　　如《高等数学题解》O13-44
-53 论文集　　　　　　　　　　　　　如《管理科学论文集》C93-53
-61 名词术语、词典、百科全书（类书）　如《心理学词典》B84-61
-62 手册、名录、指南、一览表、年表　　如《无线电手册》TN-62
-64 表解、图解、图册、谱录、数据、公式、地图　如《建筑抗震设计图说》TU352-64

四、分类索书号与藏书排架

（一）分类索书号的组成

分类索书号，又称索书号、排架号，是分类排架的图书用以排架和取、还藏书的号码，它表示每种图书在整个藏书组织中所处的位置。由于分类排架能够把性质相同的图书集中起来、性质不同的图书区分开来，方便读者从学科角度检索或浏览文献，所以，国内外的图书情报单位几乎都采用了分类索书号进行藏书排架。在馆藏系统中，每种图书的索书号应是唯一的，索书号与图书应是一一对应的。

索书号由分类号、书次号和辅助区分号组成，即索书号 = 分类号 + 书次号 + 辅助区分号。

（1）书次号。又称同类区分号，是用以确定同类中不同图书先后次序的号码，位于分类号之后，它是分类索书号的组成部分之一。

由于没有统一的国家标准，书次号的取号方法也比较多，如年代号、著者号、种次号等。在众多的方法中，最为普遍使用的是著者号和种次号。有人统计，使用这两种方法的图书馆达 90% 以上。著者号的优点是可以集中同类中同一作者的不同著作，也有利于全国统一集中编目与编目标准化的实行，前提是全国采用统一的著者号码表，如《通用汉语拼音著者号码表》。其缺点是编号较为冗长、复杂，排架不便。种次号是按同类中各种书分编的先后次序给号，以流水号为顺序。优点是简短、易取，排架也简便，同类书的排列顺序基本上可以反映出图书出版时间顺序：新书集中在后，旧书集中在前，更便于读者查找新书。其缺点是同一著者的书将分散开，而且若要更改或修改分类法，书次号也要相应改变，工作量将非常大。例如，H319.4/Z78 是由分类号和著者号构成索书号，其中 H319.4 是分类号，Z78 是著者号；TP316.81/4 是由分类号和种次号组成的索书号，其中 TP316.81 是分类号，4 是本馆收藏该类书的次序号。

（2）辅助区分号。也是索书号的组成部分之一，但非必需。只有当前文献与另一文献存在相关情况(不同版本、连续关系等)时,才使用辅助区分号进行再区分。也就是说,分类号和书次号是索书号不可缺少的两部分,与之相比,只有由于版本变化、装帧形式或卷次不同,需要在书次号的基础上继续区分时,才产生辅助区分号。辅助区分号位于书次号之后,如《中图法》第1~4版,各版的索书号分别为:G254.122/Z657,G254.122/Z657=2,G254.122/Z657=3,G254.122/Z657=4。又如某馆的《红楼梦》上、下册,索书号分别为 I242.4/1/:1 和 I242.4/1/:2 等。辅助区分号全国尚无统一标准,各馆多依据自己情况而定。

(二) 藏书排架方法

多数图书馆按照分类索书号进行排架。图书排架时先按照图书分类号的顺序确定书架中该类书的位置,然后再在该类图书中按照书次号的顺序确定每种图书在书架上的具体位置。需要注意的是,排架时分类号中的所有字母、数字都采用对位比较法比较排序(如 TB 排在 TD、TE 前,I247.58 排在 I3 前面),而书次号的排列则采用自然顺序排列方法,即 1,2,3,……,9,10,11,……

第三节 数字图书馆

图书馆在经历了传统图书馆阶段、自动化图书馆阶段后,步入了数字图书馆阶段。数字图书馆自 20 世纪 90 年代初在美国问世以来,经过近 20 年的发展取得了一系列成果,正在全球迅速发展。数字图书馆的应用已深入人心,成为人们工作、学习和日常生活中不可或缺的有效工具,为图书情报人员、教育和科研人员等提供了有效的资源支持。

一、数字图书馆的定义与特征

数字图书馆(Digital Library),是指对图像、文本、语音、视频、软件和科学数据等不同载体、不同地理位置的信息资源经过数字化存储、组织,以计算机网络的方式提供给本地和远程用户存取,以实现资源共享的系统。

数字图书馆拥有形式多样、内容丰富的数字化信息资源,能方便、快捷地为读者提供所需信息,是实体图书馆在资源提供方式上的更新,是对传统实体图书馆的扩充,并不是传统图书馆简单意义上的数字化。与以纸质资源为主的传统图书馆相比,数字图书馆在馆藏资源、服务方式和实质内涵等诸多方面有着鲜明的特征:

(1) 信息资源数字化。数字图书馆资源不仅仅是将各类传统介质的文献进行压缩处理,转化为数字信息加以储存的资源,还包括大量未正式出版的数字化网络信息资源。信息资源数字化是数字图书馆的基础,也是数字图书馆与传统图书馆的最大区别。

(2) 信息传递网络化。在信息资源数字化的基础上,数字图书馆通过计算机网络系统和各种通信手段,将数字化信息资源联为一体,在网络上传递与共享。用户可以在任何时间、任何地点存取数字图书馆的资源。

(3) 信息利用共享化。由于有了数字化与网络化的坚实基础,数字图书馆的信息利用体现出了跨地域、跨行业的共享化特点。"馆藏"资源已不再是"私有",而是面向世界;同样,任何人都可能享受到其他馆提供的信息服务,读者的阅读范围不再局限于某一特定馆的馆藏资源。

(4) 信息内容多元化。数字图书馆收藏的数字信息,除了纸质书刊资料中的文字、数值、图形外,还广泛收录其他一切可以数字化的信息,如音频、视频资料、计算机程序等,通过多媒体、超文本、超媒体等技术,提供智能化的信息检索手段,在为读者展示各种生动具体、形象逼真信息的同时,还能满足他们对文献的多种需求。

(5) 信息提供知识化。与传统图书馆不同,数字图书馆将实现由提供文献向提供知识的转变。数字图书馆将图书、期刊、照片、声像资料、数据库、网页、多媒体资料等各类信息载体与信息来源在知识单元的基础上有机地组织并链接起来,以动态分布式的方式为用户提供一站式服务。数字图书馆将能够为读者一次性地提供有关某一主题的目录、论文和著作的全文、照片、图像、声音等各种知识信息,而不是仅提供包含这些知识信息的文献。

下面介绍几个比较著名的数字图书馆。

二、读秀学术搜索

(一) 读秀学术搜索概述

读秀学术搜索(http://www.duxiu.com/,如图 2-3-1 所示)是由北京世纪读秀技术有限公司研发的集资源整合、深度搜索和文献传递于一体的知识库平台,是由海量全文数据及元数据组成的超大型数据库。读秀知识库有中文书目 300 多万种,图书 200 多万种,全文资料 8 亿页,约占 1949 年以来出版的全部中文图书的 95% 以上;有期刊题录 5 000 余万条;还有国家专利库、标准库以及人物库。它将图书馆纸质和电子的图书、期刊、报纸、学位论文、会议论文等各种学术资源整合于同一数据库中,统一检索,使读者在读秀平台上获取所有学术信息。不仅方便了读者使用,而且提高了各种数据库的使用效率。

读秀的检索系统是一个立体深度的检索系统,它提供了书目、章节、全文三个检索频道,实现了目录和全文的垂直搜索,使读者在最短时间内获得深入、准确、全面的文献资源。读秀的图书检索系统不但能显示图书的详细目录,还提供图书的原文试读,使读者能清楚地判断是否为自己需要的图书,提高了信息检准率和读者查书、借书的效率。

目前,除图书外,读秀还提供期刊、报纸、学位论文、会议论文、专利、标准等文献的检索和文献传递服务。通过这个平台,读者不仅可以获取本馆各种资源的收藏信息,还可以了解其他馆的收藏信息,并能通过文献传递来获取自己需要的各种信息。读秀文献传递是通过机器自动进行的,可以立即获取所需要的资料。当读者发现图书馆没有该资源的时候,可以提出文献传递申请,系统自动将请求内容发送到读者的电子邮箱,读者打开邮箱即可看书。这样就可有效补充馆藏资源。

(二) 检索方法

1. 基本检索

基本搜索是系统默认的检索方式,如图 2-3-1 所示。检索时,首先选择要检索的文献类型(图书/期刊/报纸/学位论文/会议论文/标准/专利/视频)。系统默认为知识检索,即在所有类型文献中检索。接下来选择检索字段。每种类型文献的检索字段不同,如图书可以在全

图 2-3-1 读秀学术搜索基本搜索页

第二章 图书馆信息资源利用

部字段、书名及作者字段中检索。最后,在搜索框内输入关键词,单击"中文(外文)搜索"按钮,执行检索。

2. 高级检索

只有图书、期刊和报纸三种类型文献有高级检索功能。高级检索可实现多个字段的逻辑组配检索,还可对检索年代范围、每页显示检索结果数进行设置。检索时,先选择文献类型(图书/期刊/报纸),单击"高级检索"按钮,进入图2-3-2所示高级检索页面,在相应的检索框中输入检索词进行精确搜索,检索结果一步到位,检准率较高。

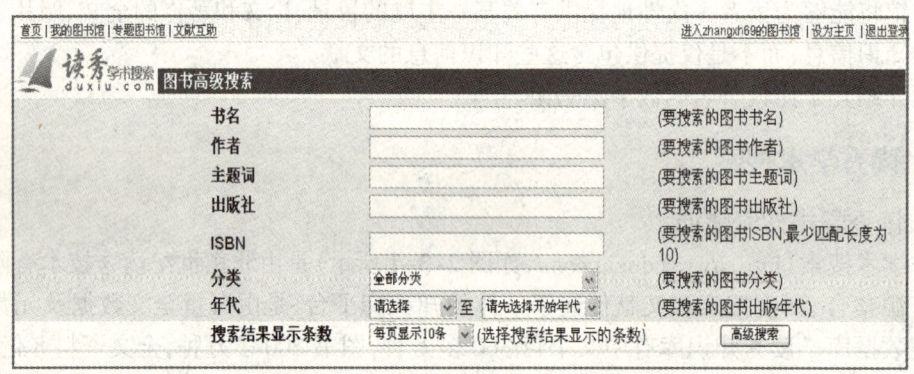

图2-3-2 读秀学术搜索图书高级搜索页

(三) 检索结果修正

对首次检索结果(如图2-3-3所示)如果不满意,读秀提供了以下三种精确检索结果的方法,帮助读者快速锁定目标文献。其一,更换或添加检索词,选择"在结果中搜索",进行二次检索,进一步缩小检索范围;其二,在左侧资源分类列表中,点击相应的年代或学科分类,缩小检索范围,提高检准率;其三,按照书名、作者、出版日期排序检索结果,进一步精确检索范围。在检索结

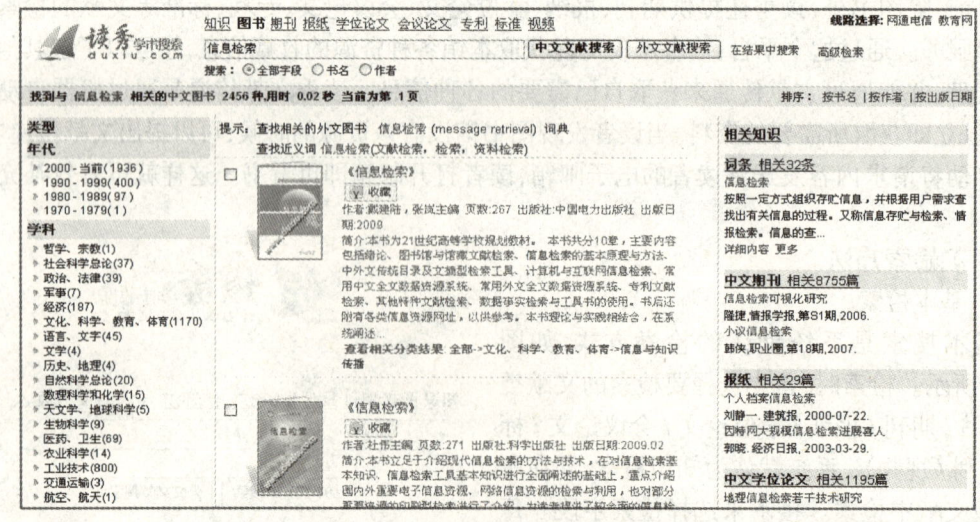

图2-3-3 读秀学术搜索检索结果页面

果页面右侧列有与检索词相关的人物、相关词条、相关期刊、相关报纸、相关网页等信息,单击相关链接可以直接进入各类信息检索频道。

(四) 检索结果处理

1. 显示

在图书搜索结果页面中,显示命中图书的简略信息(如图2-3-3所示),包括图书名称、作者、页码、出版社、出版日期和简介等。单击书名进入该书的详细信息页面(如图2-3-4所示)。页面右上角显示该书的详细信息及图书的版权页、前言页、目录页、试读页和获取局部全文的按钮;页面左部显示本馆的纸质图书和电子图书的馆藏信息、文献传递信息等信息;正下方则显示本书在其他图书馆的馆藏情况,方便读者进行馆际互借。

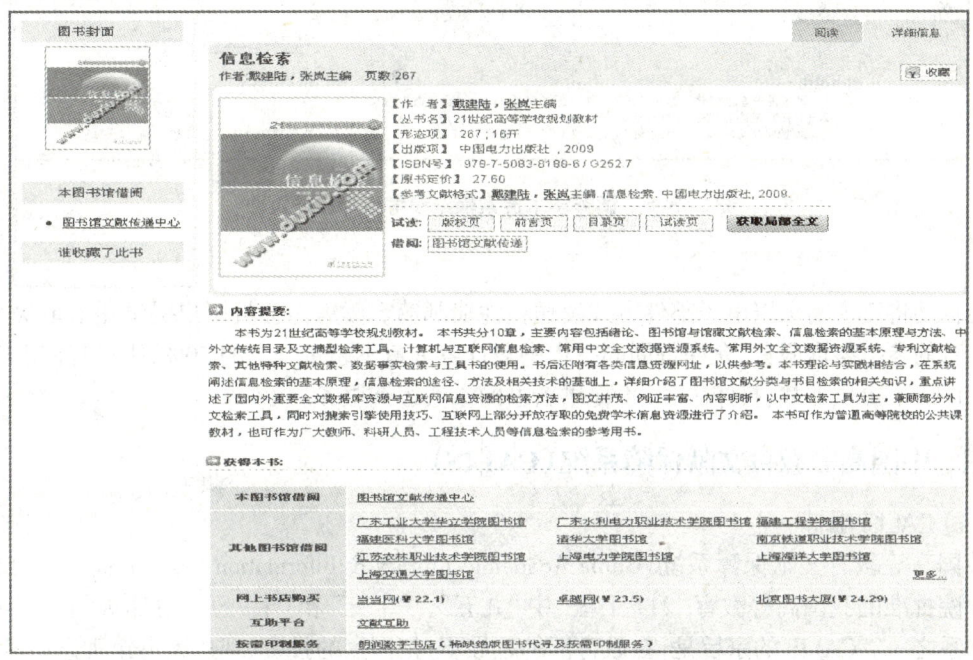

图 2-3-4 读秀学术搜索检索结果详细信息页面

2. 阅读

读秀学术搜索提供三种阅读图书的模式。有网上全文链接的图书,读秀提供 HTML 阅读,可以直接单击阅读全文。无网上全文链接的图书(试读图书),读秀默认为 JPG 阅读,可以直接阅读版权页、目录页、前言页及试读页。JPG 阅读不能手动调整阅读页面的比例大小,不支持 OCR 文字识别、图像截取。通过文献传递获取的全文为 PDG 格式,阅读 PDG 格式文件,读者可调整显示比例,跳翻页码等。PDG 格式支持 OCR 文字识别、图像截取。

3. 文献传递

读秀可以为读者提供最多50页原文、20天的有效服务,在此期间读者可以随时浏览。要使用此功能,读者只需在图书检索结果详细信息页面,单击"图书馆文献传递中心"或"获取局部全文"进入图书馆参考咨询服务系统(如图2-3-5所示),填写文献传递表单,单击"确认提交"按钮,

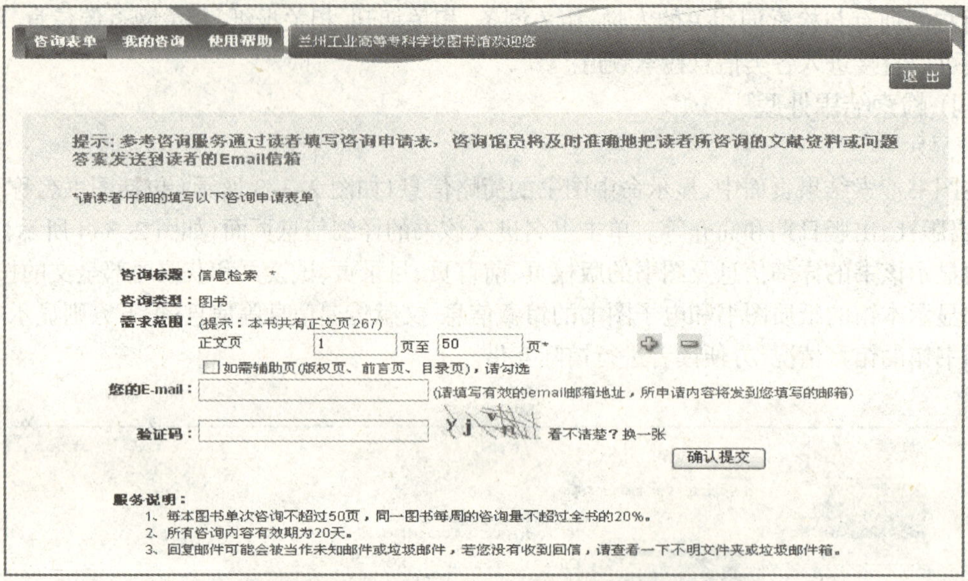

图 2-3-5 读秀学术搜索检索参考咨询服务页面

读秀会自动将读者需求以电子邮件方式发送至注册邮箱。读秀为会员用户提供图书单次50页、单篇文章的参考咨询服务,允许每周同一本书累计咨询量不超过全书的20%,所有咨询内容有效期为20天,不提供下载、打印服务,不提供新书的参考咨询服务。

三、中国高等教育文献保障系统(CALIS)

(一) CALIS 概述

中国高等教育文献保障系统(China Academic Library & Information System,简称CALIS),是经国务院批准的我国高等教育"211工程"中"九五"、"十五"和"十一五"总体规划中三个公共服务体系之一。CALIS的宗旨是,在教育部的领导下,把国家的投资、现代图书馆理念、先进的技术手段、高校丰富的文献资源和人力资源整合起来,建设以中国高等教育数字图书馆为核心的教育文献联合保障体系,实现信息资源共建、共知、共享,以发挥最大的社会效益和经济效益,为中国的高等教育服务。

CALIS管理中心设在北京大学,下设文理、工程、农学、医学四个全国文献信息服务中心,华东北、华东南、华中、华南、西北、西南、东北七个地区文献信息服务中心和东北地区国防文献信息服务中心。

从1998年开始建设以来,CALIS管理中心引进和共建了一系列国内外文献数据库,包括大量的二次文献库和全文数据库;采用独立开发与引进消化相结合的方式,主持开发了联机合作编目系统、馆际互借与文献传递系统、统一检索平台、虚拟参考咨询系统、资源调度系统,形成了较为完整的CALIS文献信息服务网络。在此基础上开展了公共目录查询、联合编目、馆际互借、文献传递、网络导航等网络化、数字化文献信息服务,对保障"211工程"各高校的重点学科建设、培养高层次人才、支持科研创新等发挥了重要的作用。至2008年6月,参加CALIS项目建设和获取 CALIS 服务的成员馆已超过 800 家。

CALIS（http://www.calis.edu.cn/）的主页如图 2-3-6 所示。

图 2-3-6　中国高等教育文献保障系统首页

（二）CALIS 主要信息资源

1. 联合目录数据库

CALIS"联合目录数据库"是以"211 工程"院校为骨干的全国 350 多所高校图书馆馆藏联合目录数据库，是 CALIS 在"九五"期间重点建设的数据库之一。它集中报道了合作共建的各成员馆的中外文书刊收藏情况，不仅是开展联机编目的共享数据库，也是开展馆际互借和文献传递服务的基础数据库。该库包括 CALIS 西文期刊篇名目次数据库和 CALIS 中文现刊目次库两个子库。

（1）CALIS 西文期刊篇名目次库包含了 2.3 万种西文学术类期刊，包括三大类型 100 多个大型图书馆的馆藏数据和 15 个已在国内联合采购的电子期刊全文数据库的全文链接（覆盖 8 000 种以上期刊）。

（2）CALIS 中文现刊目次库收录高校图书馆收藏的国内重要中文学术期刊的篇目，内容涉及社会科学和自然科学的所有学科。它的主要任务是揭示各学科专业核心期刊的文献信息。该库以各成员馆的馆藏为基础，对读者提供网上文献检索、最新文献报道和全文传递等灵活多样的优质服务。

2. 高校学位论文（文摘）数据库

CALIS"高校学位论文库"的文献来源于"211 工程"重点学校的硕、博士学位论文。该库只收录题录和文摘，没有全文；全文通过 CALIS 的馆际互借系统提供，所以目前这个数据库成为文献传递的一个重要工具。至 2009 年,有大约 25 万条学位论文文摘索引。已有 80 多所大学签订了参与该项目建设的协议,有 70 多所大学建立了本地学位论文提交和发布系统。

3. 专题特色数据库

建设专题特色库是为了集中、深层次地揭示各高校收藏的特色文献。专题特色库要求以各自的馆藏为基础,系统全面地围绕某个专题进行综合揭示。该库数据形式多样,包括多媒体、全文和文摘等具有学科知识特点的数据,揭示的内容比普通二次文献库要深,弥补了联合目录、现刊目次等数据库的不足,丰富了 CALIS 的资源。

4. 重点学科导航库

该库以教育部正式颁布的学科分类系统作为学科分类基础,构建了一个集中服务的全球网络资源导航数据库,为高校师生提供了重要学术网站和免费学术资源的导航。该库可以让这些重点学科领域的师生快速了解本领域前沿研究动向和国际发展趋势。

5. 引进数据库

国外数据库的成功引进缓解了我国高校外文文献长期短缺、无从获取或获取迟缓的问题,极大地推动了高校的科研和教学工作。至 2008 年 6 月,CALIS 已成功引进了数据库 300 多个,电子期刊 35 000 多种,电子图书 20 多万种。

CALIS 资源还包括会议论文数据库、高校教学参考信息库和教学参考书电子全文书库,规模都较小。

(三) CALIS 的服务

1. 面向读者的服务

(1) 联合目录检索。实现对中外文书刊联合目录数据库、高校硕博士学位论文文摘数据库和高校学术会议论文文摘数据库的网上检索功能,数据涵盖全国几百家高校图书馆的馆藏资源。读者通过检索联合目录数据库,了解所需文献是否收藏,在哪里收藏,然后按照本校—本地区—邻近地区—北京—国外的顺序,获取某一学科或专题的详尽的文献线索乃至电子版全文。检索页面如图 2-3-7 所示。

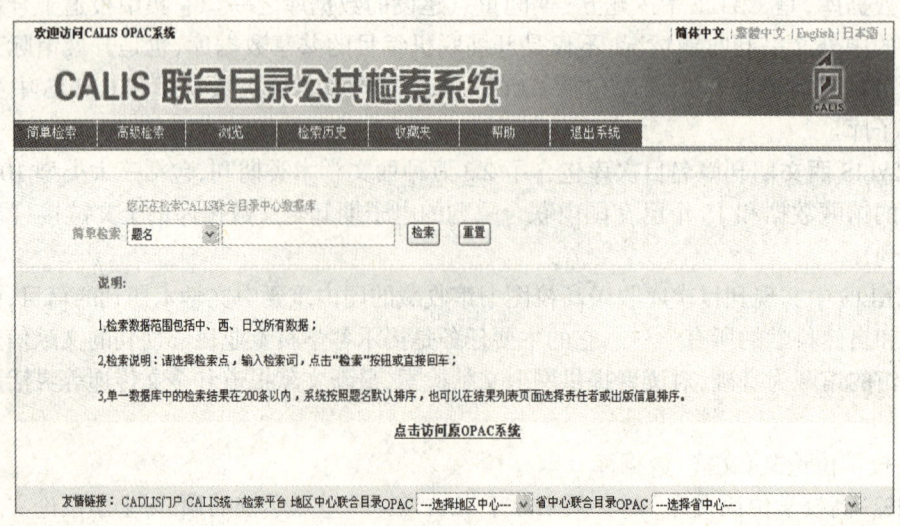

图 2-3-7 CALIS 联合目录公共检索系统页面

(2) 馆际互借与文献传递。对本馆没有的文献,在本馆用户需要时,根据 CALIS 统一的制度、协议和办法,从他馆借入或进行文献传递;反之,在他馆用户提出互借或传递请求时,将本馆所拥有的文献借出或传递给对方,满足用户的文献需求。

(3) 电子资源导航。根据各高校重点学科建设的需要进行统筹规划和分工,对网上的电子资源(如研究进展报告、电子期刊论文、研究机构、专家学者等)进行收集、加工和整序,形成虚拟馆藏,补充和扩大 CALIS 的文献资源,供用户浏览和查询。

2. 面向图书馆的服务

(1) 联机合作编目。合作建立具有统一标准的书刊联合目录数据库,在此基础上实现联机共享编目,即任一授权成员馆将入馆新书(刊)编目数据上传以后,其他馆可以从网上查询并下载,从而大大减少书刊编目工作中的重复劳动,提高编目工作效率和书目数据质量,实现书目资源的共享。

(2) 文献采购协作。根据各校重点学科建设进行资源分工和布局,在 CALIS 系统内首先实现国外文献订购前的查重与协调,减少不必要的重复,保证必要的品种,达到文献信息资源的合理分布与经费的合理使用。

CALIS 对图书馆的服务还包括培训服务、数据库服务及存档服务、技术支持等。

四、国家科技图书文献中心(NSTL)

(一) NSTL 概述

国家科技图书文献中心(National Science and Technology Library,简称 NSTL)是 2000 年 6 月 12 日组建的一个虚拟的科技文献信息服务机构,成员单位包括中国科学院文献情报中心、工程技术图书馆(中国科学技术信息研究所、机械工业信息研究院、冶金工业信息标准研究院、中国化工信息中心)、中国农业科学院图书馆、中国医学科学院图书馆。网上共建单位包括中国标准化研究院和中国计量科学研究院。NSTL 根据国家科技发展需要,按照"统一采购、规范加工、联合上网、资源共享"的原则,采集、收藏和开发理、工、农、医各学科领域的科技文献资源,面向全国开展科技文献信息服务。其发展目标是建成国内权威的科技文献信息资源收藏和服务中心、现代信息技术应用的示范区、同世界各国著名科技图书馆交流的窗口。NSTL 于 2000 年底开通的网络服务系统,是中心对外服务的一个重要窗口。2002 年,中心对系统进行了改造升级。2009 年底,NSTL 网络服务系统 V3.0 试运行。登录网址为 http://beta.nstl.gov.cn,主页如图 2-3-8 所示。

(二) NSTL 的服务

NSTL 网络服务系统提供的主要服务有文献检索与全文提供、期刊浏览、全文文献、引文检索、代查代检、参考咨询、热点门户和预印本服务等。非注册用户可以免费获得除全文提供以外的各项服务,注册用户可以获得全文提供服务。

1. 文献检索与全文提供服务

文献检索服务,提供各种类型科技文献的题录或文摘信息供用户查询。文献类型包括学术期刊、会议文献、学位论文、科技报告、专利和标准等,文种涉及中、西、日、俄等。

全文提供服务。根据用户的请求,以信函、电子邮件、传真等方式提供全文,是在文献检索基础上延伸的一项服务。此项服务是收费项目,要求用户注册并支付预付款。

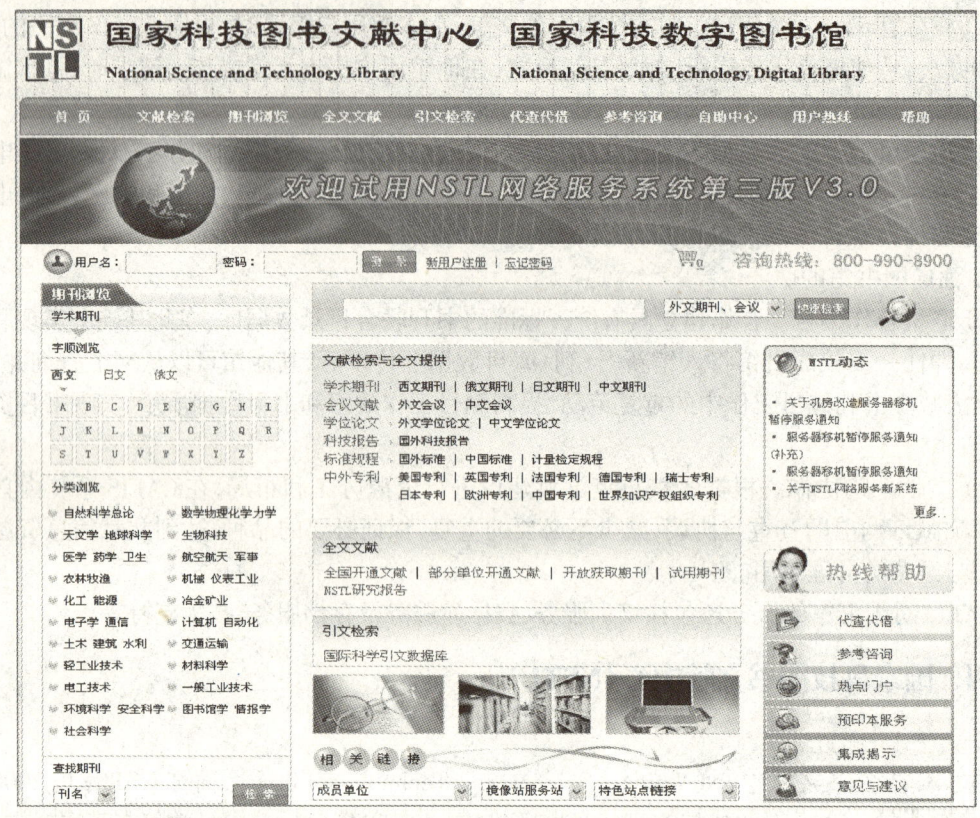

图 2-3-8　国家科技图书文献中心首页

2. 期刊浏览

提供外文科技期刊的现期目次页浏览服务,报道内容均为 NSTL 各单位收藏的外文期刊(西文、日文和俄文期刊)。系统通过刊名字顺浏览和期刊分类浏览两种途径,提供外文期刊现期目次报道服务和收藏馆信息。读者可直接通过网络提交请求获取原文,也可通过图书馆的馆际互借服务代为索取原文。

3. 全文文献

包括 NSTL 订购或参与订购的国内外网络版期刊、方正 Apabi 电子图书、NSTL 组织搜集的网上免费获取期刊(全文)以及 NSTL 组织试用、拟订购的网络版期刊。NSTL 参与订购的网络版期刊面向部分单位用户提供服务,方正 Apabi 电子图书面向西部地区个人用户提供服务,其他类型文献均面向全国科技界用户提供服务,用户可根据科研和教学需求,少量下载和临时保存这些文献的书目或全文。

4. 引文检索

国际科学引文数据库(Database of International Science Citation,DISC)是 NSTL 向用户提供引文服务的系统,来源期刊包括多个学科领域的 1 000 多种优秀的西文期刊,提供目次检索、文摘检索和引文检索功能,提供 NSTL 原文传递和代查代借的链接功能。

5. 代查代借

面向注册用户提供各类型文献全文的委托复制服务,每篇文献按照 NSTL 内收费标准(0.30

元/页,西部地区半价)预扣复制费(无法计算页数的按10页计算)和2元服务费,发送原文后按照实际页数和NSTL外实际发生费用收取复制费,如未找到所需文献,则退还预扣费用。

6. 参考咨询

参考咨询是NSTL为解决用户在查询利用科技文献过程中遇到的问题或疑问而设立的一项服务。用户可通过实时咨询的方式在线与咨询员交流,或通过非实时咨询途径提出问题。咨询前最好先浏览"已回答问题"栏目,或许可以在那里得到答案。

7. 热点门户

热点门户是NSTL组织建设的一个网络信息资源门户类服务栏目,它针对当前国内外普遍关注的科技热点问题,搜集、选择、整理、描述和揭示互联网上与之相关的文献资源、机构信息、动态与新闻,以及专业搜索引擎等,面向广大用户提供国内外主要科技机构和科技信息机构的网站介绍与导航服务,帮助用户从总体上把握各热点科技领域的发展现状、资源特色与信息获取途径。

8. 预印本服务

预印本(Preprint)是指科研工作者的研究成果在正式发表前,出于向同行交流的目的,自愿通过邮寄或网络等方式传播的科研论文、科技报告等文献。与刊物发表的文章以及网页发布的文章比,预印本具有交流速度快、利于学术争鸣、可靠性高的特点。NSTL的预印本服务系统实现了用户自由提交、检索、浏览预印本文章全文、发表评论等功能。

思考与练习

1. 图书馆的网上服务一般包括哪些内容?
2. 读者可通过哪几种方法荐购图书?在"读者荐购"子系统中,推荐自己感兴趣的两本图书。要求写出推荐步骤及推荐图书信息(书名、作者、出版社)。
3. 利用学校机读目录,查找图书馆收藏的鲁迅的所有作品,共有多少种?写出检索途径和检索表达式。
4. 《中图法》分为几大部类,几个大类?将下面的分类号按分类排架的顺序排列:
   I247.5,I1,A766,I242,I2-61,I247.59,I24,I251,I2,I25
5. 在索书号 H31-43/10/:1 中,H31-43 是_____,10是_____, :1是_____。
6. 《中图法》中与自己专业相关的是哪一类文献(分类号)?该类文献本校共入藏多少种?最近一批入藏图书中有无此类图书?分别列出符合要求的前两条记录的书名、作者、出版社。
7. 通过读秀图书搜索检索自己学过的一门课程名称,写出检索途径、表达式、命中结果数,有无当年出版的新书?前一年出版的有几种?写出前一年出版的三种图书的题名、作者、出版社和出版日期。
8. 如何查找图书?若本校图书馆无此书,可通过哪些途径获取此书?

第三章 网络信息资源检索

> Internet中的大部分信息是免费的,只要有时间、有一定的检索技巧,肯定可以从网上找到大量我们所需要的免费信息。各搜索引擎和网站目录都收集大量的Internet站点,并按照一定的规则进行了分类,实现了网络信息的局部有序化。但是,由于Internet急剧膨胀,仍有大量杂乱无章的信息充斥在信息海洋里,这种无序状态影响着获取信息的系统性、完整性和准确性。同时,网络的共享性与开放性使得人人都可以在互联网上获取和存放信息。网络信息的无限、无序、优劣混杂、缺乏有效管理控制等特点,使得上网用户面对纷繁复杂的信息和数据无所适从。在网络信息这个浩瀚、动荡的海洋中,如何准确、及时、有效地找到与自身需求相关的信息,对所有的网络用户来说都是十分重要的。所以,我们需要学习一定的网络信息资源检索技巧,以便更好、更快地获取所需的信息。

第一节 网络信息资源

一、网络信息资源的定义和特点

网络信息资源也称为虚拟信息资源,刘嘉把它定义为:通过计算机网络可以利用的各种信息资源的总和。黄纯元则提出:网络信息资源是通过因特网可以利用的各种信息资源。毕强则认为:网络信息资源是指以数字化形式记录的,以多媒体形式表达的,存储在网络计算机磁介质、光介质以及各类通信介质上的,并通过计算机网络通信方式进行传递的信息内容的集合。

具体来说,网络信息资源是指所有以电子数据的形式把文字、图像、声音、动画等多种形式的信息存储在光、磁等非纸质介质的载体中,并通过网络通信、计算机或终端等方式再现出来的资源。网络信息资源将原本相互独立、分布于世界各地的数据库、信息中心、文献中心等联结在一起,形成一个内容与结构全新的信息联合体。网络信息资源是一种新型数字化资源,与传统信息资源相比,在数量、结构、分布、传播范围、类型、载体形态等方面都有显著的差异。网络信息资源具有以下特点:

1. 信息数量庞大,增长迅速

Internet 是一个基于 TCP/IP 协议,联结各国(和地区)、各机构数十万计算机网络的通信网,是一个集各种信息资源于一体的信息资源网,政府、机构、企业、个人都可以在网上发布信息,使其成为海量的、庞杂的、增长迅速的信息源。

2. 信息类型多、范围广

网上信息资源几乎是无所不包,在形式上包括文本、图像、声音、软件、数据库等,类型丰富多样,覆盖了不同学科、不同领域、不同地区、不同语言的信息资源,其内容包括学术信息、商业信息、政府信息、个人信息等,堪称多媒体、多语种、多类型的混合体。

3. 信息变化频繁,质量参差不齐

网上的信息具有高度动态性,不但各种信息处在不断生产、更新、淘汰的状态,它连接的网络、网站、网页也都处在变化之中,任何网站资源都有在短时间内建立、更新、更换地址或消失的可能,这使得网上的信息资源瞬息万变。比较大的网站的信息一般每天更新一次,特别是新闻信息实时更新,大网站的内容更新快且真实可靠,小网站或个人网站中虽不乏优秀和可以参考的信息,但质量良莠不齐。网络上大部分资源并不像图书和期刊那样经过编辑和出版部门的审核,而且网站资源的提供基本上不受组织或制度的控制,导致了网上资源的质量参差不齐,因此,鉴别和筛选信息是非常必要的。

4. 信息分散、无序

由于互联网上的信息没有统一的控制,从宏观上看,网上的信息是分散、无序、不规范的;但从某个局部来看,如某个网站、网页、数据库,信息是有控制的、相对集中、有序和规范的。这种局部有序、总体无序的特点,凸显了网络信息组织与整合的重要性。

5. 分布式、跨平台

网络信息资源存放在不同国家、不同地区的各种服务器上,各种信息数据库基于不同的系统、平台,从而形成了分布式、跨平台的特点。网络信息资源的这个特点要求检索系统能够跨网、跨库、跨系统、跨平台、跨语言操作与检索应用。

6. 共享程度高,使用成本低

由于信息存储形式及数据结构具有通用性、开放性和标准化的特点,在网络环境下,时间和空间范围得到了最大限度的延伸和扩展,用户可以同时共享同一份信息资源。网络信息资源绝大部分可免费使用,免费或低费用的网络信息资源有效地满足了用户的信息需求。反之,用户的信息需求也促进了网络信息资源的有效、合理的配置。

二、网络信息资源的类型

1. 按人类信息交流的方式划分

(1) 非正式出版信息。如电子邮件、电子会议、专题组和论坛等。

(2) 半正式出版信息。又称"灰色"信息,指受到一定版权保护但没有正式出版的信息,如各学术团体、机构、企业等单位宣传自己或产品的信息。

(3) 正式出版信息。指受到一定版权保护且质量可靠、利用率高的信息,如各种网络数据库、电子图书、电子版工具书、报纸、专利信息等。

2. 按信息来源划分

（1）政府信息资源。各国政府为进行国家与政府的形象展示而在 Internet 上发布的有关国家与政府的各种公开信息。政府信息主要包括各种新闻、统计信息、政策法规文件、政府档案、政府部门介绍以及政府取得的成就等。

（2）公众信息资源。即为社会公众服务的机构所拥有的信息资源，主要包括公共图书资源、科技信息资源、新闻出版资源和广播电视信息资源等。

（3）商用信息资源。即商情咨询机构或商业性公司为生产经营者或消费者提供的有偿或无偿的商用信息，主要包括产品、商情、咨询等类型的信息。

3. 按信息存取方式划分

（1）电子邮件型资源。此类资源并不局限于个人之间的通信，还包括报告、论文、文献目录，甚至整本书、整本期刊。

（2）图书馆目录资源。网络上的图书馆目录不再受时空限制，用户可以在家里或者办公室进行查阅、检索。

（3）书目与索引资源。Internet 上有大量历史、政治、经济、物理、化学、矿业、化工、建筑等许多学科的书目与期刊索引资源。

（4）全文资料及电子出版物资源。全文资料及电子出版物已越来越多地通过 Internet 提供有偿或无偿使用。

（5）数据库信息资源。数据库信息资源是 Internet 信息资源中最为庞大的部分，分为科学技术数据库、商业广告数据库、教育娱乐数据库等。

4. 按网络传输协议划分

（1）WWW 信息资源。WWW 信息资源是建立在超文本、超媒体技术以及超文本传输协议 HTTP（Hyper Text Transfer Protocol）基础上的集文本、图形、图像、声音于一体，并以直观的图形用户界面展现和提供信息的网络资源形式。WWW 其实是 Internet 中一个特殊的网络区域，这个区域是由网上所有超文本格式的文档（网页）集合而成。超文本文档里既有数据，又有包含指向其他文档的"链"（link）。"链"使得不同文档里的相关信息连接在一起，这些相互连接的文档可以在一个 WWW 服务器里，也可以分布在网络上的不同地点。通过这些"链"，用户在 WWW 上查找信息时可以从一个文档跳到另一个文档，而不必考虑这些文档在网络上的具体地点。

（2）Telnet 信息资源。是指借助远程登录，在网络通信协议的支持下，可以访问共享的远程计算机中的资源。通过 Telnet，用户可以在本地计算机上注册到远程计算机上，与全世界许多信息中心、图书馆及其他信息资源联系。Telnet 远程登录的使用主要有两种情况：第一种是用户在远程主机上有自己的账号，即用户拥有注册的用户名和口令；第二种是许多 Internet 主机为用户提供了某种形式的公共 Telnet 信息资源，这种资源对于每一个 Internet 用户都是开放的。

（3）FTP 信息资源。是指利用文件传输协议 FTP（File Transfer Protocol）可以获取的信息资源。FTP 使用户可以在本地计算机和远程计算机之间发送和接收文件，FTP 不仅允许从远程计算机上获取、下载文件，也可以将文件从本地计算机拷贝传输到远程计算机。FTP 是目前 Internet 上获取免费软件和共享软件资源不可缺少的工具。

（4）用户服务组信息资源。Internet 上各种各样的用户通信或服务组是最受欢迎的信息交流形式,包括新闻组(News Group)、邮件列表(Mailing lists)、专题讨论组(Discussion Group)和兴趣组(Interest Group)等。这些讨论组都是由一组对某一特定主题有共同兴趣的网络用户组成的电子论坛,在电子论坛中所传递与交流的信息就构成了 Internet 上最流行的一种信息资源。

(5) Gopher 信息资源。Gopher 是一种基于菜单的网络服务,它为用户提供了丰富的信息,并允许用户以一种简单的、一致的方法快速找到并访问所需的网络资源。全部操作是在一级一级的菜单指引下进行的,用户只需在菜单中选择项目和浏览相关内容,就可完成对 Internet 上远程联机信息系统的访问,而无需知道信息的存放位置和掌握有关的操作命令。

(6) WAIS 信息资源。WAIS 称为广域信息服务,是一种数据库索引查询服务。WAIS 是通过文件内容(而不是文件名)进行查询的。因此,如果打算寻找包含在某个或某些文件中的信息,WAIS 便是一个较好的选择。WAIS 是一种分布式文本搜索系统,用户通过给定索引关键词查询到所需的文本信息。

三、网络信息检索的一般方法

要在互联网上获取信息,用户要找到提供信息源的服务器。首先以找到服务器在网上的地址(URL)为目标,再通过该地址去访问服务器提供的信息。一般的信息检索的方法有:

1. 网上浏览

(1) 偶然发现。这是发现网上信息的原始方法。在互联网上漫游的过程中,会意外发现一些有用信息,这种方式具有偶然性、不可预见性、目的不明确的特点。

(2) 顺"链"而行。指用户在阅读超文本文档时,利用文档中的链接从一个网页转向另一相关网页。类似传统文献检索中的"追溯检索",即根据文献后所附的参考文献目录去追溯相关文献,一轮一轮地不断扩大检索范围。这种方法可以在短时间内获得大量相关信息,但也有可能在顺"链"而行的过程中偏离检索目标或迷失于网络信息空间中。

2. 通过网络资源指南(目录型检索工具)来查找信息

网络资源指南即目录式搜索引擎或网络资源目录。网络资源指南包括综合性的主题分类体系的网络资源指南(如 Yahoo!)和专业性的网络资源指南。网络资源指南类似于传统的文献检索工具——书目之书目(bibliography of bibliographies)或专题书目。其任务是方便对互联网信息资源的智能获取。它们通常由专业人员在对网络信息资源进行鉴别、选择、评价、组织的基础上编制而成,对于有目的的网络信息发现具有重要的指导、引导作用。Yahoo! 就是典型的综合性网络资源指南。此外,还有各种专业性的网络资源指南,几乎每个学科专业、重要课题、研究领域的网络资源指南都可在互联网上找到。

其局限性在于:由于其管理、维护跟不上网络信息的增长速度,导致其收录范围不够全面,新颖性、及时性不够强;用户不熟悉各网站的分类体系,利用率低。

3. 利用搜索引擎进行信息检索

这是较为普遍的网络信息检索方式。用户以关键词、词组或自然语言构成检索表达式,提出检索要求,搜索引擎代替用户在数据库中进行检索,并将检索结果提供给用户。它一般支持布尔检索、词组检索、截词检索、字段检索等功能。利用搜索引擎进行检索的优点是:省时省力,简单方便,检索速度快、范围广,能及时获取新增信息。其缺点在于检索准确性不理想,与人们的检索需求及对检索效率的期望有一定的差距。

第二节　网络检索工具——搜索引擎

一、搜索引擎概念

网络的发展彻底改变了我们的生活和工作方式,它让我们在更容易获取信息的同时,也彻头彻尾地将我们抛弃在无边无际的信息海洋之中。每时每刻我们都要自觉或不自觉,被动或主动地面对数十亿页的网络信息,想找到自己需要的信息简直就是"大海捞针"。搜索引擎的横空出世,让我们有了探索信息海洋的指南针。随着技术的进步,这个指南针的功能也越来越强大,使用并接受它的人也越来越多。为了更有效地开发和利用网络信息资源,人们研制了许多网络信息检索工具,搜索引擎已成为查询网络信息的最主要的检索工具。

在网络环境下,搜索引擎所扮演的角色与传统的手工检索工具在印刷版时代所扮演的角色很近似,因此,搜索引擎又被称为网络检索工具,主要用于检索网络信息资源,并通过 Internet 来提供服务。搜索引擎有广义和狭义之分。广义的搜索引擎泛指网络上提供信息检索服务的工具或系统。狭义的搜索引擎主要指利用网络自动搜索技术软件对 Internet(主要是 Web)网络资源进行收集、组织并提供检索服务的一类信息服务系统。搜索引擎通过 Internet 接收用户的查询请求,在其索引库进行检索,然后向用户反馈其感兴趣的信息所在的网址列表。搜索引擎一般包含四个部分:信息搜集模块、建立索引模块、检索模块和用户交互模块。

二、搜索引擎基本工作原理

搜索引擎并不真正搜索互联网,它搜索的实际上是预先整理好的网页索引数据库。真正意义上的搜索引擎,通常指的是收集了互联网上几千万到几十亿个网页并对网页中的每一个词(即关键词)进行索引,建立索引数据库的全文搜索引擎。

当用户查找某个关键词的时候,所有在页面内容中包含了该关键词的网页都将作为搜索结果被搜出来。在经过复杂的算法进行排序后,将这些结果按照与搜索关键词相关度的高低,依次排列。现在的搜索引擎已普遍使用超链分析技术,除了分析索引网页本身的内容,还分析索引所有指向该网页的链接的 URL、AnchorText 甚至链接周围的文字。所以,有时候,即使某个网页 A 中并没有某个词比如"信息素质",但如果有别的网页 B 用链接"信息素质"指向这个网页 A,那么用户搜索"信息素质"时也能找到网页 A。而且,如果有越多网页(C、D、E、F……)用名为"信息素质"的链接指向这个网页 A,或者给出这个链接的源网页(B、C、D、E、F……)越优秀,那么网页 A 在用户搜索"信息素质"时也会被认为更相关,排序也会越靠前。

搜索引擎的原理,如图 3-2-1 所示,可以归纳为三步:从互联网上抓取网页→建立索引数据库→在索引数据库中搜索排序。

1. 从互联网上抓取网页

利用能够从互联网上自动收集网页的 Spider 系统程序,自动访问互联网,并沿着任何网页中的所有 URL "爬"到其他网页,重复这个过程,并把"爬"过的所有网页收集回来。

2. 建立索引数据库

由分析索引系统程序对收集回来的网页进行分析,提取相关网页信息(包括网页所在 URL、

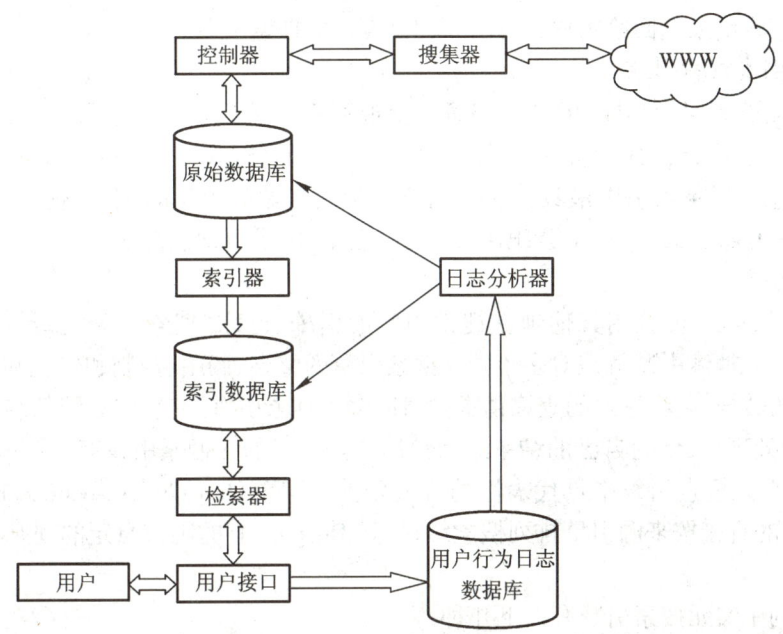

图 3-2-1　搜索引擎基本工作原理图

编码类型、页面内容包含的关键词、关键词位置、生成时间、大小、与其他网页的链接关系等),根据一定的相关度算法进行大量复杂计算,得到每一个网页针对页面内容中及超链中每一个关键词的相关度(或重要性),然后用这些相关信息建立网页索引数据库。

3. 在索引数据库中搜索排序

当用户输入关键词搜索后,由搜索系统程序从网页索引数据库中找到符合该关键词的所有相关网页。因为所有相关网页针对该关键词的相关度已算好,所以只需按照现成的相关度数值排序,相关度越高,排名越靠前。

最后,由页面生成系统将搜索结果的链接地址和页面内容、摘要等内容组织起来返回给用户。

提示:搜索引擎的 Spider 一般要定期重新访问所有网页(各搜索引擎的周期不同,可能是几天、几周或几月,也可能对不同重要性的网页有不同的更新频率),更新网页索引数据库,以反映出网页内容的更新情况,增加新的网页信息,去除死链接,并根据网页内容和链接关系的变化重新排序。这样,网页的具体内容和变化情况就会反映到用户查询的结果中。

三、搜索引擎类型

搜索引擎按其工作方式可分为全文搜索引擎(Full Text Search Engine)、目录索引类搜索引擎(Search Index/Directory)、元搜索引擎(Meta Search Engine)三种。

1. 全文搜索引擎

全文搜索引擎是名副其实的搜索引擎,国外具代表性的有 Google、Fast web、AltaVista、Inktomi、Teoma、WiseNut 等,国内著名的有百度(Baidu)。它们都是通过从互联网上提取的各个网站的信息(以网页文字为主)而建立的数据库中,检索与用户查询条件匹配的相关记录,然后按一定的排列顺序将结果返回给用户,因此,它们是真正的搜索引擎。

2. 目录索引类搜索引擎

目录索引虽然有搜索功能,但在严格意义上说算不上是真正的搜索引擎,仅仅是按目录分类的网站链接列表而已。用户完全可以不用进行关键词(Keywords)查询,仅靠分类目录也可找到需要的信息。目录索引中最具代表性的莫过于大名鼎鼎的 Yahoo!,其他著名的还有 Open Directory Project、LookSmart、About 等,国内的搜狐、新浪、网易搜索也都属于这一类。

3. 元搜索引擎

元搜索引擎,是一种调用其他独立搜索引擎的引擎,也称"搜索引擎之母"(The mother of search engines)。元搜索引擎就是对多个独立搜索引擎的整合、调用、控制和优化利用。这类搜索引擎没有自己的数据,它将用户的查询请求同时向多个搜索引擎递交,将返回的结果进行重复排除、重新排序等处理后,作为自己的结果返回给用户。著名的元搜索引擎有 InfoSpace、Dogpile、Vivisimo 等,中文元搜索引擎中具代表性的有搜乐搜索引擎(http://www.sooule.com)。在搜索结果排列方面,有的直接按来源引擎排列搜索结果,如 Dogpile,有的则按自定的规则将结果重新排列组合,如 Vivisimo。

目前主要的中文元搜索引擎有以下几种:

搜乐搜索(http://www.sooule.com)。它是广州市明智科技有限公司面向互联网推出的一个产品。目前,搜乐在同一页面无缝整合 Google、百度、必应、搜狗、有道、搜搜和中搜等搜索引擎,让互联网用户在近千亿网页及文档中瞬间完成搜索。搜乐自动消除重复的结果项,节省了用户用于筛选搜索结果的时间。

搜魅网(http://www.someta.cn)。集合了百度、Google、搜狗、Yahoo! 多家主流搜索引擎的结果,提供网页、资讯、网址导航等聚合查询。另外,搜魅网突破了元搜索引擎没有自己的蜘蛛的瓶颈,提供了网站查询的功能。

佐意综合搜索(http://www.chinazss.com)。佐意网提供的综合搜索,结合了 Google、百度、Yahoo! 等知名搜索引擎,更细分了不同的搜索类别,如软件搜索、游戏搜索、视频搜索、新闻搜索、网页搜索、地图搜索、音乐搜索、企业搜索等。看似页面简单,搜索功能却很强大。佐意综合搜索可以说是元搜索中的一个典范。该搜索引擎还可直接查询手机号码归属地,查询 IP 等。

115 聚合搜索(http://115.com)。一个基于聚类的个性化元搜索引擎,实现搜索定制聚合模块化;同时提供个性化网址导航服务,将信息聚合和网址导航结合在一起,通过新增插件的模块化功能组合,不断加入社会化服务的新元素,从而灵活方便地满足不同用户的个性需求,是一个全方位网罗的多元化和个性化的中文元搜索引擎。

觅搜(http://www.metasoo.com)。是一个元搜索引擎系统,同时也加入了其他搜索引擎页面,所以也是一个集成搜索引擎,搜索结果主要来自 Google、百度、Yahoo!、Live、搜狗、有道等搜索引擎,部分搜索结果经过觅搜进行重新排序。

搜索引擎按运营方式分为综合搜索引擎、门户搜索引擎和垂直搜索引擎。综合搜索引擎提供综合性信息的搜索,主要适用于社会性搜索和有精确目的的搜索,搜索对象的相关性揭示较差。门户搜索引擎主要是门户网站应用的,适用新闻、消息、购物、地图和饮食等生活性检索。垂直搜索是针对某一领域、某一专业的资源检索,在学术应用中,垂直搜索引擎应用比较广泛。此外,根据搜索范围,搜索引擎还可以划分为多种类型,详情可查阅中国搜索引擎指南网(http://www.sowang.com)中的搜索引擎大全,如图3-2-2所示。

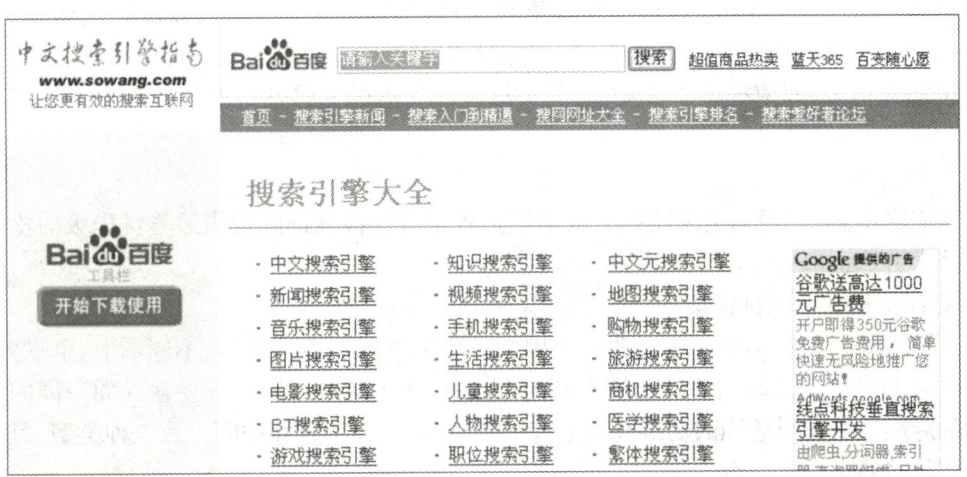

图3-2-2　搜索引擎大全

四、搜索引擎的检索功能

搜索引擎发展到现在,检索功能方面与最初相比已得到了很大的改善,大多数搜索引擎已具备了过去大型书目型检索数据库所达到的基本检索功能。

1. 单词检索

这是最基本的检索功能。直接在提问框中输入一个或多个单词,便可执行单词检索。

2. 大小写敏感检索

区分大小写对人名检索、专有名词检索有特殊的功效,可提高检准率。部分搜索引擎提供了该检索功能。

3. 概念检索

概念检索在传统检索工具中是通过叙词(主题词)语言来实现的。通过概念检索,可以实现输入一词,就可同时检索出含有其同义词、广义词和狭义词等与此检索词属同一概念而字面表达不同的词的信息。搜索引擎实现这一功能是网络信息检索技术的一大突破。但目前能提供此功能的搜索引擎并不多,Excite是比较突出的典型。

4. 词组/短语检索

几乎所有搜索引擎都支持词组/短语检索,而且其表达语法也都是用双引号(""),即如果用双引号将一个词组或短语括起,系统将检索出与其完全精确匹配的检索结果。采用词组/短语检索始终被认为是提高检索结果精确度的首选方法。

5. 布尔逻辑检索

布尔逻辑检索,是通过标准的布尔逻辑运算符来表达检索词之间逻辑关系的一种检索模式。作为检索最常用的模式之一,目前大多数搜索引擎都能支持布尔逻辑检索。对于逻辑与和逻辑或,基本上都采用"and"和"or"作为逻辑运算符,而对于逻辑非,各搜索引擎的表达不完全一致,有的用"not",有的用"and not"。

6. 词间位置限定检索

通过对检索词位置的限定,可以大大提高检索的准确性和灵活性。这方面,传统规范性数据库及其检索系统(如 Dialog 国际联机检索系统)就提供了一套十分完善的语法体系,可以达到很好的检索效果。而网络搜索引擎在此功能上相对要薄弱许多,具有词间位置限定检索功能的搜索引擎并不多,即使提供了该功能,其灵活性和功能的完善性与 Dialog 相比也都有不少的差距。

7. 嵌套检索

所谓嵌套检索,一般是指采用括号或多层括号来改变检索词间逻辑运算优先级的检索。目前多数搜索引擎也都支持该检索功能。

8. 截词检索和通配符检索

截词检索和通配符检索主要是为解决因同一单词可能的不同拼写、不同词形、单复数、缩略形式等导致的漏检而采取的一种比较有效的方法,也大大减轻了用户需要输入同一词的各种不同表达的麻烦。截词所达到的功能基本上有前方一致、后方一致和中间一致三种类型,目前搜索引擎使用较多的是前方一致。

9. 多语种检索和检索结果的翻译

多数搜索引擎持全球化经营的理念,因此,它们大多提供了多语种信息的检索和检索结果不同语种之间的翻译,如 AltaVista 便可支持多达 32 种语言信息的检索,这可以大大减轻不同母语用户的语言障碍。对不同语种检索结果的翻译,更是采用了当今机器翻译的最新研究成果。虽然目前可供翻译或互译的语种还不是很多,而且主要是英语、德语、法语等西文,即便如此,也已是搜索引擎非常令人瞩目的成就了。

五、搜索引擎的发展趋势

Google、百度、Yahoo! 等众多搜索引擎各有特色,随着网民对搜索引擎的依赖程度越来越高,满意度却越来越低。网民对搜索引擎不满意主要集中在冗余信息太多、找不到足够资源、有价值信息太少等多个方面。今后的搜索引擎将向以下几个方向发展:

1. 独立搜索引擎与元搜索引擎的结合

由于独立搜索引擎数据库规模所限,任何单独的一个搜索引擎都无法承担起检索所有 Web 信息资源的重任,而且据研究,多数主要搜索引擎对同一提问的返回结果重复交叉率也比较小。因此,人们在利用搜索引擎时,在很多情况下需要同时使用多个具有不同数据收集范围的搜索引擎,这导致了元搜索引擎的大量出现。鉴于元搜索引擎的检索优势,一些独立搜索引擎开始提供类似元搜索引擎的多元搜索功能。

2. 智能搜索技术的使用与智能搜索引擎的出现

目前,新一代的智能搜索引擎基本都能提供学习功能,其技术可以跟踪并充分分析搜索者提过的所有问题,使以后同类问题得到更好的回答。

3. 综合性搜索引擎向专题性(垂直化)搜索引擎发展

随着网络用户个性化要求日益增强,也由于网络信息量的巨大而使综合性搜索引擎的负担越来越重,越来越多的专题性(垂直化)搜索引擎开始出现并将得到发展。专题性(垂直化)搜索引擎不求包罗各个学科、各种类型的信息,但求本专业、本学科、本类型的信息最全,采用的技术更具有针对性。因此,其检索结果可以更精确,相关性更高,特别适合于不同知识结构、不同查询兴趣的网络用户群体。

4. 对检索结果的处理正在发生较大的变化

各搜索引擎除了在搜索技术上不断完善之外,在商业模式上也在不断创新。突出表现在对检索结果的处理上。第一代搜索引擎对于检索结果的排序考虑的因素主要是词频、关键词在页面中出现的位置、关键词彼此接近的程度等。而第二代搜索引擎对于检索结果的排序规则却发生了比较大的变化,大多开始按照用户的点击率来作为相关性和受欢迎程度的主要排序因素。

5. 不仅提供受控语言检索,还支持自然语言检索

搜索引擎以自然语言作为检索语言符合人们的思维习惯,但应该配备后控词表来克服自然语言检全率低的问题,提高自然语言的检索效率。同时,开发自然语言语义的分析和理解功能,把切分等计算机语言处理工作提高到对自然语言的分析和理解上,并建立自然语言的同义转换、近义识别、上下位关系和参照关系等。

6. 中文搜索引擎发展势头加快

我国互联网市场是一个巨大的市场,在这个庞大市场所引领的用户群体中,任何一个时间段的变化都会让这个格局发生天翻地覆的变化。Google 退出中国内地市场之后,虽然这个格局可以争取的市场份额仅剩下 30% 左右,但这并不妨碍中国互联网重新改写新的局面。不管是百度搜索,还是其他三大中文门户出品的搜索产品,都将会有更多的机会去参与到市场的竞争中。从当前的趋势来看,百度搜索保持的市场份额自然是无可非议的事情;三大门户的搜索产品中,腾讯搜搜的未来力量势不可挡;至于搜狗和有道,这两款优秀的搜索引擎仍然有很长的路要走,这将严峻地考验搜狐和网易的力量。

第三节 常用中文搜索引擎

随着互联网在中国的普及和发展,网上中文信息资源和以中文为母语的网上用户也在急剧增加,已有的外文搜索引擎已不能适应我国上网的大部分用户的需求,迫切需要以中文为基础的搜索引擎来满足用户查询中文信息资源的要求。于是以中文为母语的国家和地区相继开发了各种各样的中文搜索引擎,据统计,目前已有中文搜索引擎 200 多个。本节主要向大家介绍几种常用的中文搜索引擎。

一、百度

百度是全球最大的中文搜索引擎。1999 年底由李彦宏、徐勇创建于美国硅谷,2000 年 1 月百度公司在中国成立。创立之初,百度就将自己的目标定位于打造中国人自己的中文搜索引擎。2000 年 5 月,百度首次为门户网站——硅谷动力提供搜索技术服务,之后迅速占领中国搜索引擎市场,成为最主要的搜索技术提供商。2001 年 8 月,发布 Baidu.com 搜索引擎 Beta 版,从后台服务转向独立提供搜索服务,并且在中国首创了竞价排名商业模式,2001 年 10 月 22 日正式发布 Baidu 搜索引擎。2005 年 8 月 5 日,百度在美国纳斯达克上市,成为 2005 年全球资本市场上最为引人注目的上市公司,百度由此进入一个崭新的发展阶段。百度

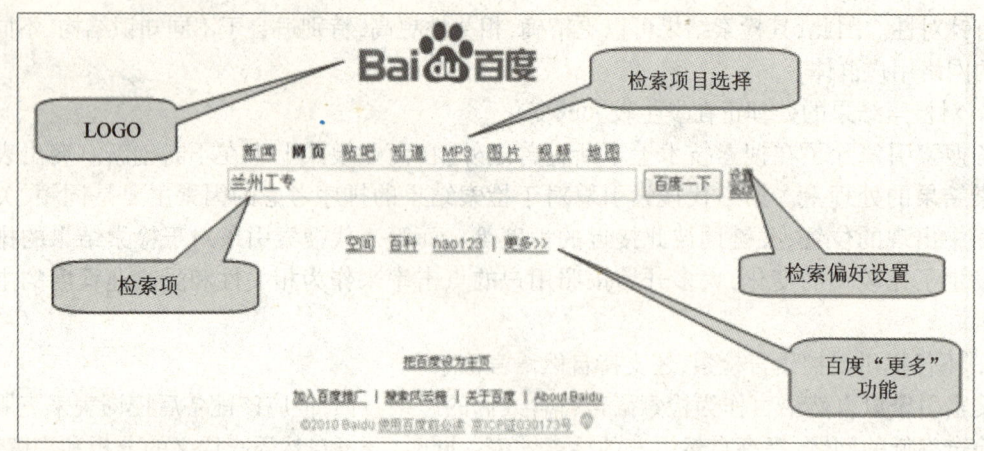

图 3-3-1 百度主页

主页如图 3-3-1 所示。

百度搜索使用了高性能的"网络蜘蛛"程序在互联网中自动搜索信息,可定制、高扩展性的调度算法使得搜索器能在极短的时间内收集到最大数量的互联网信息。百度搜索在中国和美国均设有服务器,搜索范围涵盖了中国、新加坡等华语地区以及北美、欧洲的部分站点。

百度拥有全球最大的中文网页库,收录中文网页已超过 20 亿页,这些网页的数量每天正以千万级的速度在增长;同时,百度的服务器在中国各地都有分布,能直接从最近的服务器上,把所搜索信息返回给当地用户,极大地提高了搜索传输的速度。

(一)百度的网页搜索

百度搜索引擎简单方便,仅需在主页的搜索框内输入查询内容,然后按回车键或单击"百度一下"按钮,即可得到最符合查询需求的网页内容。

例如,在百度搜索引擎主界面的搜索框内输入需要查询的内容"兰州工专",按回车键,或者用鼠标单击搜索框右侧的"百度一下"按钮,就可以得到符合查询需求的有关"兰州工专"的网页信息,检索结果页面如图 3-3-2 所示。

(二)百度的图片搜索

百度图片搜索引擎是世界上最大的中文图片搜索引擎,百度从数十亿中文网页中提取各类图片,建立了世界第一的中文图片库。到目前为止,百度图片搜索引擎可检索图片近亿张。而且,还可以利用百度新闻图片搜索从中文新闻网页中实时提取新闻图片,它具有新闻性、实时性、更新快等特点。单击如图 3-3-3 所示的"图片"链接,或者在地址栏中输入"http://image.baidu.com/",都可以打开百度图片搜索主界面,在搜索框中输入要搜索的图片关键词,如"姚明",单击"百度一下"按钮,即打开搜索结果页面,如图 3-3-4 所示,单击自己喜欢的图片进行浏览或保存。

(三)百度的 MP3 搜索

百度的 MP3 搜索引擎功能在检索 MP3 方面具有较大的优势,百度在每天更新的数十亿中文网页中提取 MP3 链接,从而建立了庞大的 MP3 歌曲链接库。百度 MP3 搜索拥有自动验证链接有效性的卓越功能,能够把最优的链接排在前列,以提高用户的搜索效率。用户可以按照列表

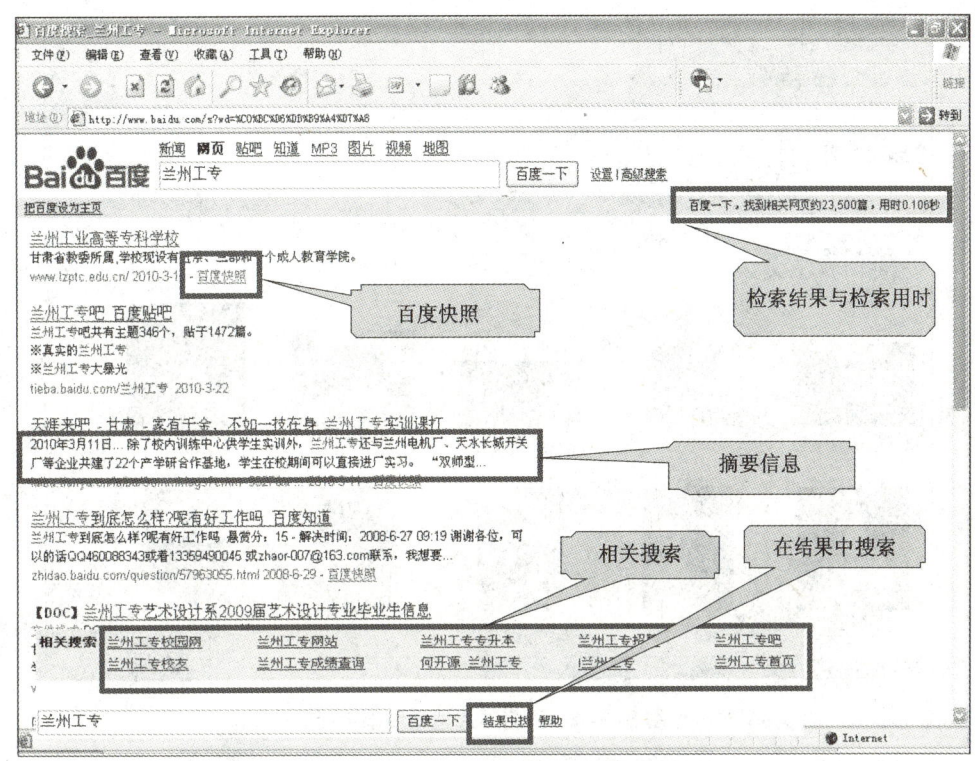

图 3-3-2　百度检索结果页面

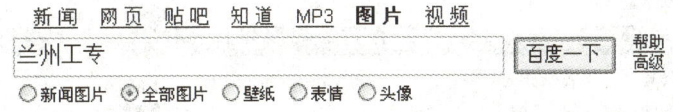

图 3-3-3　百度图片搜索页面

提供的信息获知歌曲的大小和格式,并选择试听或者下载;还可以利用百度歌词搜索功能,通过歌曲名或歌词片段,搜索想要的歌词。

单击百度主页中 MP3 检索项或者在地址栏中输入"http://mp3.baidu.com",都可以打开百度 MP3 搜索主界面(如图 3-3-5 所示)。在搜索框中输入要搜索的歌曲或歌手名称,如"张学友",单击"百度一下"搜索按钮,打开搜索结果页面(如图 3-3-6 所示),单击喜欢的歌曲进行链接试听。在该页面中,点击专辑名后的搜索图标,则除了罗列出该歌手的歌曲名称外,还显示了这些歌曲的音乐格式、大小和链接速度等。

第三章　网络信息资源检索

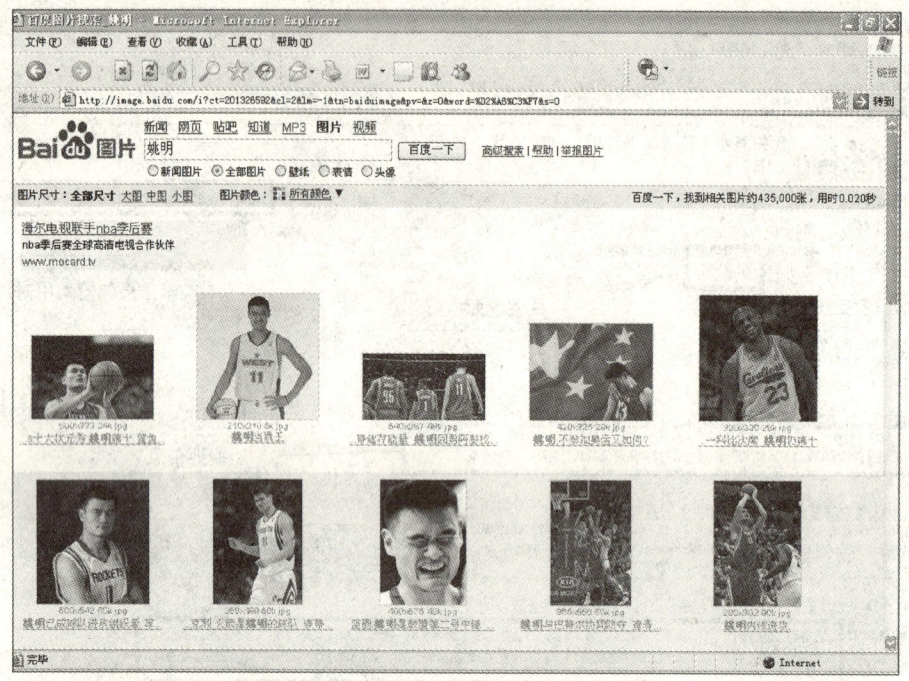

图 3-3-4　百度图片搜索结果页面

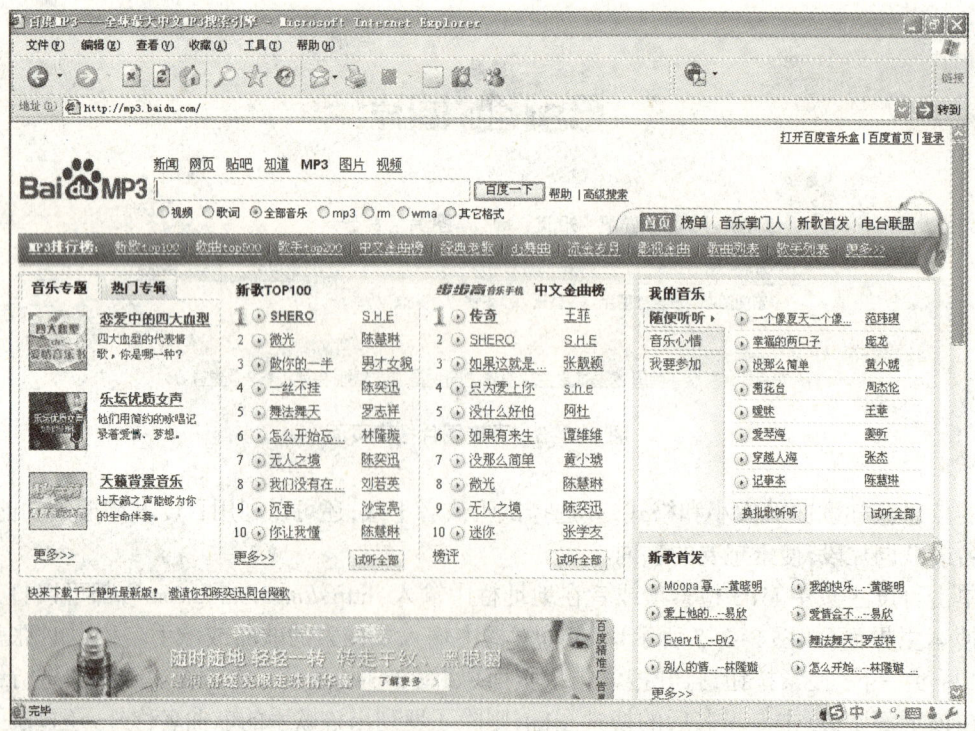

图 3-3-5　百度 MP3 搜索

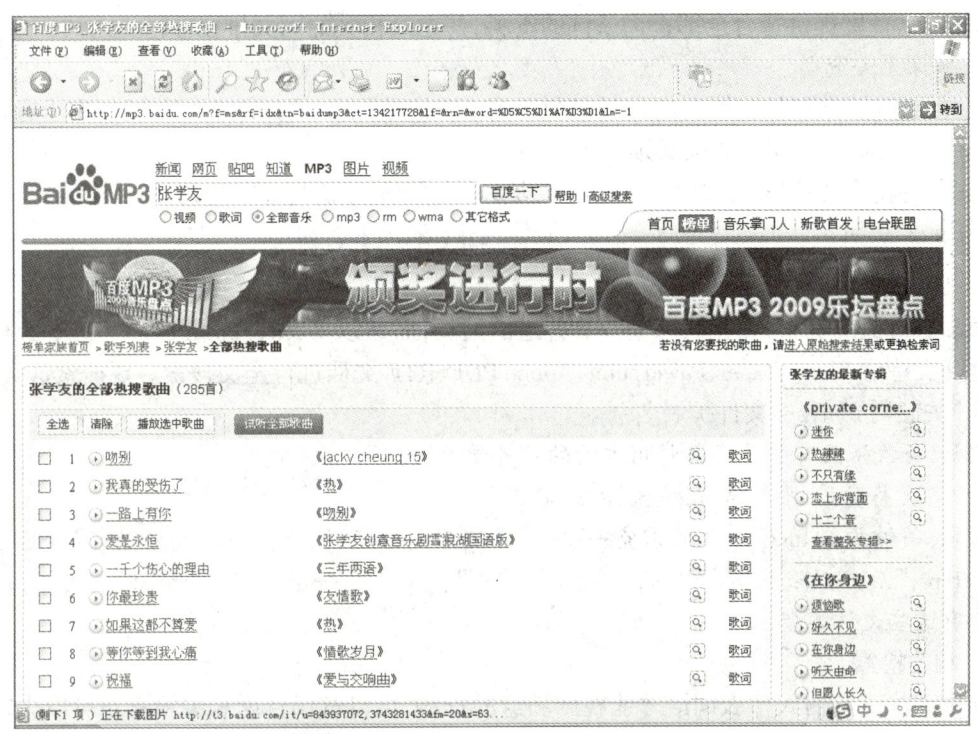

图 3-3-6　百度 MP3 搜索结果

在使用百度 MP3 搜索引擎过程中,不但能查找到 MP3 歌曲,而且还能搜索到免费电影和电视剧,在百度 MP3 搜索主界面中可以看到如下几项:视频、歌词、全部音乐、MP3、RM、WMA、其他格式。在默认的情况下,百度 MP3 搜索是搜索全部音乐格式,只要指定某一媒体文件的类型,即可搜索到相应类型的文件了。

(四) 百度的搜索技巧

1. 基本搜索

百度搜索引擎使用简单方便,仅需输入查询内容并点击回车键,即可得到相关资料;或者输入查询内容后,用鼠标点击"百度一下"按钮,也可得到相关资料。输入的查询内容可以是一个词语、多个词语、一句话。

例如,可以输入"李白"、"mp3 下载"、"蓦然回首,那人却在,灯火阑珊处"。

例如,分别搜索"舒淇"和"舒琪",会得到不同的结果。因此,在搜索时,可以试用不同的词语。

2. 输入多个词语搜索

输入多个词语搜索(不同字词之间用一个空格隔开),可以获得更精准的搜索结果。

例如,想了解北京暂住证相关信息,在搜索框中输入:

获得的搜索效果会比输入"北京暂住证"得到的结果要好。

在百度查询时不需要使用逻辑符号"AND"或"+",百度会在多个以空格隔开的词语之间自动添加"+"。百度提供符合全部查询条件的资料,并把最相关的网页排在首行。

3. 减除无关资料

有时候,排除含有某些词语的资料有利于缩小查询范围。百度支持"-"功能,用于有目的地删除某些无关网页,但减号之前必须留一空格。

例如,要搜寻关于"武侠小说",但不含"古龙"的资料,可使用如下查询:

武侠小说 -古龙　　　　　　　　　　　　　　　百度一下

4. 专业文档搜索

很多有价值的资料,在互联网上并非普通的网页,而是以 Word、PowerPoint、PDF 等格式存在。百度支持对 Word、Excel、Powerpoint、Adobe PDF、RTF 文档进行全文搜索。要搜索这类文档,格式为"关键词 filetype: 文件扩展名"

例如,查找张五常关于交易费用方面的经济学论文。

输入"交易费用 张五常 filetype:doc"搜索即可。

提示:关键词与 filetype 之间需空一格;冒号可以是半角的,也可以是全角的,冒号后不能空格;"filetype:"后可以跟以下文件格式:"doc"、"xls"、"ppt"、"pdf"、"rtf"、"all"。其中,all 表示搜索所有这些文件类型。

5. 相关检索

如果无法确定输入什么词语才能找到满意的资料,可以试用百度相关检索。可以先输入一个简单词语搜索,然后,百度搜索引擎会提供其他用户搜索过的相关搜索词语作参考。点击其中一个相关搜索词,就能得到这个相关搜索词的搜索结果。

6. 百度快照

百度快照——是百度网站最具魅力和实用价值的好东西。在上网的时候,会遇到"该页无法显示"或者网页连接速度缓慢,要十几秒甚至几十秒才能打开的情况,百度快照能很好地解决这些问题。

百度搜索引擎已先预览各网站,拍下网页的快照,为用户储存大量应急网页,同时在百度的服务器上保存了几乎所有网站的大部分页面,使用户在不能链接所需网站时,访问暂存网页,而且通过百度快照寻找资料要比常规链接的速度快得多。因为:

(1) 百度快照的服务稳定,下载速度极快,用户不会再受死链接或网络堵塞的影响。

(2) 在快照中,关键词均已用不同颜色在网页中标明,一目了然。

(3) 点击快照中的关键词,还可以直接跳到它在文中首次出现的位置,使浏览网页更方便。

7. 在指定网站内搜索

在一个网址前加"site:",可以限制只搜索某个具体网站、网站频道或某域名内的网页。例如:

"电话 site:www.baidu.com"表示在 www.baidu.com 网站内搜索和"电话"相关的资料;

"竞价排名 site:baidu.com"表示在 baidu.com 网站内搜索和"竞价排名"相关的资料;

"intel site:com.cn"表示在域名以"com.cn"结尾的网站内搜索和"intel"相关的资料;

"门户 site:cn"表示在域名以"cn"结尾的网站内搜索和"门户"相关的资料。

提示:关键词与"site:"之间须留一空格;site 后的冒号":"可以是半角,也可以是全角,百度搜索引擎会自动辨认；冒号和站点名之间不能空格；"site："后不能有"http：//"前缀或"/"后缀，网站频道只局限于"频道名．域名"方式，不能是"域名／频道名"方式。

8. 在标题中搜索

在一个或几个关键词前加"intitle："，可以限制只搜索网页标题中含有这些关键词的网页。例如：

"intitle：南瓜饼"表示搜索标题中含有关键词"南瓜饼"的网页；

"intitle：百度 互联网"表示搜索标题中含有关键词"百度"和"互联网"的网页。

9. 在URL中搜索

在"inurl："后加URL中的文字，可以限制只搜索URL中含有这些文字的网页。例如：

"inurl：mp3"表示搜索URL中含有"MP3"的网页；

"inurl：网页"表示搜索URL中含有"网页"的网页；

"inurl：china news"表示搜索URL中含有"china"和"news"的网页。

10. 百度工具栏

百度工具栏是一款免费的浏览器工具栏（如图3-3-7所示），安装后无需登录百度网站即可体验百度搜索的强大功能，搜网页、搜歌曲、搜图片、搜新闻，无所不能！另外，利用百度工具栏的自定义搜索功能，还可以实现对其他网站的搜索。搜索框内嵌风云榜，支持百度账号自动登录，完美整合百度空间、百科和搜藏功能，随意定制个性化首页。同时百度工具栏还拥有IE首页保护、广告拦截、上网伴侣等多种功能，为用户的使用带来了便利。

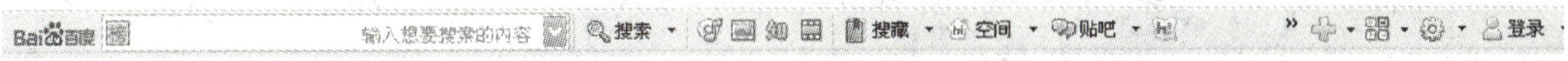

图3-3-7 百度工具栏

二、谷歌

谷歌是Google在中国的中文版网站，提供与Google英文版完全相同的搜索功能。两位斯坦福大学的博士生Larry Page和Sergey Brin在1998年创立了Google，并通过自己的公共站点www.google.com提供服务。Google是由英文单词"googol"变化而来，表示1后边带有100个零的数字。Google使用这个词代表公司想征服网上无穷无尽资料的雄心。Google富于创新的搜索技术和典雅的用户界面设计使它从当今的第一代搜索引擎中脱颖而出，成为世界上最大的搜索引擎。2010年3月22日下午，Google正式宣布关闭google.cn，停止审查搜索结果，并将搜索服务由中国内地转至香港，CN域名重定向到google.com.hk。

（一）Google中文版的搜索页面（如图3-3-8所示）

Google的网页检索方式有两种：一种是普通的"Google搜索"，检索结果在新页面中全部列表显示；另一种为"手气不错"，只返回符合检索要求的第一个检索结果。

（二）Google的查询结果页面

例如，检索与"兰州工业高等专科学校"相关的信息。在检索框中输入："兰州工业高等专科学校"，并点击"Google搜索"进行检索。

返回结果如图3-3-9所示，在这个检索结果界面中，页面上部依然是一个检索区域，如果

图 3-3-8 Google 中文版的主页

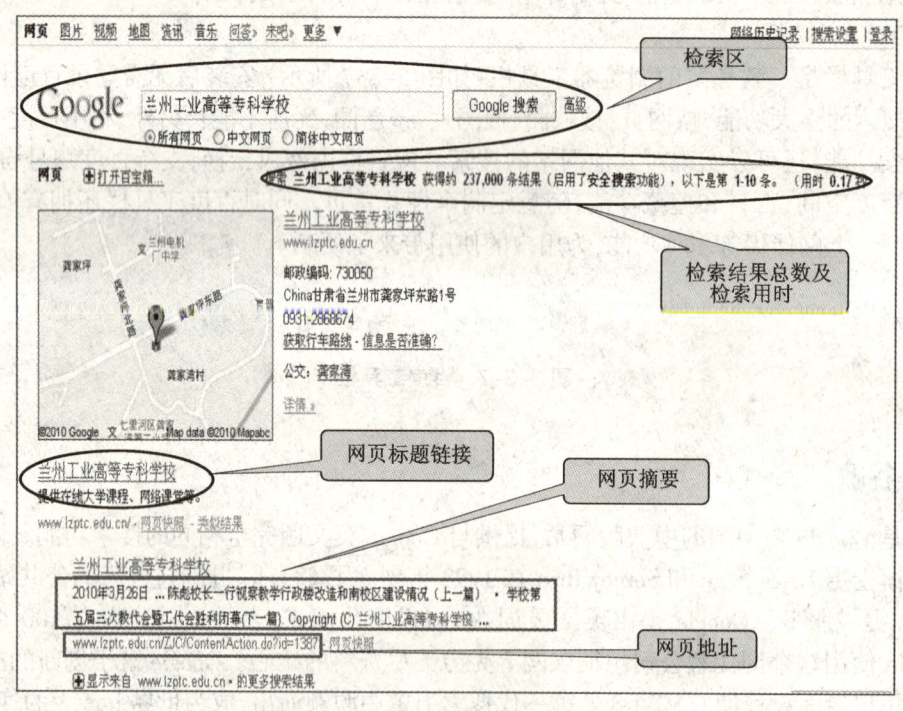

图 3-3-9 Google 的查询结果页面

检索结果与检索要求不符合,可以直接在这个区域重新检索而不需要返回主检索界面。结果显示部分按照相关度的大小列出了所有符合检索要求的网页标题(热链接),并在链接下显示该网站的摘要信息,最后给出完整的网页地址。

(三)Google 中文版主要特色检索功能

1. 中英文字典

例如,查找词义、查找英文的中文词义输入:"fy computer";查找中文的英文词义则输入:"翻译 计算机"。

2. 天气查询

例如，要查找合肥的天气状况，可以输入："hefei tq"或者"合肥 天气"。

3. 股票查询

只需输入一个关键词（"股票"、"gp"和"GP"任选其一）和想查询的股票证券名称或是其六位数代码，便能得到有关股票证券的详尽资料。

例如，要查找中国石化的行情走势，可以输入："中国石化　股票"或"gp 600028"或"zgsh gp"。

4. 货币转换

例如，输入"1 美元＝？人民币"回车后即可显示结果。

5. 手机号码

例如，要查找手机号 13123456789 的归属地，可输入："13123456789"。

6. 搜索定义

要查看字词或词组的定义，只需输入"define: 关键词"，Google 就会在网络上查找该字词或词组的定义并显示它们。

例如，查找 HTML 的定义，只需输入"define:HTML"即可。

提示：冒号必须是半角的；冒号后可以空格，也可不空格；搜索结果会提供整个词组的定义。

7. 计算器功能

只需要在搜索字段中输入算式，按一下回车键或者搜索就可以了。这个计算器可以用来做所有简单的计算、一些复杂的科学计算、单位换算，以及提供各种物理常数。例如，输入："5+2.2"、"sqrt(4)"回车后即可显示结果。

8. 汉语拼音输入检索

为了方便使用中文的用户在网上搜索，Google 允许用户直接用键盘输入汉语拼音来检索相关事物。例如，输入：xinxijiansuo，检索结果提示："您是不是要找：信息检索"。

Google 目前还提供大学搜索、搜索定制、图片搜索、图书搜索、网页目录、学术搜索、美国专利信息全文查询、API 程序和开放源代码存取、地图搜索和 3D 绘图软件搜索等，在这里不多叙述，读者可以根据自己的需求体会 Google 更多产品的使用方法，如图 3-3-10 所示。

（四）Google 的搜索技巧

1. 搜索结果要求包含两个及两个以上关键词

一般搜索引擎需要在多个关键词之间加上"*"或"and"，Google 只要用空格就可以表示逻辑"与"操作，中文检索词之间也可不空格。

2. 搜索结果要求不包含某些特定信息

Google 用减号"-"表示逻辑"非"操作。"A -B"表示搜索包含 A 但没有 B 的网页。

提示："-"前一定要有空格。

3. 搜索结果至少包含多个关键词中的任意一个

Google 用大写的"OR"表示逻辑"或"操作。搜索"A OR B"，意思就是说，搜索的网页中，要么有 A，要么有 B，要么同时有 A 和 B。

4. 通配符问题

Google 对通配符支持有限。它目前只可以用"*"来替代单个字符，而且包含"*"的词必须用引号引起来。

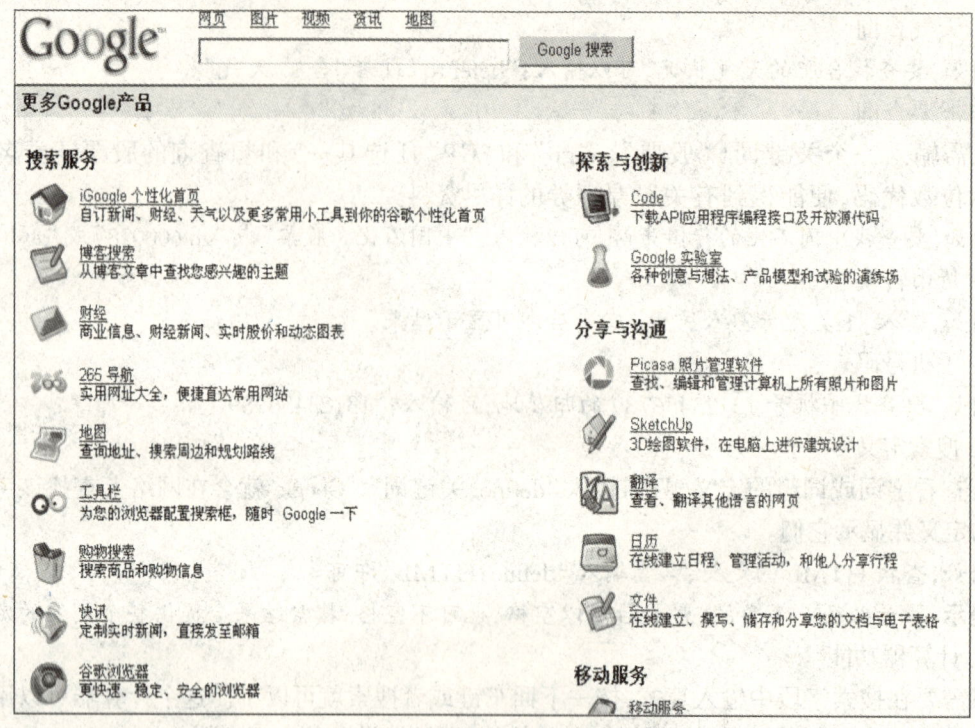

图 3-3-10 Google 中文版的更多产品

例如,""以*治国"",表示搜索第一个为"以",末两个为"治国"的四字短语,中间的"*"可以为任何字符。

5. 关键词的字母大小写

Google 对英文字符大小写不敏感,"GOD"和"god"搜索的结果是一样的。

6. 搜索整个短语或者句子

Google 的关键词可以是单词(中间没有空格),也可以是短语(中间有空格)。但是,用短语做关键词,前后必须加英文引号,否则空格会被当做"与"逻辑运算符。

例如,搜索关于第一次世界大战的英文信息。

输入:""world war I""

提示:对于中文关键词没有使用引号的限制,对于英文关键词必须使用英文引号来限制,用全角引号会缩小检索范围。

7. 搜索引擎忽略的字符以及强制搜索

Google 对一些网络上出现频率极高的英文单词,如"i"、"com"、"www"等,以及一些符号如"*"、"."等,作忽略处理。

例如,搜索关于 www 起源的一些历史资料。

输入:"www 的历史 internet"

结果:"www"和"的"字因为使用过于频繁,没有被列入搜索范围。

我们看到,搜索"www 的历史 internet",搜索引擎把"www"和"的"都省略了。于是上述搜索只搜索了"历史"和"internet",这显然不符合要求。当我们在搜索"www 的历史"的时候,搜索引擎实际上把这个短语分成三部分,"www"、"的"和"历史"分别来检索,这就是搜索引擎的分词。所以尽管输入了连续的"www 的历史",但搜索引擎还是把这个短语当成三个关键词分别检索。

如果要对忽略的关键词进行强制搜索,则需要在该关键词前加上"+"号。

另一个强制搜索的方法是把上述的关键词用英文双引号引起来。在上例"world war I"中,"I"其实也是忽略词,但因为被英文双引号引起来,搜索引擎就强制搜索这一特定短语。

提示:大部分常用英文符号(如问号、句号、逗号等)无法成为搜索关键词,加强制也不行。

8. 对搜索的网站进行限制

"site:"表示搜索结果局限于某个具体网站或者网站频道,如"www.sina.com.cn"、"edu.sina.com.cn",或者是某个域名,如"com.cn"、"com"等等。如果是要排除某网站或者域名范围内的页面,只需用"- 网站/域名"。

提示:site 后的冒号为英文字符,而且,冒号后不能有空格,否则,"site:"将被作为一个搜索的关键词。此外,网站域名不能有"http://"前缀,也不能有任何"/"的目录后缀;网站频道则只局限于"频道名.域名"方式,而不是"域名/频道名"方式。

9. 搜索特定类型的文件

"filetype:"是 Google 开发的非常强大实用的一个搜索语法。也就是说,Google 不仅能搜索一般的文字页面,还能对某些二进制文档进行检索。目前,Google 已经能检索微软的 Office 文档,如 .xls、.ppt、.doc、.rtf,WordPerfect 文档,Lotus1-2-3 文档,Adobe 的 .pdf 文档,ShockWave 的 .swf 文档(Flash 动画)等。其中,最实用的文档搜索是 PDF 搜索。PDF 是 Adobe 公司开发的电子文档格式,现在已经成为互联网的电子化出版标准格式。PDF 文档通常是一些图文并茂的综合性文档,提供的资讯一般比较集中全面。

例如,搜索几个资产负债表的 Office 文档。

输入:"资产负债表 filetype:doc OR filetype:xls OR filetype:ppt"

10. 搜索的关键词包含在 URL 链接中

"inurl:"语法返回的网页链接中一定包含第一个关键词,后面的关键词可出现在链接中或者网页文档中。有很多网站把某一类具有相同属性的资源名称显示在目录名称或者网页名称中,比如"MP3"、"GALLARY"等,于是,就可以用"inurl:"语法找到这些相关资源链接,然后,用第二个关键词确定是否有某项具体资料。"inurl:"语法和基本搜索语法的最大区别在于,前者通常能提供非常精确的专题资料。

例如,查找 MIDI 曲《沧海一声笑》。

输入:"inurl:midi " 沧海一声笑 ""。

提示:"inurl:"后面不能有空格,Google 也不对 URL 符号如"/"进行搜索。例如,Google 会把"cgi-bin/phf"中的"/"当成空格处理。

11. 搜索的关键词包含在网页标题中

"intitle:"的用法类似于上面的 inurl,只是后者对 URL 进行查询,而前者对网页的标题栏进行查询。网页标题,就是 HTML 标记语言 title 中间的部分。网页设计的一个原则就是要把主页的关键内容用简洁的语言表示在网页标题中。因此,只查询标题栏,通常也可以找到相关度高的专题页面。

例如，查找日本明星藤原纪香的写真集。

输入："intitle:藤原纪香 写真"。

12. 查找所有包含了某个指定 URL 的页面列表

如果用户拥有一个个人网站，估计很想知道有多少人对自己的网站作了链接。而"link:"语法就能让用户迅速达到这个目的。

例如，搜索所有指向华军软件园"www.newhua.com"链接的网页。

输入："link:www.newhua.com"。

提示："link:"不能与其他语法混合操作，所以"link:"后面即使有空格，也将被 Google 忽略。另外还要说明的是，link 只列出 Google 索引链接很小一部分，而非全部，所以如果用 Google 没有搜到链到自己主页的链接，也不必灰心丧气。除了上述功能，link 语法还有其他妙用。一般说来，做友情链接的网站都有相似的地方。这样，就可以通过这些友情链接，找到一大批具有相似内容的网站。比如说，一个天文爱好者发现某网站非常不错，那么，就可以用 link 语法查一下与之链接的网站，也许可以找到更多让人感兴趣的内容。

13. 查找与某个页面结构内容相似的页面

"related:"用来搜索结构内容方面相似的网页。

例如，搜索所有与中文新浪网主页相似的页面(如网易首页、搜狐首页、中华网首页等)，输入："related:www.sina.com.cn"。

14. 从 Google 服务器上缓存页面中查询信息

"cache:"用来搜索 Google 服务器上某页面的缓存，通常用于查找某些已经被删除的死链接网页，相当于使用百度搜索结果页面中的"网页快照"功能。

提示：Google 高级语法都为英文冒号，冒号后不能空格；百度则也可为中文冒号，冒号后不能空格。

三、中文雅虎

Yahoo!(http://www.yahoo.com)是全球著名门户搜索网站，业务遍及 24 个国家和地区，为全球超过 5 亿的独立用户提供多元化的网络服务。1999 年 9 月，中文雅虎网站开通。2005 年 8 月，中文雅虎被阿里巴巴集团全资收购。中文雅虎(http://cn.yahoo.com)开创性地将全球领先的互联网技术与中国本地运营相结合，成为中国互联网界位居前列的搜索引擎社区与资讯服务提供商。中文雅虎一直致力于以创新、人性、全面的网络应用，为亿万中文用户带来最大价值的生活体验，成为中国互联网的"生活引擎"。目前中文雅虎网站更加专注为广大网民提供互联网门户资讯、邮箱、搜索等基础应用服务。

2010 年 2 月 10 日，中文雅虎首页改版，如图 3-3-11 所示。新版页面采用了三栏式结构，在页面用色上也更加清新淡雅，整个页面更便于用户的浏览和阅读。除继续保留了具有中文雅虎特色的八张焦点图的模式，还将中文雅虎的特色产品更突出展示在左侧导航条内；同时提供更多的与日常生活有关的服务类信息；新增"雅虎海外"板块帮助用户获取来自海外其他雅虎站点的资讯和信息；新上线"雅虎文化"频道，给用户一个文化栖息和思想聚集的处所。

中文雅虎目录(http://site.yahoo.com.cn/)是基于主题、可供搜索的目录式搜索引擎，如图

图 3-3-11 中文雅虎主页

3-3-12 所示。

例如,如果想找川菜食谱,就在搜索框里输入"烹饪"来试试,结果许多烹饪网站里包括的川菜内容可能会比输入"川菜"找到的川菜主题网站更全。再比如,想寻找一些歌词,如果输入这些歌词的流派,会更加好找。

用户可以根据查找内容所属的类别在分类目录中逐级逐类地选择相应的类目,经过多次选择后,就可以访问到包含所查找内容的站点。通过中文雅虎的分类目录搜索通常会比寻找单个的网站来得有效,特别是对自己的搜索目标不太明确时。

如果用户已知要查找内容的主题概念,就可以利用关键词检索方式,点击"搜索"按钮,使用中文雅虎搜索(http://www.yahoo.cn/)来寻找通过主题组织在一起的网页。中文雅虎会在数据中查找与关键词匹配的记录,并将符合检索条件的结果显示出来。中文雅虎搜索的主页如图 3-3-13 所示。

四、天网

天网(http://www.tianwang.com)的前身是北大天网(http://e.pku.edu.cn/),北大天网是中国第一家为互联网用户提供服务的搜索引擎。2003 年 7 月,北京天网时代科技有限公司完全收购了北大天网,开展搜索相关业务。天网搜索收录大量新闻组文章,更新较快;功能规范;反馈内容完整,包括网页标题、日期、长度和代码;可在反馈结果中进一步检索;支持电子邮件查询;提供北京大学、中国科学院等 FTP 站点的检索。天网搜索主页如 3-3-14 所示。

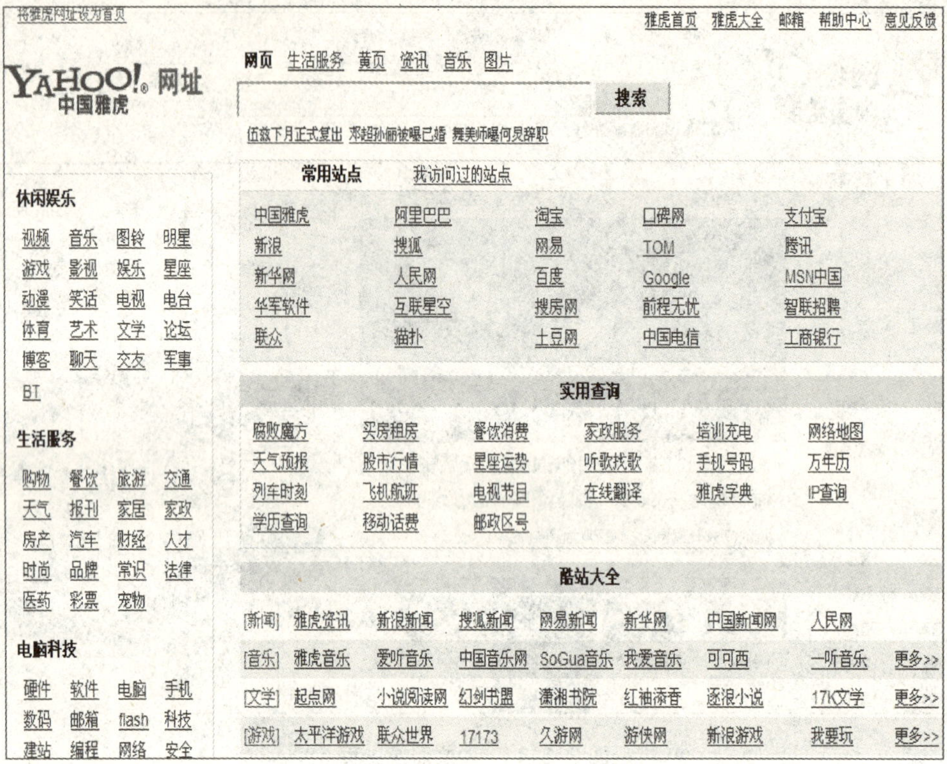

图 3-3-12　中文雅虎目录

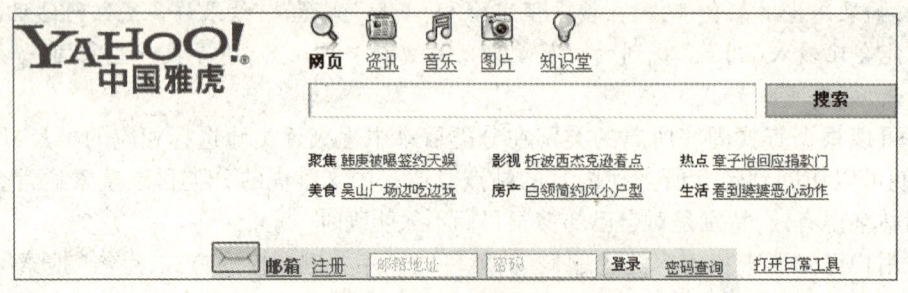

图 3-3-13　中文雅虎搜索主页

五、垂直搜索引擎

　　垂直搜索引擎,即专业或专用搜索引擎,它专门用来检索某一主题范围或某一类型信息,追求专业性与服务深度是它的特点。垂直搜索引擎不但可保证此领域信息的收录齐全与更新及时,而且检索深度和分类细化远远优于综合搜索引擎。垂直搜索引擎的检索结果可能较综合搜索引擎少,但重复率低、相关性强、检准率高,适合于满足较具体的、针对性强的检索要求。目前已经涉及购物、旅游、汽车、工作、房产、交友等行业。常用的有以下几种:

图 3-3-14 天网搜索

（一）工作搜索引擎

在网络没有兴起之前,求职或者招聘,信息只能通过纸媒、电视和广播这三条途径传播。不过,网络改变了这一切,随着中华英才网(http://www.chinahr.com)、51job前程无忧(http://www.51job.com)和智联招聘网(http://www.zhaopin.com)等专业招聘网站的诞生,通过网络找工作成了流行的求职方法。在此之后,搜索引擎的大红大紫,又催生了许多工作搜索引擎。如职友集(http://www.jobui.com)、深度搜索网(http://www.deepdo.com)和Careerjet(http://www.careerjet.cn)等。

（二）论坛搜索引擎

论坛搜索引擎专注于抓取论坛里的内容,是一种专业化的搜索引擎。由于论坛的交互性和参与性等特点,很多时候,想查找网友对某人某事的评论,或者想寻找某类资源时,论坛搜索引擎都是不错的选择。如帖易网(http://www.teein.com)和大旗网(http://www.daqi.com)等。

1. 帖易网

帖易网成立于2004年10月,是国内首家中文社区搜索引擎、聚合门户,为中文社区原创内容以及营销资源提供统一的解决方案。帖易网自成立以来一直致力于利用独创的社区搜索技术,对中文原创内容进行整理、分类、索引,为网民提供一站式中文社区浏览、搜索服务。目前,已经进入全球网站综合排名前500位,每日吸引数以百万计的用户访问,产生数千万浏览量。帖易网还运营着国内首家中文社区联盟,为超过10万家中文社区网站提供流量和广告服务,并致力于打造国内首个企业与社区的互动平台,让企业能够通过该平台更好地为其用户服务,让社区原创内容的价值得以提升。

2. 大旗网

大旗网(原ChinaBBS.com)于2004年11月成立,2006年3月正式更名为"大旗网",先后得到了IDG技术创业投资基金(简称IDGVC Partners)和美国中经合集团(WI Harper Group)的投资,是中国最大的社会化媒体聚合与营销服务公司。

大旗网在社会化媒体环境中拥有独特的角色与地位。依托其独特的社区搜索技术,信息源覆盖了70多万个中文活跃论坛,10万多个精英博客和中国主流视频平台,实现了对分散于BBS、Blog、SNS、Video里网民舆论的全面聚合;成为网民了解网络民意与消费口碑的首选平台,也成为网民热点与消费趋势的风向标。它既是Web2.0时代感知大众舆论的窗口,也是网民舆论与主流热点的放大器。

（三）图书搜索引擎

1. Google 图书搜索（http://books.google.com）

可搜索图书全文，查找自己感兴趣的图书，并了解何处可选购或借阅它们。当搜索引擎发现一本书包含与搜索字词匹配的内容时，就会在搜索结果中与其建立链接。读者点击书名，即可查看该图书一些相关的基本信息，像卡片目录条目一样。如果出版商或作者已通过合作商计划向 Google 授权，还可以预览该书的几页完整内容，如果图书已不受版权保护，就可以随意浏览整部图书。所有情况下，都会看到与在线书店的直接链接，可以从那里购买图书。

2. 百度图书搜索（http://book.baidu.com）

百度图书搜索是百度与众多图书行业合作伙伴合作建立的图书信息查询平台，帮助用户轻松查找各类图书相关的信息。

3. 读秀图书搜索（http://www.duxiu.com）

读秀图书搜索是一个面向全球的图书搜索引擎，上网用户可以通过读秀对图书的题录信息、目录、全文内容进行搜索，方便快捷地找到他们想阅读的图书和内容，是一个真正意义上的知识性搜索引擎。读秀现收录中文图书 200 多万种，书目 300 多万种，提供深入章节的检索、试读、传递等服务。读秀允许上网用户阅读部分无版权限制图书的全部内容，对于受版权保护的图书，可以在线阅读其详细题录信息、目录及少量内容预览。

4. 中搜联盟图书搜索（http://book.httpcn.com/search）

中国最大的电子图书搜索引擎，提供数万本电子图书（E 书）完全免费下载！分为文学、小说、科幻、电脑、经济、幽默、时尚、明星、科教、杂志、英文类，每个类又设有二级导航。搜索途径包括"标题"和"作者"两种。

（四）法律搜索引擎

1. 我的法律搜索引擎（http://www.mylaw.com）

目前，MyLaw.com 能够提供强大的法律信息查询服务，保障该网站用户能够及时准确地查询到完整的、最新的法律法规内容。中文法规包括宪法法律、行政法规、司法解释、部委规章、地方法规、行业规范、军事法规、政策纪律等。该网站是下一代的垂直搜索引擎，也是目前国内领先的中英文专业法律的搜索引擎。它提供丰富的法律信息和来自其他法律网站的丰富内容以供网友选择。例如，搜索"继承诉讼"，搜索结果将不仅仅是相关信息简介，客户还将得到直接进入各大法律类网站相关内容的链接。

2. 百度法律搜索（http://law.baidu.com）

百度法律搜索是百度与北大英华公司合作推出的针对法律方面的专业搜索，提供自新中国成立以来中央和地方的各项法律条文、大量丰富的法律案例、裁判文书以及法律词典，为用户查找相关法律资料提供便利。

3. 中国法律搜索（http://www.engfish.cn/law/）

是国内首家专业的法律搜索引擎。

（五）软件搜索引擎

1. 多特软件站（http://www.duote.com）

由上海瑞创网络科技有限公司耗资500万倾力打造的多特软件下载站，为用户提供优质、方便、快捷、安全的软件下载、软件资讯等软件相关服务。自2006年成立以来，多特在短短四年里迅速跻身行业前三名，成为国内首屈一指的绿色、无毒、无插件、无木马的绿色软件下载站，受到用户的一致好评与青睐。

2. 华军软件搜索（http://search.onlinedown.net）

华军软件园搜索在全国一半以上大中城市设立镜像站点和独立下载服务器，且还在不断增加中，以保证全国各地区用户浏览、下载的速度，是国内更新速度最快、软件数量最多、软件版本最新的共享免费软件下载中心和软硬件信息发布中心。华军软件园目前已收录10万多个软件，且在不断迅速增加，并将软件合理分类，加入软件搜索，便于用户查询。该站收录所有软件全部为本地高速下载，更有国产软件专栏，是网上下载软件的好去处，是软件作者发布软件的好地方。在网络中享有很好的声誉，成为搜狐、新浪、网易、天极等众多门户网站的信息源，是人气最旺的IT类网站之一。在网民中知名度极高，形成了一种找软件到华军软件园的共识。

3. 天空软件站搜索（http://www.skycn.com）

天空软件站是国内知名度很高的软件门户网站，是国内更新较快的软件信息发布中心之一。目前每日页面访问量超过500万，并保持稳定增长的趋势。天空软件站分别与搜狐、天津热线等大型综合网站合作建立了软件下载频道，它还是国内超过30家大型ISP的软件频道独家内容提供商。目前在国内四十几个大中城市拥有镜像站点及独立下载服务器。

4. 太平洋软件站（http://www.pc5566.com）

太平洋软件站是IT行业内最好的软件下载、新闻资讯和软件评测网站之一。太平洋软件站2006年成立，是国内更新速度较快、软件数量较多、软件版本较新的共享免费软件下载和发布中心之一。同时还有各类游戏娱乐软件和游戏工具的发布和下载功能，为各类游戏玩家及游戏开发作者提供多种服务。太平洋软件站拥有大量的忠诚度极高的固定访问用户，日均独立访问量超过2万，PV流量超过5万次。太平洋软件站与包括多特软件、萝卜软件、阿里巴巴在内的多家业内领先网站保持着长期紧密的合作伙伴关系。

5. 驱动之家（http://so.mydrivers.com）

驱动之家网站（Mydrivers.com）是在IT行业内居于领导地位的驱动程序下载、新闻资讯和产品评测网站。驱动之家日均独立访问者数超过110万人，PV流量超过870万次，除了基础性的驱动下载服务外，还为用户提供免费的驱动程序自动更新服务。驱动之家科技新闻栏目是中国IT网站读者中公认最重要的第一手信息发布交流平台，所发布的科技新闻是国内所有的综合门户网站与专业网站的固定重要信息来源之一，它的科技新闻发布后一个小时内就会传遍整个中国互联网络。

（六）视频搜索

1. 百度视频搜索（http://video.baidu.com）

百度视频搜索是百度汇集几十个在线视频播放网站的视频资源而建立的庞大视频库。

2. 天线视频（http://www.openv.com）

是中国最大的"三屏合一"视频服务提供商，以正版、海量的视频内容为基础，通过互联网、

3G 网络、有线电视网络向用户提供及时全面的视频内容信息、个性化深度内容服务与互动体验。2006 年成立以来,已与中央电视台、北京电视台、湖南卫视、凤凰卫视等全国数十家电视台及主流影视制作机构达成深度合作,累计获得超过 3.6 亿分钟的正版电视节目资源。截至 2009 年 12 月 31 日,天线视频互联网平台日均浏览量突破 5 500 万次,日均播放量达到 4 000 万次,日均独立访问用户 800 万人以上。

3. 雷搜(http://www.leexoo.com)

雷搜网为北京力矩传媒科技有限公司旗下的专业视频搜索网站。公司拥有网络视频采集、分析和搜索引擎等领域的核心技术,通过对网络视频的视觉特征、音频特征及文本特征进行综合分析,建立网络视频精确索引,并在此基础上,通过多模态的视频搜索引擎,提供丰富、精准的视频搜索体验。

4. 搜狗视频搜索(http://v.sogou.com)

网罗了海量精彩的视频。用户通过电脑、手机、电视机顶盒等多种终端,可以随时随地通过天线视频来实现对视频内容的消费。

5. 有道视频搜索(http://video.yodao.com)

有道视频搜索收录了国内数十家视频网站的视频资源用户可以快速准确地找到所需视频。

6. 爱问视频搜索(http://v.iask.com)

新浪视频搜索用于搜索,网络上的视频文件,可搜索到 RMVB、RM、ASX、WMV、MPG 等各种视频播放格式的文件以及压缩后的 RAR、ZIP 等文件。文件类型涉及影视题材、音乐 MV、新闻资讯、广告、DV 作品、Flash 以及小视频等等。

(七)游戏搜索引擎

1. 百度游戏搜索(http://game.baidu.com)

百度游戏是完全以游戏为内容的游戏搜索,其搜索的内容完全基于网络游戏的所有相关信息,方便广大的网络游戏爱好者进行搜索。百度游戏搜索以精确的视角、便捷的阅读方式、迅速的索引方式、贴心的玩家角度,为广大网络游戏爱好者提供最新的网络游戏搜索服务。

2. 52PK 游戏网(http://www.52pk.com)

是中国第一游戏下载中心,新游戏推广核心媒体,中国资深游戏玩家聚集的知名网络游戏媒体平台。创办于 2002 年,是中国领先的网络游戏媒体,特别在游戏下载、新游推广、玩家交互等领域,始终保持国内游戏业界的领先地位。

52PK 游戏网有超过 1 500 个网络游戏专区,横向覆盖各大、中、小型网络游戏,纵向深度提供各款网络游戏经验、攻略、分析文章,为广大游戏用户和厂商提供全面深入的游戏资料、数据库服务。52PK 游戏网还集中力量打造优质榜样专区,在大型 3D 游戏、2D 游戏、回合制游戏、Q 版游戏、休闲游戏等众多游戏领域都有强势专区覆盖。在包含论坛、个人空间、群落、Wiki、嵌入式评论等多套体系的 52PK 社区互动体系中,与整站资讯链接的群落话题系统及玩家原创力量是最大的亮点之一。

3. eNet 游戏先锋(http://games.enet.com.cn)

eNet(硅谷动力)游戏先锋是中国权威的游戏网站,可提供各种最全最新游戏新闻资讯,设有小游戏、网络游戏、网页游戏、单机游戏、电脑游戏、电子竞技、手机游戏、Flash 小游戏等类,设有游闻速递、新作前瞻、赏析杂谈、急速下载、攻略宝库、秘籍宝典、游戏商城、游戏关键词查询等栏目。

(八) 购物搜索引擎

1. 百度有啊 (http://www.youa.com)

百度旗下全新大型购物网站,为人们提供便捷、可靠的一站式网上购物体验,先收货后付款让购物省事安心。

2. 淘宝网 (http://www.taobao.com)

亚洲最大网络零售商圈,致力于打造全球首选网络零售商圈,由阿里巴巴集团于2003年5月10日投资创办。淘宝网目前业务包括C2C(个人对个人)、B2C(商家对个人)两大部分。

3. 购物客 (http://baidu.gouwuke.com)

是亿玛联盟倾力打造的中国第一家购物搜索联盟。现已收录当当、卓越、京东、新蛋、红孩子、DHC、玛萨玛索、凡客诚品(VANCL)、金象网等国内最具品质的B2C商家,致力于向广大消费者提供便捷的网购入口,让用户轻松找到低价正品。

4. 有道购物搜索 (http://gouwu.youdao.com)

是网易有道信息技术(北京)有限公司于2009年1月全新推出的购物类垂直搜索产品,收录了超过500家知名B2C商城的2 000余万条商品信息。有道购物搜索本着"购物前,有道先"的口号。有道购物搜索涵盖图书音像、数码电脑、母婴、户外、美容化妆等九大类购物信息,支持寻找稀缺商品、比价商品,提供独立评价等功能。

5. 丫丫购物搜索 (http://www.askyaya.com)

是国内领先的购物搜索网站,主要为用户提供商品的查询、比较、导购等系列的一站式服务及专业购物向导。丫丫购物搜索实时采集全网的商品信息,把众多知名网上商店的商品汇集到丫丫购物搜索网站中。用户使用丫丫购物搜索,可以在数千个同类商品中比性能、比款式、比价位,在几十个提供同一商品的网上商店中比服务、比配送、比价格,通过网站上提供的商家链接,直接通达商家下订单购物,还可获得积分与入驻商家的优惠返利,一站式服务。

6. 顶九网 (http://www.ding9.com)

是全球性比较购物搜索引擎。公司由国际资深电子商务创业者和专业技术团队创建,致力于为消费者提供与购物相关的各方面信息,如商品信息、商家信息、用户评论、专家评论、折扣促销等,为消费者提供全方位的导购服务。顶九网让消费者在对商品和商家全面了解和比较的基础上,充分享受专业精准的购物信息所带来的实惠,从而引导消费者做出明智的购买选择。在持续技术创新的基础上,顶九的搜索引擎会不断收录更多高质量的商品和更多合格的商家,让消费者能找到任何一件想要购买的商品,提供给消费者更多的选择;使消费者体会到"购物搜索,一个顶九"的真正含义,以及海量商品信息和强大购物搜索引擎带来的便利。

7. 聪明点比较购物搜索引擎 (http://www.smarter.com.cn)

"聪明点"是一个先进的在线购物搜索引擎,旨在帮助消费者在在线购物时做出聪明的决策。用户可以在数百万件商品中进行搜索查找和比较挑选,针对每件商品都可以比较不同商家的售价和服务承诺,查看商品和商家的各种评论、评分,最终做出购买的决定。到目前为止,"聪明点"已能够提供计算机、数码产品、通信产品、办公用品、化妆品、运动户外用品、汽车用品、鲜花园艺、礼品首饰、图书、影视、家居、鞋子箱包、服装、食品、汽车和淘宝精品等 17 个频道的商品搜索和比较购物服务。

六、P2P 搜索

P2P 是 peer-to-peer 的缩写,意为对等网络。P2P 是与 C/S 相对应的网络运作模式,其显著的特点是整个网络不存在中心节点(或中心服务器),其中的每一个节点(Peer)同时具有信息消费者、信息提供者和信息通信等三方面的功能。P2P 网络的特色包括:下载的人越多,下载就越快;资料类型同 FTP,多媒体资源较多;更广泛、大众化的共享。缺点是需要安装软件,资源状况不稳定和灰色资源较多。

P2P 搜索引擎相对一般网站搜索引擎而言,传播速度更快,获取更方便,适用于大流量网络信息资源的共享和获取。目前,我国的 P2P 搜索引擎主要适用于软件、电影、音乐、书籍和游戏的搜索和获取。

(一) 电驴下载(http://www.emule.org.cn)

eMule 是世界上最大并且最可靠的点对点文档共享的客户端软件之一。电驴是一个完全免费且开放源代码的 P2P 资源下载和分享软件,利用电驴可以将全世界所有的计算机和服务器整合成一个巨大的资源分享网络。用户既可以在这个电驴网络中搜索到海量的优秀资源,又可以从网络中的多点同时下载需要的文件,以达到最佳的下载速度。用户也可使用电驴快速上传分享文件。

VeryCD 电驴(easyMule)是在 eMule 的基础上全新开发的新版本,具有更快的下载和上传速度,更简便的操作界面,以及更多新增的人性化功能,这一切都是免费和开源的。

(二) 迅雷狗狗搜索(http://www.gougou.com)

迅雷是一款免费下载工具,号称第三代快速下载工具,它使用的多资源超线程技术基于网格原理,能够将网络上存在的服务器和计算机资源进行有效的整合,构成独特的迅雷网络。迅雷网络能够对各种数据文件进行快速传递,支持断点续传。迅雷还拥有一个强大的资源网络,实际上构成了一个独特的搜索引擎。迅雷网络提供影视、音乐、软件、游戏、书籍等下载资源,以及高清影视在线播放地址,并且可智能检测资源安全性。

(三) 脱兔搜索(http://www.tuotu.com)

脱兔是首款同时支持 BT、ED2K(eMule)、HTTP、FTP、MMS、RTSP 协议的高性能绿色 P2SP 下载软件,脱兔内核经过严格测试与细致优化,CPU 与内存资源消耗极少,程序兼容性与稳定性也是同类软件中的佼佼者。脱兔下载性能优异,使用多种国际上先进的动态智能优化技术。脱兔简洁的界面,齐全的下载协议支持,简便的设置与智能优化,使用户(即使是新手)能迅速享受脱兔带来的极速下载快感。

(四) 天网 Maze(http://maze.tianwang.com/)

"天网 Maze"是北大网络实验室开发的一套资源非常强大的 P2P 文件系统。它集文件的共享、查找、下载于一身,是个性化信息中心,同时是一个 P2P 的社区网络。目前最新版本为 2010 版,已经积累了 400 万以上的注册用户。它集个性化搜索、大学精品课程、网络课堂、教育商城、即时通信等诸多功能于一身,将学习、娱乐、资讯、沟通融为一体。它具有积分管理功能,分数越高,下载越优先,速度也越快。

第四节 常用英文搜索引擎

目前,比较有影响的英文搜索引擎有 Google、Yahoo!、微软 Live Search、Ask、AltaVista、Excite、Lycos 等。掌握它们的使用方法,对快速有效地查询网上信息资源会有很大帮助。在上一节中已经对 Google 和 Yahoo! 做了比较详细的介绍,在这里就不做叙述了。

一、微软 Live Search

微软介入搜索引擎比较早,最初是 MSN 搜索,2006 年 9 月发布整合的 Live Search 搜索引擎取代 MSN 搜索。Live Search 除拥有 MSN Search 的一切功能外,还有一些增强功能和新的功能,增加了对 Blog、RSS、E-mail 的搜索支持,改进了对 Web 的搜索效率,最重要的是与 MSN Space,MSN Shoping,Messenger,Mail 的无缝集成。Live Search 目前是全球第三大搜索引擎,拥有全球最大的注册用户群体——MSN 网站注册用户。最新改版为必应搜索(http://www.bing.com),如图 3-4-1 所示。

图 3-4-1 微软 Live Search(必应)搜索

在 Live Search 文字搜索服务中,微软加入了"相关搜索"的功能,在搜索结果右侧会列出其他用户搜索同样关键词所最终找寻的目标。Live Search 中还对图像搜索功能进行了改进。在传统的图像搜索引擎中,用户往往因为找不到合适的图片而持续翻页,而 Live Search 搜索中用户可以调节搜索结果缩略图的尺寸,从而在一张页面中浏览更多的内容。

二、AltaVista

AltaVista(http://www.altavista.com/)是功能全面的搜索引擎,曾经名噪一时,但现在其地位已被 Google 取代。即便如此,它仍被认为是功能最完善、搜索精度较高的全文搜索引擎之一。早在 2002 年 6 月,AltaVista 就宣称其数据库已存有 11 亿个 Web 文件,图 3-4-2 是 AltaVista 的主页。

AltaVista 提供常规搜索、高级搜索和主题搜索,主题包括 Web、Images、News 等。高级搜索为用户提供日期、语种、布尔逻辑和近似条件搜索服务。常规和高级搜索均允许针对 Title、URL 或特定的域名进行检索。

AltaVista 支持多达 32 种不同语言的检索与查询,并提供英、法、德、意、葡萄牙、西班牙语双向翻译。其他特色服务包括重大新闻(发生于 6 小时至 14 天之间)、新闻组及购物查询。

AltaVista 的"蜘蛛"程序名为"Scooter"。AltaVista 曾是登录速度最快的搜索引擎,一般从提交到被索引只需 1~2 周,最快的只需 3 天。

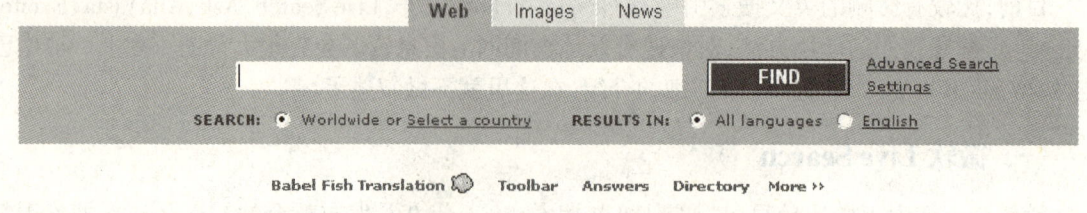

图 3-4-2　AltaVista 主页

第五节　网络免费学术资源的获取

网络免费学术资源是指在互联网上可以免费获得的具有学术研究价值的社会科学或自然科学领域的电子资源。

一、网络学术资源导航

网络学术资源导航，又称学科导航、学科分类导航、重点学科导航、学科知识门户等，是一种基于内容的资源导航服务，它通过对某学科、主题相关网站进行搜集、分析和整理，为某一类专门信息用户提供资源指南服务。导航的内容主要针对网上可免费获取的、又具有重大的学术参考价值的资源，为学习和研究者提供参考、借鉴与指引。网络学术资源导航针对性强、学科特色明显、数据规范、质量相对控制较好，以网站、或服务平台、或网络数据库的形式出现。

网络学术资源导航收录范围一般包括以下几类：一是各种学科专题的免费电子书刊信息和工具导航，如包括专题数据库、专题软件、专题期刊、与专题相关的图书、专利信息、专题文章精选、图书馆等内容；二是专家学者信息，如专家数据库；三是组织机构信息，包括研究机构、实验室和研究小组、学会、协会、公司、国际及政府间合作机构信息；四是学术动态与交流信息，包括专题新闻、学术会议信息、网上学术论坛讨论组和新闻组、教学资源、地址簿、研究项目和基金；五是相关重要链接与搜索工具导航，包括资源搜索引擎和资源导航站点精选等；六是政策与法规、标准、专利等信息；七是科研成果与产品与市场。

网络学术资源导航主要由大学图书馆或图书馆联盟、科研情报所、资源建设项目组、国家重点实验室、学会协会组织等完成。国内具有代表性的网络学术资源导航有 CALIS 重点学科网络资源导航库和国家科技图书文献中心（NSTL）的热点门户，国外如美国加州图书馆 LⅡ 导航系统以及多所大学图书馆的导航等。

（一）CALIS 重点学科网络资源导航库

CALIS 重点学科网络资源导航库（http://navigation.calis.edu.cn/cm）（如图 3-5-1 所示）是 CALIS"十五"重点建设项目之一。该项目以教育部正式颁布的学科分类系统作为构建导航库的学科分类基础，建设一个集中服务的全球网络资源导航数据库，为高校师生提供重要学术网站的导航和免费学术资源的导航。该数据库由华东南地区中心负责，全国文理中心协助。共

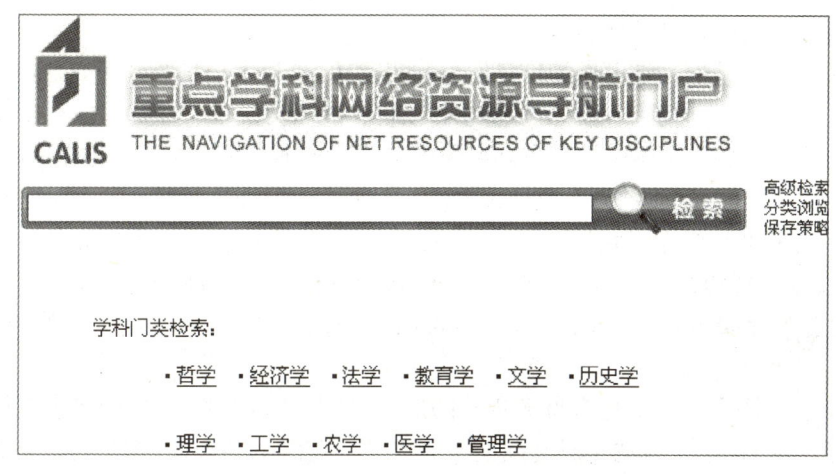

图 3-5-1 "CALIS 重点学科网络资源导航库"搜索页面

有 48 个图书馆参加该项目共建,目前已完成 213 个重点学科导航库建设。该导航库按学校和学科分类进行编排。

(二)国家科技图书文献中心的热点门户

国家科技图书文献中心(简称 NSTL,http://www.nstl.gov.cn)的热点门户页面如图 3-5-2 所示。NSTL 的热点门户是国家科技图书文献中心组织建设的一个网络信息资源门户类服务栏目,其目标是针对当前国内外普遍关注的科技热点问题,搜集、选择、整理、描述和揭示互联网上与之相关的文献资源、机构信息、动态与新闻,以及专业搜索引擎等,面向广大用户提供国内外主要科技机构和科技信息机构的网站介绍与导航服务,帮助用户从总体上把握各科技热点领域的发展现状、资源特色与信息获取途径。目前提供服务的热点门户包括以下几个领域:汽车科技、环保科技、汽车电子、工业控制与自动化、物流、机床、塑料、低压电气。

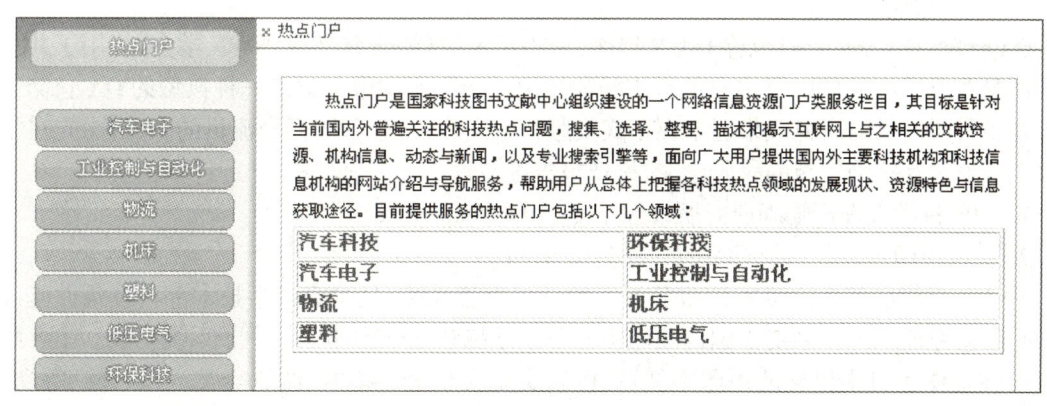

图 3-5-2 NSTL 的热点门户

二、信息服务机构的资源

信息服务机构主要包括高校图书馆、科学院文献情报中心、公共图书馆系统、专业学会与协会网站、专业信息资源与服务提供商等。

图书馆及文献情报中心是可靠的信息发生和集散地,是学术信息资源研究的前沿,它们的馆藏结构以专业书刊为主,包括专著、教学参考书、期刊、学术会议录、参考工具书、学位论文、技术标准等多种类型。著名大学图书馆的书刊目录联机公共查询系统以及资源导航一般均能免费提供查询,而大型公共图书馆多数有特色馆藏,如家谱特藏、地方志文献特藏等,参考价值极高。高校图书馆购买的网络数据库,为校园网用户免费提供题录、文摘及全文下载服务。目前,国内最常用的三大数据库资源是:清华同方中国知网(http://www.cnki.net)、重庆维普数据(http://www.cqvip.com)、万方数字资源系统(http://www.wanfangdata.com.cn)。这些机构一般均能提供高水平的信息服务。

专业的学会与协会网站上也有许多免费的信息,如学科的资源导航、学术会议信息、政策法规与标准信息、实时动态交流的工具与新闻报道以及专业的书刊查询、相关的重要链接推荐、站点内资源检索等。这些机构有:中国标准研究院、美国数学学会、美国物理学会等。网站可以获取许多免费资源。

专业的信息资源与服务提供商,包括出版社、数据商等,它们除免费提供各种数据资源的检索服务外,它们的官方网站还提供关于学科发展的动态信息、集成的数据库检索平台功能演示与介绍及相关数据库的培训资料和部分电子书刊的免费阅读与下载等服务。

三、开放获取资源

Open Access 意为"开放获取",是指可以在公共 Internet 上免费获取文献,允许任何用户阅读、下载、复制、发布、打印和查找等,或者提供对这些论文文本的链接,对它们进行索引以及其他任何法律许可的应用。

开放获取资源的出版形式包括:OA 仓储、OA 期刊、OA 图书、个人主页、博客、聚合新闻(RSS feeds)、对等式(P2P)文件共享网络等。

(一) OA 仓储

OA 仓储(OA archives)也称 OA 文档库,是指某组织(如研究机构、学校、学会)将用于共享的学术信息存放于服务器中供用户免费访问和使用。如预印本服务就是一种典型的 OA 仓储。预印本是指科研人员的研究成果还未在正式出版物上发表,出于和同行交流目的,而自愿先在学术会议上或通过互联网发布的科研论文、科技报告等文章。

1. 中国科学院理论物理研究所镜像站点(http://cn.arxiv.org)

2. 中国预印本服务系统(http://prep.istic.ac.cn)

是一个提供预印本文献资源服务的实时学术交流系统,是国家科学技术部科技条件基础平台项目的研究成果。该系统由国内预印本服务子系统和国外预印本门户子系统构成。主要收藏国内科技工作者自由提交的预印本文章,可以实现文章全文检索、浏览全文、发表评论等功能。通过 SINDAP 子系统,用户只需输入检索式一次即可对全球知名的 16 个预印本系统进行检索,并可获得相应系统提供的预印本全文。

3. 奇迹文库(http://www.qiji.cn)

为中文论文开放存取提供了一个平台。本仓库以物理学论文为主,也做其他学科论文的存储,另外,它还建立了和国外的其他开放存取仓库的链接。

4. 香港科技大学科研成果全文仓储（http://repository.ust.hk/dspace）

由香港科技大学图书馆开发的一个数字化学术成果存储与交流知识库，收有该校教学科研人员和博士生提交的论文（包括已发表和待发表）、会议论文、预印本、博士学位论文、研究与技术报告、工作论文和演示文稿等。

5. 中国科技论文在线（http://www.paper.edu.cn）

具有快速发表、版权保护、形式灵活、投稿快捷、查阅方便、等特点，给科研人员提供了一个快速发表论文、方便交流创新思想的平台。可为在其网站发表论文的作者提供该论文发表时间的证明，并允许作者同时向其他专业学术刊物投稿，并保护原创作者的知识产权。

（二）OA 期刊

OA 期刊（OA Journals）是指以电子文献形式通过网络出版的期刊。与传统期刊的区别在于访问方式和访问权限的差异，传统期刊采用用户付费的商业模式，OA 期刊采用作者付费、用户免费的模式，用户可以通过网络不受限制地访问期刊全文。OA 期刊发展迅速，全球 24 000 种同行评议期刊中已有 1 600 多种是 OA 期刊。

（三）RSS 学术资源与服务

RSS 是站点用来和其他站点之间共享内容的一种简易方式（也叫聚合内容）。利用 RSS 可发布资源，可借助于支持 RSS 的新闻聚合工具软件，如 RSSReader、FeedDemon、看天下、周博通、iSpace Desktop、新浪点点通等，按照用户的喜好，有选择性地将用户感兴趣的内容来源收集和组织定制（聚合）到该软件的界面中，实现多来源信息的聚合。新闻、个人博客、论坛、黄页、分类信息等都提供了 RSS 订阅功能。使用 RSS 前先安装一个 RSS 阅读器，然后将提供 RSS 服务的网站加入到 RSS 阅读器的频道进行订阅。

目前，国内外许多学术源或获取学术源的线索被制作成 RSS feeds 供参考。如中科院国家科学数字图书馆的科技新闻聚合服务，上海大学图书馆的学科板块新闻聚合和新书通报 RSS 服务，厦门大学图书馆的知识资源港信息参考 RSS 频道，武汉理工大学图书馆的"材料复合新技术信息门户"等都利用 RSS 推送相关最新资源。此外，很多学术期刊都在网上提供了最新目次（大部分还有摘要）的 RSS feeds，如 *Nature*、*Science*、中国知网都提供 RSS 期刊订阅和主题订阅等服务。

（四）网上精品课程库

目前很多学校、企业或科研机构将其课程课件免费提供，比如麻省理工学院（MIT）的免费课件、中国高校课件网络等。

1. 麻省理工开放课件（http://www.core.org.cn/OcwWeb）

是一个免费的、开放的、麻省理工学院教学资源网站，由志愿者翻译。其中有大量的在线课程，有些提供双语对照，对教学参考、双语教学有很大的帮助。目前已上线 1 300 多门课程。

2. 大学课程网（http://www.ucourse.net）

是中国教育科研网络上的一个典型应用。它的使命是通过网络技术的应用，不仅提供内容最丰富的中国大学课程视频点播服务，而且能同时支持上万路视频流的服务。

3. 中国开放教育资源协会（http://www.core.org.cn）

是一个以部分中国大学及全国省级广播电视大学为成员的联合体。主要链接包括：麻省理工学院、约翰·霍普金斯大学、塔夫茨大学、索菲娅开放课程，工科精选课件，中国精品课程和其他学习资源。其中，工科精选课件是 1997—2004 年每年获此奖项的教学课件列表。大多数课件针对大学本科生开发制作,也有一部分可用于研究生、中小学生以及相关的专业人士。其中的国家精品课程建设是教育部"质量工程"的重要组成部分,可按照字母、学科、学校浏览。

(五)专家咨询与数字参考服务系统

当人们在寻找问题的答案时,通过书籍和网页不一定能获得帮助,这时可以访问大量的"专家咨询"站点。这类依托专家经验和知识开展的信息服务称为"专家服务",也有人称其为网上咨询服务、交互式问答、P2P或网络向导等。比如大家熟知的百度知道、雅虎知识堂、谷歌问题组、新浪爱问等就是典型的中文虚拟专家服务站点。

这类网站的特点是,咨询者通过搜索海量用户的提问来获得问题答案,一般"总能有人知道答案",对于知识性问题或技巧性问题比较适用。比如"电脑中毒症状寻求帮助"、"某一关键术语寻求帮助"等。虽然这类服务也存在专家可信度、时效性以及答案正确性的疑问,但是研究表明,美国专家咨询网站的回复率为70%,事实性问题经得起推敲的回复占69%。即虽然专家咨询网站并非完美,但是仍然是可被广泛利用的信息参考工具。

思考与练习

1. 什么是网络信息资源?
2. 网络信息资源有哪些特点?
3. 网络信息检索的方法有哪些?
4. 简述网络搜索引擎的类型及其发展趋势。
5. 如何搜索与软件、电影、歌曲、音乐相关的PPT文件,请利用百度和Google搜索引擎分别写出检索表达式并记录检索结果。
6. 搜索网络上有关"计算机程序设计的科学论文"可以通过什么方式来获取?
7. 搜索有关"公务员考试"的信息可以利用那些网络检索工具?
8. 什么是垂直搜索引擎?利用垂直搜索引擎查找出与专业相关的三个网站。
9. 利用图书搜索引擎查找余秋雨出版的所有论文与著作。
10. 利用视频搜索引擎查找湖南卫视"快乐大本营"的播出时间和节目简介。
11. 什么是网络学术资源导航?你所从事或所学专业的网络学术资源导航有哪些?
12. 什么叫开放获取资源?分别有哪些类型?

第四章　常用中文数据库检索

> 尽管通用搜索引擎使用方便,对信息查询反应迅速,但通用搜索引擎提供的是大众资源,对那些高质量的学术信息是"看不见"的。而各种联机数据库,信息权威,标引质量高,且多为学术资源,是我们学习和科学研究的重要参考。
>
> 中国知网、万方数据库资源系统、维普数据库系统、超星数字图书和方正 Apabi 数字资源等是国内影响力和利用率都很高的中文数字资源,已经成为大多数高等院校、公共图书馆和科研机构文献信息保障系统的重要组成部分,是科研人员进行科学研究、科技查新、论文写作的重要信息来源,也是中文学术信息的重要代表,体现了我国数据库建设的水平。由于这些数字资源由不同的机构开发管理,资源内容和检索平台也各不相同,下面对这些数据库进行分别介绍。

第一节　中国知网(CNKI)

一、中国知网概述

中国知网即中国知识基础设施工程(China National Knowledge Infrastructure,简称 CNKI,网址:http://www.cnki.net),又称中国知识资源总库、中国学术文献网络出版总库,由清华大学、清华同方光盘股份有限公司、中国学术期刊电子杂志社等单位研制开发,始建于1999年6月,是目前世界上信息量最大、信息内容最全的中文数字图书馆。文献总量7 242万篇,内容覆盖自然科学、工程技术、农业、哲学、医学、人文社会科学等各个领域。文献类型包括学术期刊、博士学位论文、优秀硕士学位论文、工具书、重要会议论文、年鉴、专著、报纸、专利、标准、科技成果、知识元、哈佛商业评论数据库、古籍等,还可与德国 Springer 公司期刊库等外文资源统一检索。资源情况如图 4-1-1 所示。

CNKI 所有资源都提供免费检索,检索结果可显示到文献的题录和文摘,看不到全文。获取全文需付费,用户可通过三种方式使用该网站全文资源:① 购买读者卡,② 包库或镜像,③ 通过银行或邮政实时支付。对包库用户,站点一般通过用户的 IP 地址控制;对个人用户,站点只进行身份验证。

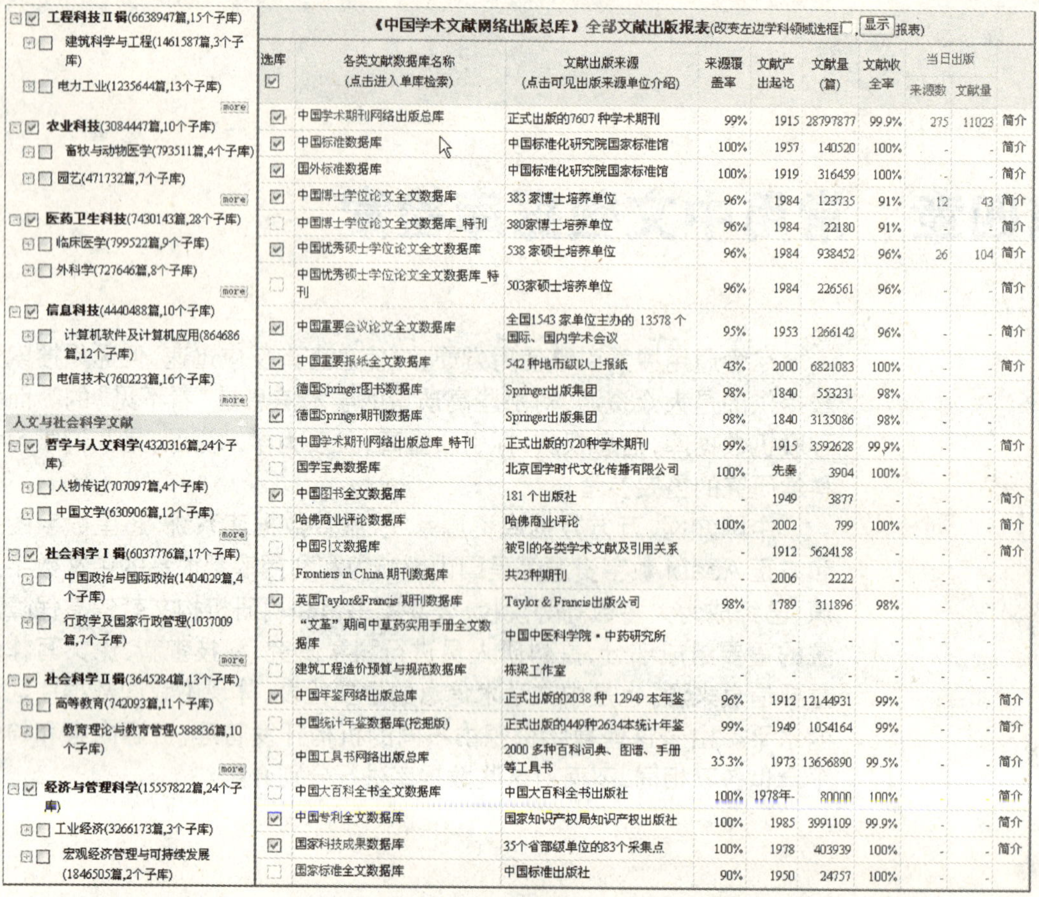

工程科技Ⅱ辑(6638947篇,15个子库)
建筑科学与工程(1461587篇,3个子库)
电力工业(1235644篇,13个子库)
more
农业科技(3084447篇,10个子库)
畜牧与动物医学(793511篇,4个子库)
园艺(471732篇,7个子库)
more
医药卫生科技(7430143篇,28个子库)
临床医学(799522篇,9个子库)
外科学(727646篇,8个子库)
more
信息科技(4440488篇,10个子库)
计算机软件及计算机应用(864686篇,12个子库)
电信技术(760223篇,16个子库)
more
人文与社会科学文献
哲学与人文科学(4320316篇,24个子库)
人物传记(707097篇,4个子库)
中国文学(630906篇,12个子库)
more
社会科学Ⅰ辑(6037776篇,17个子库)
中国政治与国际政治(1404029篇,4个子库)
行政学及国家行政管理(1037009篇,7个子库)
more
社会科学Ⅱ辑(3645284篇,13个子库)
高等教育(742093篇,11个子库)
教育理论与教育管理(588836篇,10个子库)
more
经济与管理科学(15557822篇,24个子库)
工业经济(3266173篇,3个子库)
宏观经济管理与可持续发展(1846505篇,2个子库)

《中国学术文献网络出版总库》全部文献出版报表(改变左边学科领域选框,显示报表)

选库	各类文献数据库名称(点击进入单库检索)	文献出版来源(点击可见出版来源单位介绍)	来源覆盖率	文献产出起讫	文献量(篇)	文献收全率	当日出版 来源数	当日出版 文献量	
	中国学术期刊网络出版总库	正式出版的7607种学术期刊	99%	1915	28797877	99.9%	275	11023	简介
	中国标准数据库	中国标准化研究院国家标准馆	100%	1957	140520	100%	-	-	简介
	国外标准数据库	中国标准化研究院国家标准馆	100%	1919	316459	100%	-	-	简介
	中国博士学位论文全文数据库	383家博士培养单位	96%	1984	123735	91%	12	43	简介
	中国博士学位论文全文数据库_特刊	380家博士培养单位	96%	1984	22180	91%	-	-	简介
	中国优秀硕士学位论文全文数据库	538家硕士培养单位	96%	1984	938452	96%	26	104	简介
	中国优秀硕士学位论文全文数据库_特刊	503家硕士培养单位	96%	1984	226561	96%	-	-	简介
	中国重要会议论文全文数据库	全国1543家单位主办的13578个国际、国内学术会议	95%	1953	1266142	96%	-	-	简介
	中国重要报纸全文数据库	542种地市级以上报纸	43%	2000	6821083	100%	-	-	简介
	德国Springer图书数据库	Springer出版集团	98%	1840	553231	98%	-	-	
	德国Springer期刊数据库	Springer出版集团	98%	1840	3135086	98%	-	-	
	中国学术期刊网络出版总库_特刊	正式出版的720种学术期刊	99%	1915	3592628	99.9%	-	-	简介
	国学宝典数据库	北京国学时代文化传播有限公司	100%	先秦	3904	100%	-	-	
	中国图书全文数据库	181个出版社	-	1949	3877	-	-	-	简介
	哈佛商业评论数据库	哈佛商业评论	100%	2002	799	100%	-	-	简介
	中国引文数据库	被引的各类学术文献及引用关系	-	1912	5624158	-	-	-	简介
	Frontiers in China 期刊数据库	共23种期刊	-	2006	2222	-	-	-	
	英国Taylor&Francis 期刊数据库	Taylor & Francis出版公司	98%	1789	311896	98%	-	-	
	"文革"期间中草药实用手册全文数据库	中国中医科学院·中药研究所	-	-	-	-	-	-	
	建筑工程造价预算与规范数据库	栋梁工作室	-	-	-	-	-	-	
	中国年鉴网络出版总库	正式出版的2038种 12949本年鉴	96%	1912	12144931	99%	-	-	简介
	中国统计年鉴数据库(挖掘版)	正式出版的449种2634本统计年鉴	99%	1949	1054164	99%	-	-	简介
	中国工具书网络出版总库	2000多种百科词典、图谱、手册等工具书	35.3%	1973	13656890	99.5%	-	-	简介
	中国大百科全书全文数据库	中国大百科全书出版社	100%	1978年-	80000	100%	-	-	简介
	中国专利全文数据库	国家知识产权局知识产权出版社	100%	1985	3991109	99.9%	-	-	简介
	国家科技成果数据库	35个省部级单位的83个采集点	100%	1978	403939	100%	-	-	简介
	国家标准全文数据库	中国标准出版社	90%	1950	24757	100%	-	-	

图 4-1-1　中国学术文献网络出版总库资源列表

二、数据库介绍

CNKI 数据库中的期刊、学位论文、报纸、会议文献、引文数据库都按学科分为自然科学与工程技术、人文与社会科学两大类十大专辑。自然科学与工程技术类包括基础科学(数理化天地生)、工程科技Ⅰ(化学化工能源与材料)、工程科技Ⅱ(工业技术)、农业科技、医药卫生科技、信息科技6个专辑，人文与社会科学类包括哲学与人文科学、社会科学Ⅰ(政治军事与法律)、社会科学Ⅱ(教育与社会科学综合)、经济与管理科学4个专辑，十大专辑又分为168个专题近3 600个子栏目。

(一) 中国学术期刊全文数据库

该库是目前世界上最大的连续动态更新的中国学术期刊全文数据库，收录国内7 651种重要学术类期刊，以学术、技术、政策指导、高等科普及教育类期刊为主，其中核心期刊、重要评价性数据库来源期刊近2 700种。收录期限自1994年(部分刊物回溯至1979年，部分刊物回溯至创刊)起，至2010年7月30日，累积学术期刊文献总量2 945多万篇。

(二) 中国博士学位论文全文数据库

该库收录1999年至今全国384家博士培养单位的博士学位论文，并部分收录1999年以前的论文。至 2010 年 7 月 30 日,累积博士学位论文全文文献 12.5 万多篇。

(三) 中国优秀硕士学位论文全文数据库

该库收录 1999 年至今全国 547 家硕士培养单位的优秀硕士学位论文,并部分收录 1999 年以前的论文。至 2010 年 7 月 30 日,累积硕士学位论文全文文献 98.4 万多篇。

(四) 中国重要会议论文全文数据库

该库收录 1999 年以来,中国科协及国家二级以上学会、协会、研究会、科研院所、政府举办的重要学术会议、高校重要学术会议、在国内召开的国际会议上发表的文献。至 2010 年 7 月 30 日,累积会议论文全文文献 132 万多篇。

(五) 中国重要报纸全文数据库

该库收录 2000 年以来国内公开发行的 543 种重要报纸刊载的学术性、资料性文献。至 2010 年 7 月 30 日,累积报纸全文文献 713 万多篇。

(六) 中国年鉴网络出版总库

该库是目前国内最大的连续更新的动态年鉴资源全文数据库。收录自 1912 年至今,中国国内的中央、地方、行业和企业等各类年鉴的全文文献,共 2 107 种、13 820 本、1 305 万篇。年鉴内容按行业分为十六大类,地方年鉴按照行政区划分为 34 个省级行政区域。内容覆盖基本国情、地理历史、政治军事外交、法律、经济、科学技术、教育、文化体育事业、医疗卫生、社会生活、人物、统计资料、文件标准与法律法规等各个领域。

(七) 中国引文数据库

该库收录了 CNKI 出版的所有源数据库产品的参考文献,并揭示各种类型文献之间的相互引证关系。源数据库包括:中国学术期刊全文数据库、中国博士学位论文全文数据库、中国优秀硕士学位论文全文数据库、中国重要会议论文全文数据库、中国重要报纸全文数据库、中国图书全文数据库、中国年鉴全文数据库等。该库不仅可以为科学研究提供新的交流模式,同时也可以作为一种有效的科学管理及评价工具。截至 2010 年 1 月,累积链接被引文献达 562 万余篇。

三、跨库检索

CNKI 提供跨库检索和单库检索两种模式。不论是跨库检索还是单库检索,都可先选择专辑,限定检索的学科范围;也可在所有专辑中检索,系统默认是在整个总库所有专辑中跨库检索。在 CNKI 主页,点击"进入总库检索",出现如图 4-1-2 所示页面。页面右上部列出跨库检索的各种检索方式:简单检索、标准检索、高级检索、专业检索、引文检索、学者检索、科研基金检索、句子检索、工具书及知识元搜索、文献出版来源检索。各种方式的检索可通过检索控制条件、检索项(检索途径)和检索词几部分来实现。系统提供的检索项、检索控制条件均可任选。

(一) 简单检索

提供类似搜索引擎的检索方式,用户只需输入要查找的关键词,点击"简单检索"就可查到相关的文献。如图 4-1-3 所示。

(二) 标准检索

页面如图 4-1-4 所示,在标准检索中,检索过程规范为三个步骤:

第一步 输入文献发表时间、文献支持基金、文献来源、文献作者等检索控制条件;

第二步 选择检索项(全文/题名/主题/关键词/中图分类号),输入检索词进行检索;

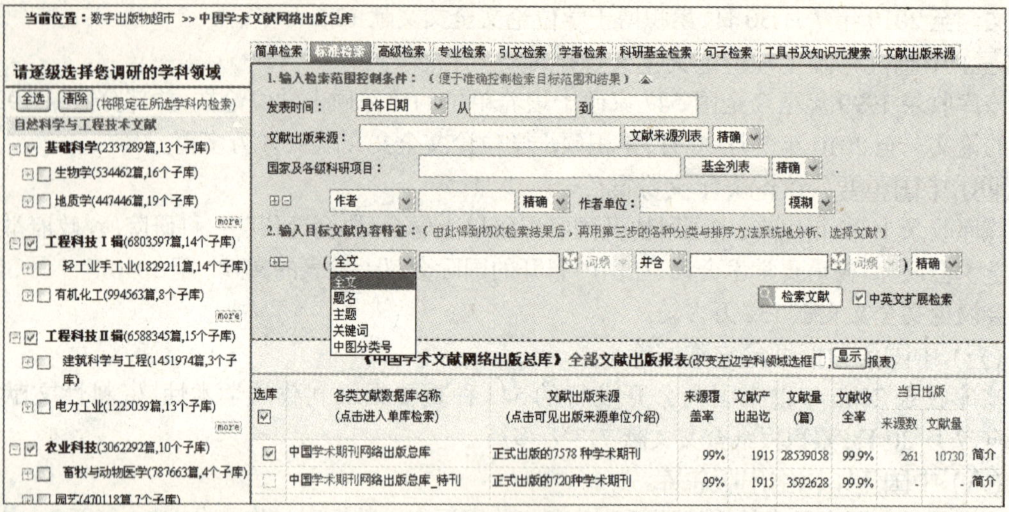

第四章 常用中文数据库检索

图 4-1-2　CNKI 跨库检索页面

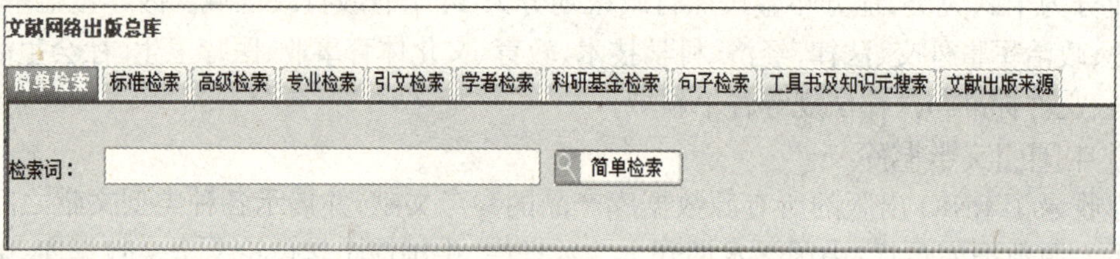

图 4-1-3　CNKI 跨库检索－简单检索页面

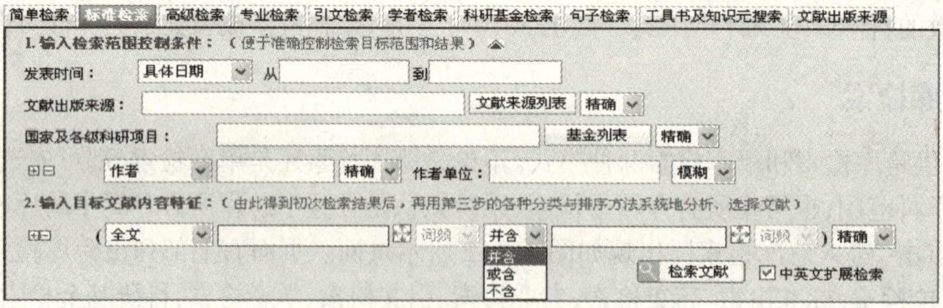

图 4-1-4　CNKI 跨库检索－标准检索页面

第三步　对检索结果进行分组分析和排序分析,反复筛选、修正检索式,得到最终结果。

若对结果仍不满意,可改变内容检索条件重新检索,或在检索历史面板中选择返回历史检索。

1. 检索范围控制条件

提供对检索范围的限定,便于准确控制检索的目标结果。可控制文献的以下条件:

(1) 文献发表时间

使用时,在发表时间后的下拉框中选择时间范围。

提示: 选择具体时间时,若起始时间不填写,系统默认为从文献收录最早时间为起始时间;若截止时间不填写,系统默认检索到当前日期的文献。

(2) 文献出版来源

在检索中可限定文献的来源范围,如文献的出版媒体、机构或提供单位等,可直接在检索框中输入出版媒体、机构的名称关键词,也可点击检索框后的"文献来源列表"按钮,选择文献来源输入检索框中。

(3) 文献支持基金

在检索中可限定文献的支持基金。可直接在检索框中输入基金名称的关键词,也可点击检索框后的"基金列表"按钮,选择支持基金输入检索框中。

(4) 文献作者和作者单位

可限定文献的作者和作者单位,排除不同机构学者同名的情况。

若要检索多个作者合著的文献,点击检索项前的"+"号,添加另一个限定的作者。

提示: 所有检索框在未输入关键词时默认为该检索项不进行限定,即如果所有检索框不填写时进行检索,将检出库中的全部文献。

2. 文献内容特征

选择基于文献内容特征的检索项(全文/题名/主题/关键词/中图分类号),填写文献内容特征检索词进行检索,步骤如下:

第一步 在下拉框中,选择一种文献内容特征,在其后的检索框中填入一个检索词。

第二步 若一个检索项需要两个检索词做控制,如"全文"中包含"计算机"和"发展"。可选择"并含"、"或含"或"不含"三者中的"并含",在第二个检索框中输入另一个检索词。

第三步 点击检索项前的"+"号,添加另一个文献内容特征检索项。

第四步 添加完所有检索项后,点击"检索文献"按钮,进行检索。

检索平台提供了扩展词推荐、精确/模糊匹配检索,帮助读者获得输入检索词的扩展信息、控制检索文献的精确度。

(1) 扩展词推荐

在检索框中输入一个关键词后,点击检索框后的扩展按钮 ▦,系统会推荐以该关键词为中心词的一组扩展词。例如,输入"信息素质教育"后,点击扩展按钮 ▦,弹出如图 4-1-5 所示页

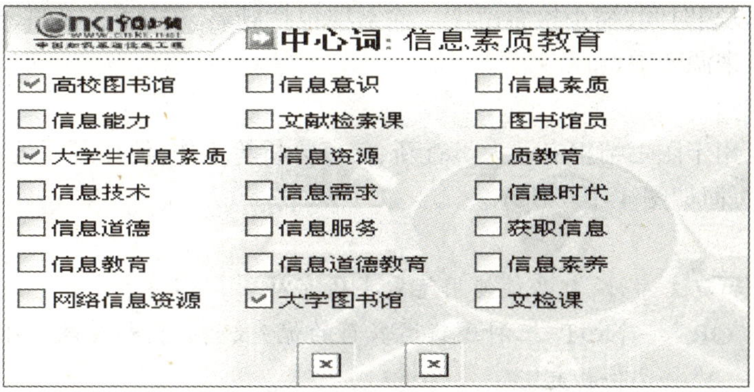

图 4-1-5 扩展词推荐页面

面,在其中选择自己感兴趣的词,点击确定,即可将其添加到检索框中。

提示:若选择一个相关词,则该相关词自动以"逻辑与"的关系增加到检索框中;若选择多个相关词,则多个相关词之间先"逻辑或",再与中心词"逻辑与"。

在 CNKI 检索系统中,用"*"表示"逻辑与","+"表示"逻辑或"

如上例中的表达式为:信息素质教育 *(高校图书馆 + 大学生信息素质 + 大学图书馆)。

(2) 精确/模糊匹配检索

检索项后的 精确⬇ 可控制该检索项关键词的匹配模式。

精确匹配:命中文献中包含与检索词完全一致的字符。

模糊匹配:命中文献中包含检索词的子值。

(3) 词频控制

对于全文、主题两种内容检索项,检索词输入框后的 词频⬇ 可控制该检索词在检索项中出现的次数。

(4) 中英文扩展检索

对于内容检索项,输入检索词后,可勾选"中英文扩展检索"功能,系统将自动使用该检索词对应的中文扩展词和英文扩展词进行检索,帮助用户查找更多更全的中英文文献。

(三) 高级检索

高级检索为用户提供灵活、方便地构造检索式的检索方式,页面如图 4-1-6 所示。

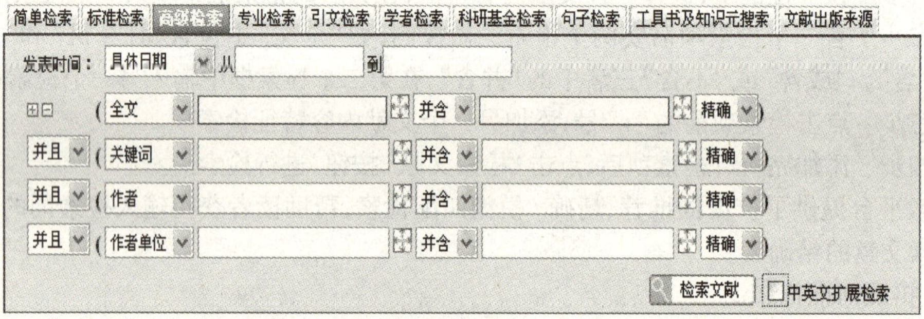

图 4-1-6　CNKI 跨库检索 – 高级检索页面

点击 ⊞ 可以增加检索条件行,并与上一行检索条件自由组配逻辑关系,最多可以增加 7 行。同时,可限定文献发表时间,缩小检索范围。检索项包括题名、关键词、主题、全文、作者、第一作者、作者单位、文献来源 8 项。

(四) 专业检索

专业检索主要用于图书情报专业人员查新、信息分析等工作,使用逻辑运算符和检索词构造检索式进行检索,页面如图 4-1-7 所示。

提示:

(1) 所有符号和英文字母,都必须使用英文半角字符。

(2) "AND"、"OR"、"NOT"三种逻辑运算符的优先级相同;如要改变组合的顺序,请使用英文半角圆括号"( )"将条件括起。

(3) 逻辑关系符号与(AND)、或(OR)、非(NOT)前后要空一个字节。

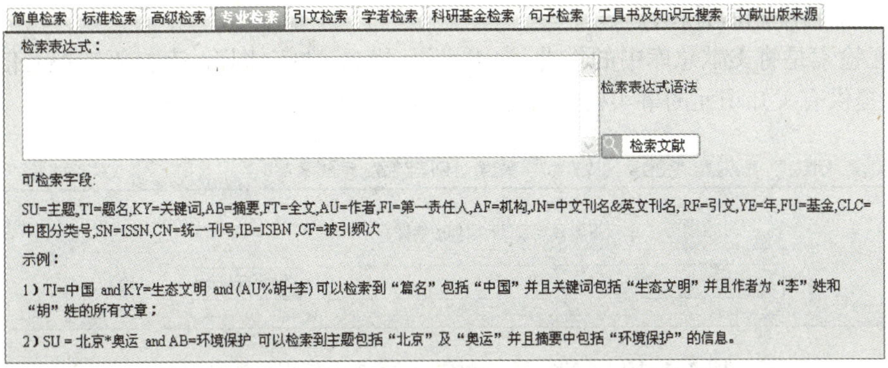

图 4-1-7　CNKI 跨库检索－专业检索页面

（4）限定"同句"、"同段"、"词频"时，需用一组西文单引号将多个检索词及其运算符括起，如：'流体＃力学'。

（五）引文检索

引文检索是以被引文献的特征信息和文献引用关系为出发点来检索文献。引文数据库中的所有文献都与其他文献具有引用或被引用的关系，引文检索就是通过这些关系来检索文献的。页面如图 4-1-8 所示。

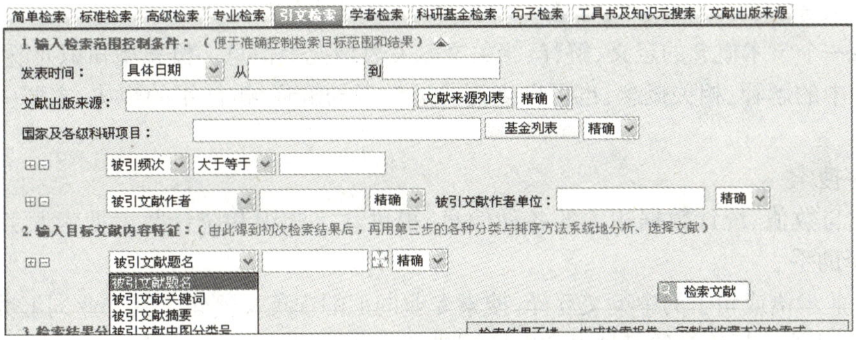

图 4-1-8　CNKI 跨库检索－引文检索页面

（六）句子检索

句子检索是通过用户输入的两个关键词，查找同时包含这两个词的句子。由于句子中包含了大量的事实信息，通过句子检索可以为用户提供有关事实的答案，页面如图 4-1-9 所示。

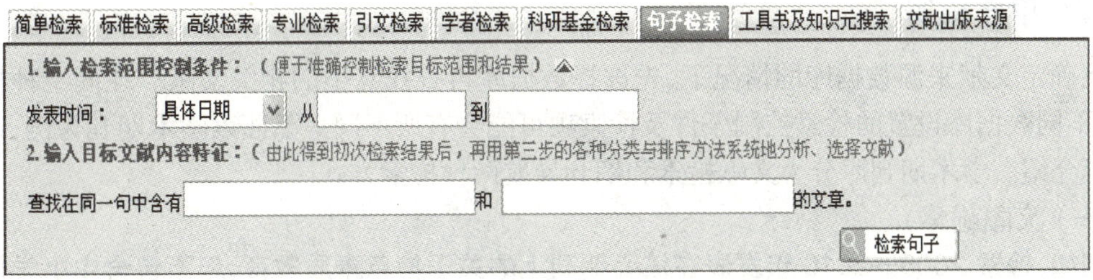

图 4-1-9　CNKI 跨库检索－句子检索页面

（七）工具书及知识元搜索

知识元检索是将文献总库中的作者、学术术语、概念、数字、图形、表格等知识元信息抽取出来，为用户提供有关知识元的事实检索，页面如图 4-1-10 所示。

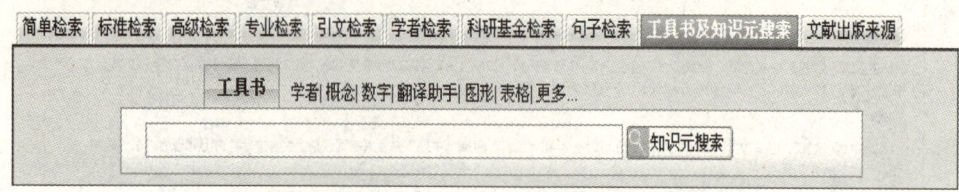

图 4-1-10　CNKI 跨库检索 - 工具书及知识元搜索页面

知识元检索主要提供了以下内容的检索：

1. 工具书检索

输入关键词，在工具书中查找解释。可查找各种专业辞典、百科全书、图谱、手册、中文词典、中外翻译词典等工具书。

2. 学者检索

根据学者姓名、单位、研究方向、发表文献的关键词、获资助国家科研基金等信息查找学者，以便用户跟踪和了解关注学者的发文和研究进展情况。

3. 概念搜索

查找某一个学术概念的定义、解释、相关文献发表情况等信息。概念型知识元既可以查询概念在工具书中的解释、相关概念，也可以查询最近学者的解释、被使用的规律、主要引用的文献 / 作者等。

4. 数字搜索

可查找与数值、统计数据相关的各种信息，提供数字知识和统计数据搜索服务。

5. 翻译助手

提供专业术语或句子的中英文互译，搜索专业词汇的中英文例句。其专业词汇数量巨大，而且动态更新，性能超越传统的工具书和电子词典。

6. 图形搜索

搜索学术文献中出现的图形。

7. 表格搜索

搜索学术文献中出现的表格。

四、单库检索

在确定文献来源数据库的情况下，先选择数据库再查找其中的相关文献。在同一种检索方式下，不同数据库设置的检索控制条件及检索项可能会有所不同。下面以学术期刊为例，通过例题进行介绍。学术期刊库分为文献检索和期刊导航两种检索方式。

（一）文献检索

例如，检索 2008—2010 年发表在核心期刊上的关于信息素质教育，但不包含中小学信息素质教育的论文。

第一步　在总库全部文献列表中选择文献来源数据库。如选择"中国学术期刊网络出版总库",进入该库单库检索页面,默认为"文献检索"的"标准检索"方式。

第二步　输入检索控制条件。在期刊年期范围中输入从"2008年到2010年",在来源类别下拉列表中选择"核心期刊"。

第三步　在输入内容检索条件中选择检索途径,输入检索词。选择"主题"途径,输入"信息素质教育",在逻辑运算下拉列表中选择"不包含",其后的检索框中输入"中小学",如图4-1-11所示。

第四步　点击"检索文献"按钮后,显示出所有命中文献的题录信息。再点击"学科类别",检索结果按学科进行了分组,默认显示的是排在首位的"图书情报与数字图书馆"学科下的命中文献,如图4-1-12所示。还可点击其他分组,浏览选择文献。

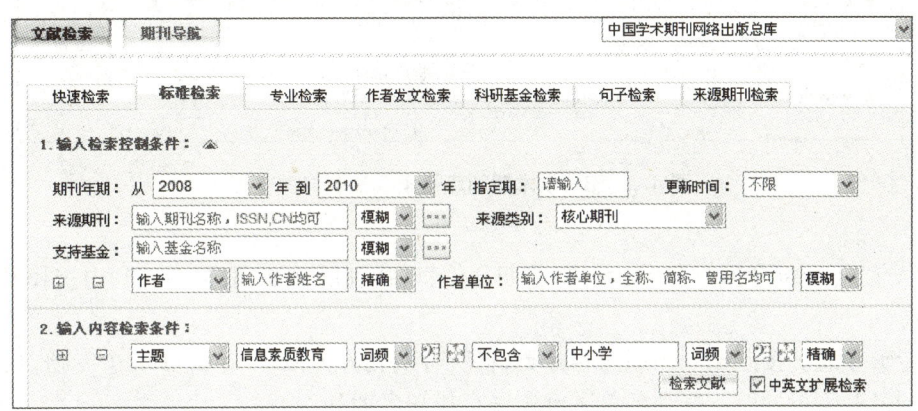

图4-1-11　学术期刊库－文献检索页面

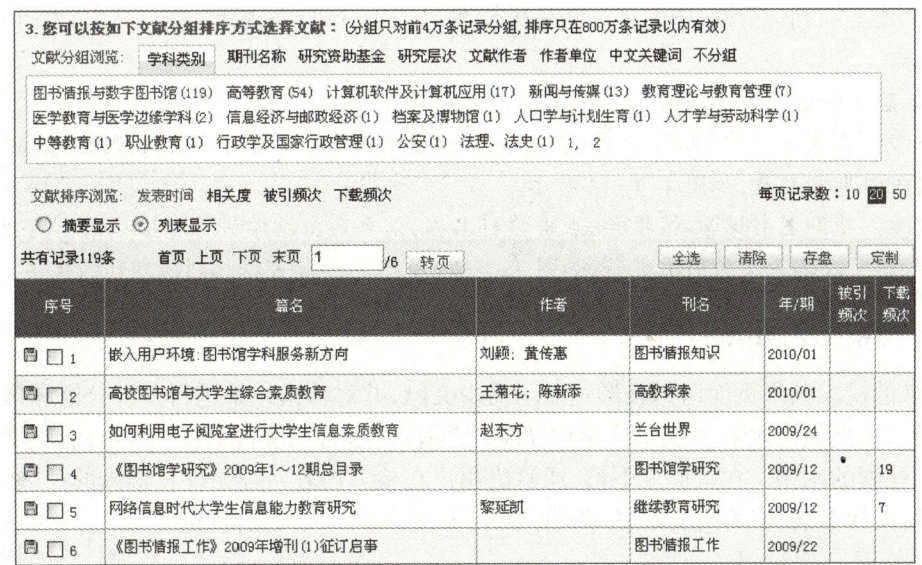

图4-1-12　学术期刊库－检索结果页面

(二) 期刊导航

在"中国学术期刊网络出版总库"检索页面,点击"期刊导航",出现期刊导航主页,如图4-1-13所示。

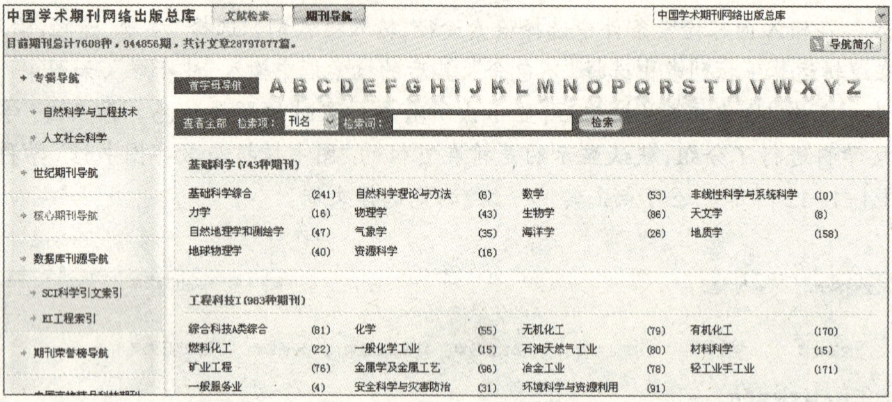

图 4-1-13　学术期刊库检索 – 期刊导航主页

期刊导航可让读者通过各种途径浏览期刊信息,找到所需期刊,再在该刊内查找所需论文。常用的有:

(1) 专辑导航。按照期刊知识内容分类,将所有期刊分为 10 个专辑,178 个专题。

(2) 刊名首字母导航。按刊名首字母顺序查找知名期刊。

(3) 核心期刊导航。按 2008 年版《中文核心期刊要目总览》核心期刊表分类,且只包括 2008 年版的核心期刊。

(4) 数据库刊源导航。按期刊被国内外有影响力的二次文献数据库收录情况分类。

此外,还有期刊荣誉榜、中国高校精品科技期刊、出版周期、出版地、主办单位、发行系统等辅助导航检索。

例如,想了解图书馆学、情报学的核心期刊有哪些?

第一步　在图 4-1-13 所示页面,点击左侧一栏中的"核心期刊导航",则分七编列出各个学科及其核心期刊数量,如图 4-1-14 所示。

第二步　找到图书馆学、情报学,点击学科名称,就会列出该学科所有核心期刊的刊名、主办单位、影响因子及其论文被引次数等,如图 4-1-15 所示。读者可据此判断期刊的优劣。

五、检索结果页

CNKI 的检索结果页面以列表形式显示命中文献,并对检索结果进行多种分组和排序;同时在检索结果页提供检索平台、专辑/学科导航,方便读者进行二次检索;还可以查看检索历史,返回到以前检索的结果。在页面左下部,还给出用户在检索内容特征条件栏输入的关键词在工具书中的解释、相似词、相关词及相关网址推荐等,方便读者扩大检索范围。

(一) 检索结果分组

检索结果分组类型包括学科类别、中文关键词、研究层次、文献作者、作者单位、文献出版来

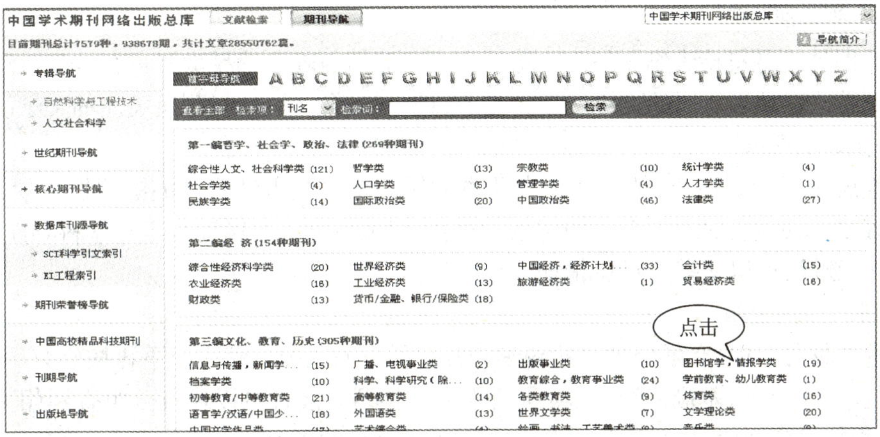

图 4-1-14　学术期刊库检索 – 核心期刊导航

检索项：刊名 检索词： 检索 全选 清除 定制 投稿

○ 图形方式 ⊙ 列表方式 ○ 详细方式 –辅助功能– 共 19 条记录，2 页 首页 上页 下页 末页 1 /2 转页

序号	期刊名称	主办单位	影响因子	被引次数
□ 1	大学图书馆学报	北京大学;教育部高等学校图书情报工作指导委员会	3.739	25859
□ 2	国家图书馆学刊	国家图书馆	1.678	5251
□ 3	情报科学	中国科学技术情报学会;吉林大学	1.112	27194
□ 4	情报理论与实践	中国国防科技信息学会;中国兵器工业第210研究所	1.500	16689
□ 5	情报学报	中国科学技术情报学会	2.416	19551
□ 6	情报杂志	陕西省科学技术信息研究所	0.951	26962
□ 7	情报资料工作	中国人民大学	1.169	12234

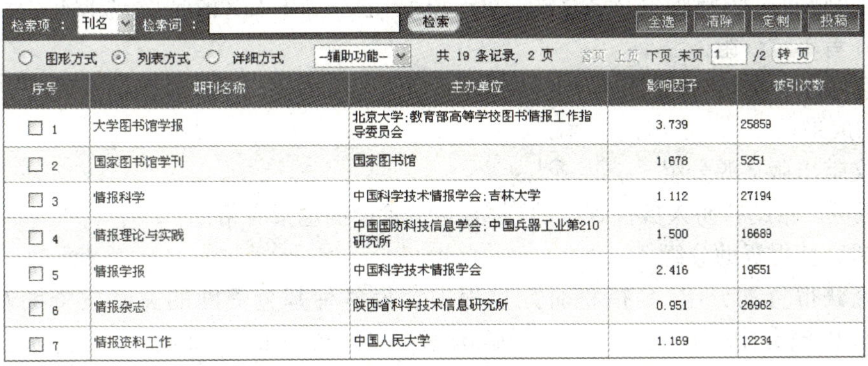

图 4-1-15　图书馆学、情报学核心期刊列表

源、研究获得资助、来源数据库、发表年度九类。点击检索结果列表上方的分组名称，页面左侧分组栏目按照该分组类型，展开分组具体内容，页面如图 4-1-16 所示。

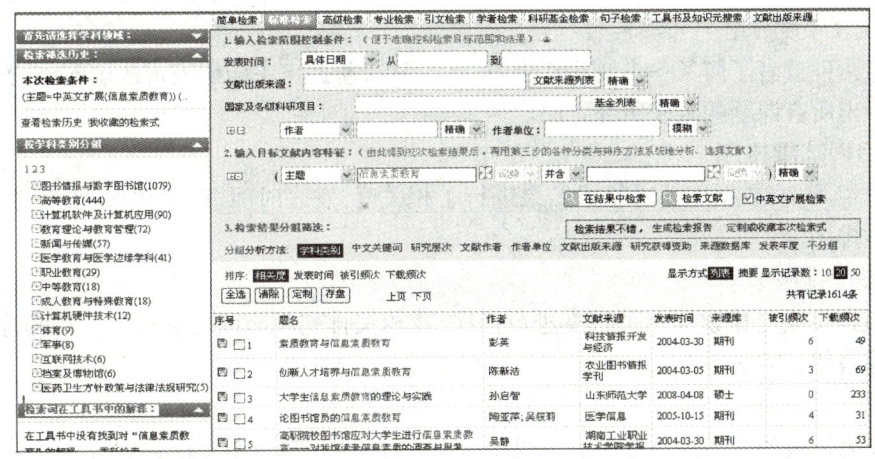

图 4-1-16　检索结果分组 – 学科类别

1. 按学科类别分组

学科类别分组是将检索结果按照 168 个专题下近 3 600 个学科类目进行分组。按学科类别分组可以查看检索结果所属的更细的学科专业,进一步进行筛选,找到所关注的文献。

2. 按中文关键词分组

该分组展示了知识系统,帮助学习者获得领域的全局知识结构。关键词将文献/知识进行聚类,把知识组织成簇,揭示了知识的背景,方便学习和研究。关键词分组比学科导航更细、更深入、更具有时效性,使得文献选择更精细、更准确。

3. 按研究层次分组

在学术文献总库中,文献分为自然科学和社会科学两大类。每一类下再按研究层次,分为工程技术、行业技术指导、基础研究、政策研究等多种类型。读者可以通过分组查到相关的国家政策研究、工程技术应用成果等,实现对整个学科领域全局的了解。

4. 按文献作者分组

该分组可帮助读者找到学术专家、学术榜样,跟踪某些学者的发文情况,发现未知的有潜力学者。

5. 按作者单位分组

该分组可帮助读者找到有价值的研究单位,全面了解研究成果在全国的全局分布,跟踪重要研究机构的成果。

6. 按文献出版来源分组

该分组可以帮助科研人员查到好的刊物,对学者投稿也很有帮助。

7. 按研究获得资助分组

按研究获得资助分组,是指将研究过程中获得各种基金资助的文献按资助基金进行分组。通过分析该分组情况,读者可以了解国家对某一领域的科研投入情况,研究人员可以对口申请课题,国家科研管理人员也可以对某个基金支持科研的效果进行定量分析、评价和跟踪。

8. 按来源数据库分组

该分组列出文献集合在不同类型资源中的分布情况。来源数据库指期刊、学位论文、会议论文、报纸、国家科技成果、专利、标准、年鉴等学术文献总库包含的所有数据库。

9. 按发表年度分组

该分组帮助读者了解某一主题每年度发文的多少,掌握该主题研究成果随时间变化的趋势,进一步分析出所查课题的未来研究走向。

(二) 检索结果排序

除了分组筛选,数据库还对检索结果进行了相关度、发表时间、被引频次、下载频次、浏览频次等评价性排序。

1. 相关度排序

根据检索结果与检索词相关程度进行排序,越相关排列越靠前。通过相关度排序可找到与用户检索词最相关的文献。

2. 发表时间排序

根据文献发表的时间先后排序。可以帮助读者评价文献的新旧,找到最新文献,找到库中最早出版的文献,实现学术跟踪,进行文献的系统调研。

3. 被引频次排序

根据文献被引用次数进行排序。按"被引频次"排序,可帮助读者选出被学术同行认可的好文献及好出版物。

4. 下载频次排序

根据文献被下载次数进行排序。下载次数最多的文献往往是传播最广、最受欢迎、价值较高的文献。

（三）其他功能

本系统还提供检索历史、检索词在工具书中的解释、当前检索词的相似词、当前检索词的相关词等辅助检索功能。

六、检索结果处理

（一）题录／文摘信息

在检索结果页面,可以选择一项或多项检索结果存盘。先在文献序号前的复选框中进行勾选,然后点击"存盘"按钮,就可将所有选中文献的题录／文摘信息一次性存盘。输出格式可根据需要自己设置,也可打印。

（二）全文信息

浏览下载全文前需先下载安装 CAJ 浏览器(支持中国知网的 CAJ、KDH 和 NH 格式文件)或 PDF 浏览器。只有正常登录的正式用户才可以下载保存和浏览文献全文。系统提供两种途径下载浏览全文：

（1）从检索结果页面(概览页),点击序号前的 ![icon]，下载浏览 CAJ 格式全文,如图 4-1-16 所示。

（2）从知网节(细览页),点击"CAJ 下载"或"PDF 下载",可分别下载浏览 CAJ 格式、PDF 格式全文,如图 4-1-17 所示。

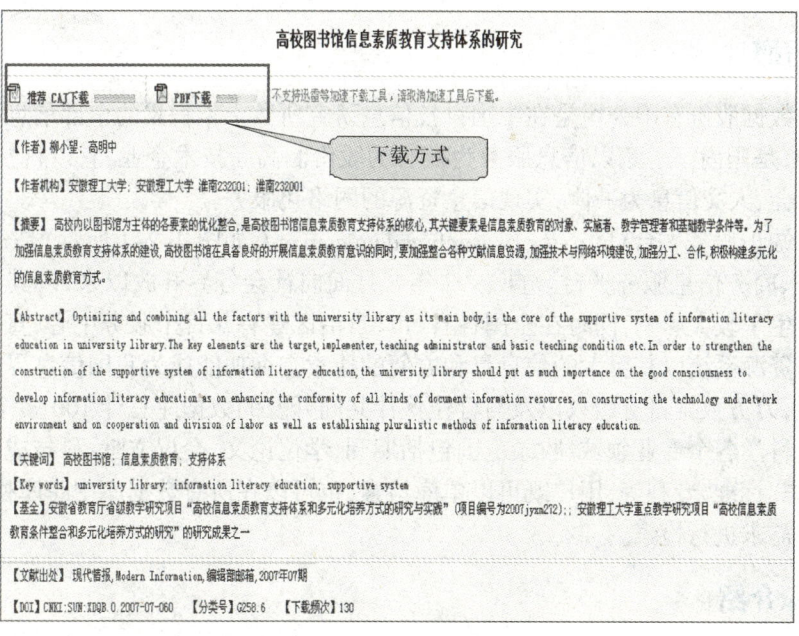

图 4-1-17　检索结果细览页－全文下载

第四章　常用中文数据库检索

在点击下载后,系统将出现一个提供"打开"或"保存"按钮的窗口。点击"保存",系统会引导用户在特定的路径下保存文献全文。阅读时,只需点击文件图标,打开文件,即可阅读全文。点击工具栏各种按钮,即可对文件内容进行文本选择、文字识别、图像选择、复制粘贴、添加书签、注释、打印等操作,如图4-1-18所示。

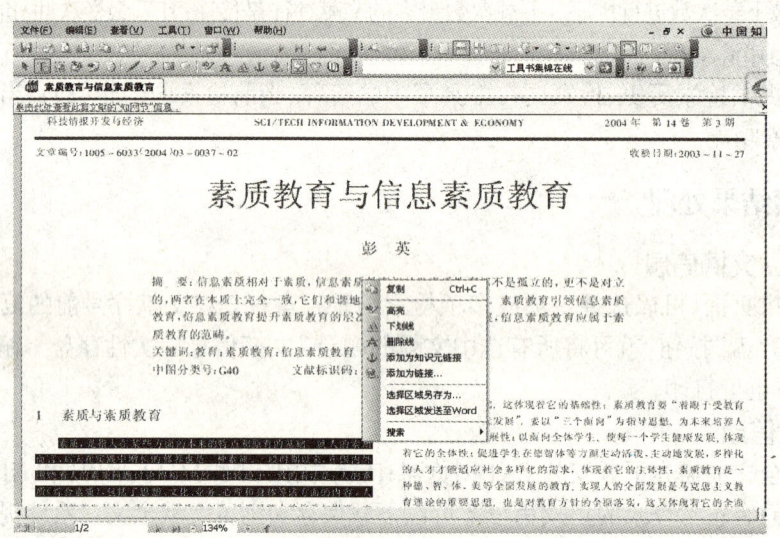

图 4-1-18　CAJ 格式全文阅读 – 文本选择页面

第二节　万方数据知识服务平台

一、万方概述

北京万方数据股份有限公司是在中国科技信息研究所数十年积累的全部信息服务资源基础上建立起来的,是国内第一家以信息服务为核心的股份制高新技术企业,它以科技信息为主,集经济、金融、社会、人文信息为一体,实现信息资源的网络化服务。

万方数据知识服务平台(http://www.wanfangdata.com.cn/,如图4-2-1所示)是建立在Internet上的大型科技、商务信息服务平台。自1997年8月面向社会各界开放以来,以其丰富的信息资源在国内外产生了较大影响,同时在全国各省、市、自治区建有几百个服务中心,直接用户达数万人。万方数据资源系统以其巨大的信息量和方便的检索查询功能成为我国信息界的知名品牌。

迄今为止,万方数据自有版权以及与合作伙伴共同开发的数据库总计100多个,内容涉及自然科学和社会科学各个专业领域,收录范围包括期刊、学位论文、会议文献、科技成果、政策法规、机构信息、方志、标准、专利等,用户既可以单库检索,也可以在所有数据库中跨库检索,同时还可以实现按行业需求进行检索。

二、资源介绍

万方数据资源基本包括了目前国内使用频率较高的科技、商贸、法律法规等数据库,内容涉

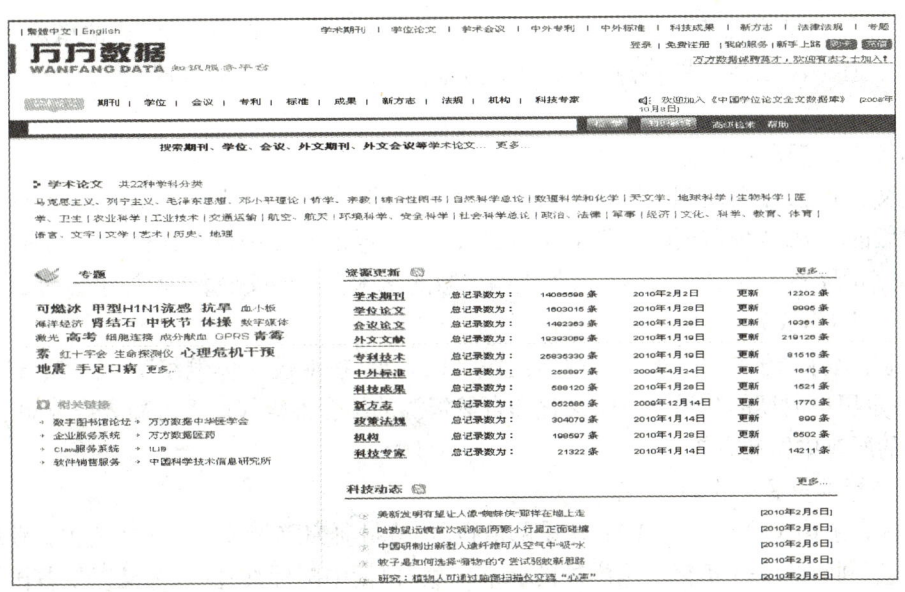

图 4-2-1 万方数据知识服务平台首页

及自然科学和社会科学各个领域。按资源类型,万方数据资源可以分为全文类信息资源、文摘题录类信息资源和事实型动态信息资源。数据库原文采用 PDF 文件格式,下载全文前需先下载安装 Adobe Reader 浏览器。

1. 学术期刊资源(全文)

学术期刊论文是万方数据资源的重要组成部分,该库收录自 1998 年以来国内出版的各类期刊 6 000 余种,核心期刊覆盖率达 98% 以上,基本包括了我国自然科学类统计源期刊和社会科学类核心期刊。至 2010 年 6 月,该库收录论文总计 1 494 万余篇。

2. 学位论文资源(全文/文稿)

该库是我国收录学位论文数量最多的数据库。收录自 1980 年以来我国各高等院校、研究生院及研究所近 800 家学位授予单位的硕士、博士以及博士后论文。其中"211"高校论文收录量占总量的 70% 以上。至 2010 年 4 月,该库收录论文总量达 164 万余篇,每年增加约 20 万篇。(注:中国科技信息研究所是我国法定学位论文收藏机构)

3. 会议论文资源(全文)

该库收录由中国科技信息研究所提供的、1985 年至今世界主要学会和协会主办的会议论文,以一级以上学会和协会主办的高质量会议论文为主,范围涵盖自然科学、工程技术、农林、医学等多个领域。每年涉及近 3 000 个重要的学术会议,至 2010 年 6 月,该库收录论文总量达 159 万余篇,每年增加约 18 万篇。

4. 专利技术资源(全文)

该库收录自 1985 年至今受理的国内外的发明、实用新型及外观设计专利 290 多万项,内容涉及自然科学各学科领域。

5. 政策法规资源(全文)

该库收录自新中国成立以来全国各种政策法规 32 万余条,主要由国家信息中心提供。内容不但包括国家法律法规、行政法规、地方法规,还包括国际条约及惯例、司法解释、案例分析等。该库不但关注社会发展热点,更具实用价值,被认为是国内最权威、全面、实用的法律法规数据库。

6. 外文文献资源(全文)

外文文献包括外文期刊论文和外文会议论文两部分。外文期刊论文收录 1995 年以来世界各国出版的 12 634 种重要学术期刊中的论文,每年增加论文约百万余篇;外文会议论文收录 1985 年以来世界各主要学会、协会、出版机构出版的学术会议论文,每年增加论文约 20 万篇。

7. 新方志(全文)

地方志,也称"方志",是由地方政府组织专门人员,按照统一体例编写,综合记载一定行政区域内,一定历史时期的政治、经济、文化和自然资源的综合性著作。万方新方志收集了 1949 年以后出版的所有中国地方志。

8. 中外标准资源(文摘)

该库综合了由国家技术监督局、建设部情报所、建材研究院等单位提供的相关行业的各类标准文摘信息。收录 1983 年至今国内外的标准信息,包括中国标准、国际标准以及各国标准等近 26 万条(至 2009 年 4 月)。

9. 科技成果资源(文摘)

该库收录国内自 1980 年至今的科技成果及国家级科技计划项目。内容涉及自然科学各学科领域,包括化工、生物、医药、机械、电子、农林、能源、轻纺、建筑、交通等十几个专业领域。每月更新,截至 2009 年底,总计 58 万余项,成为我国最具权威的技术成果库,是科技部指定的新技术、新成果查新数据库。

10. 机构信息(事实)

该库收录国内外企业机构、科研机构、教育机构、信息机构各类信息。内容包括机构名称、负责人姓名、联系方式等各种基本信息。

11. 科技专家(事实)

该库收录了 7 000 余条国内自然科学技术领域的专家名人信息,介绍了各专家的基本信息、受教育情况及其在相关领域内的研究内容和取得的进展。该库有助于用户掌握相关研究领域的前沿信息。

三、检索方法

万方数据知识服务平台为用户提供了跨库检索和单库检索两种检索平台。两种平台都提供分类导航检索、简单检索和高级检索三种检索方式,简单检索与分类导航检索都在同一页面。

1. 跨库检索

可实现学术期刊、学位论文、会议论文、外文期刊、外文会议论文、OA 论文六个数据库中学术论文的跨库检索,默认跨库检索包括以上六个数据库。其他数据库只能单库检索。

(1) 简单检索。在默认的六个数据库中检索。虽然只给一个检索框,也可实现多个检索项的逻辑组配检索。检索时,在图 4-2-1 所示页面的输入框中直接输入检索词即可检索;若要进行多检索项的逻辑组配检索,还需在检索词前限定检索项。

例如,检索兰州大学的沙勇忠发表的所有学术论文。

在检索框中输入"单位:兰州大学 作者:沙勇忠",检索后出现图 4-2-2 所示检索结果页面。

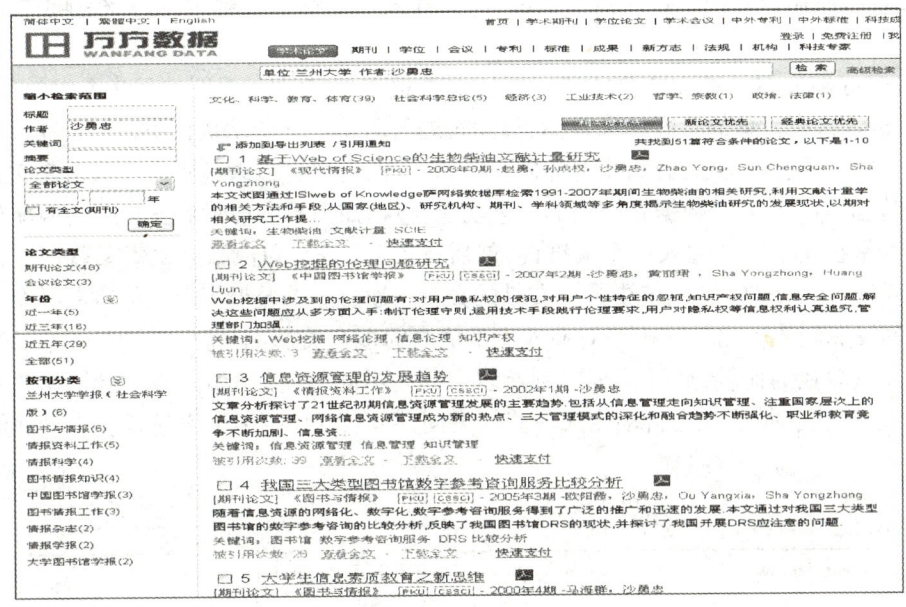

图 4-2-2 检索结果页面

在检索结果页面不但列出命中文献、提供了二次检索窗口,而且对命中文献进行了各种分组。页面左上部是二次检索窗口,左下部是检索结果的文献类型、发表年份等分组及数量,页面中间上部提供了检索结果的学科分类及数量,中间下部给出命中文献总数并逐一列出命中文献。用户可通过二次检索或对各种分组结果的选择缩小检索范围。

(2) 高级检索。在图 4-2-1 所示页面点击"高级检索",进入高级检索页面,如图 4-2-3 所示;

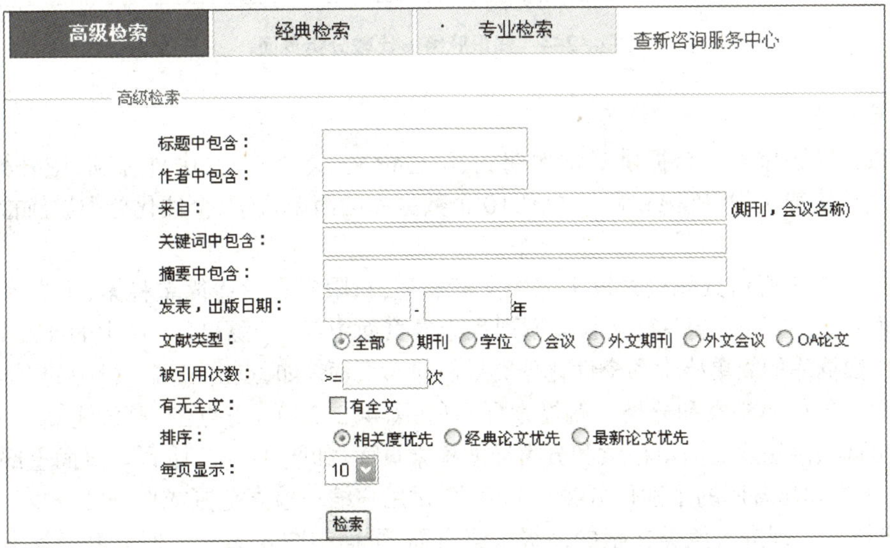

图 4-2-3 跨库检索-高级检索页面

高级检索能实现多个检索项的逻辑组配检索,可在默认数据库中选择目标数据库,可设置结果输出排序方式等,使用很方便。在此页面点击"经典检索"、"专业检索"可进入经典检索和专业检索页面。

（3）分类导航检索。在图4-2-1所示页面检索框下,列出了《中图法》22个大类,点击类目名称,即可进入该类文献的检索结果页面,页面布局与图4-2-2所示页面类似。可通过层层点击类目名称查找所需学科文献信息;也可先限定学科范围,再通过二次检索来获取所需文献信息。

（4）知识脉络。是万方数据新增加的检索功能,包括知识脉络检索和比较分析两项功能。知识脉络检索是在文本框内输入一个关键词,然后点击后面的"知识脉络检索",就可以检索到该词每个年度(1998—2009)在系统中命中文献的数量。通过这个数量可以大体判断某个研究内容在数量上的发展趋势。比较分析是对输入文本框内的多个关键词,每个年度(1998—2009)在系统中命中文献数量的比较,通过比较可判断多个词在不同时间点上的研究数量(如图4-2-4所示)。进行比较分析时,系统会自动生成一些相关词,用户选择这些词,系统就会自动将结果可视化展示。

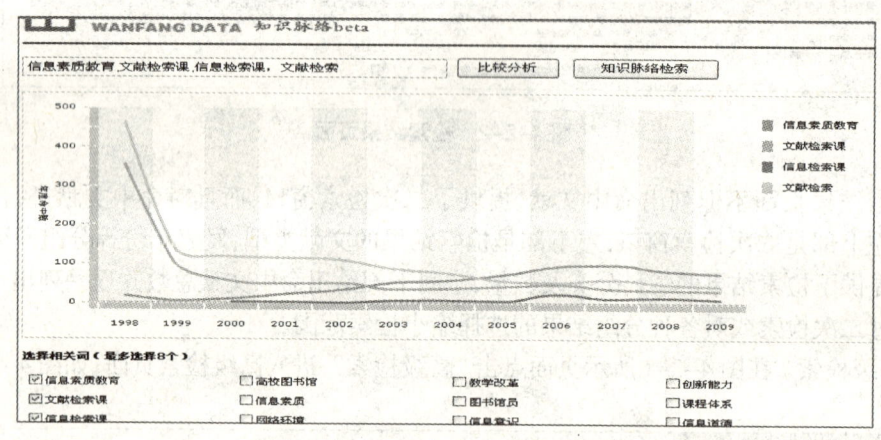

图4-2-4　知识脉络－比较分析页面

2. 单库检索

万方数据知识服务平台提供对学术期刊、学位论文、会议论文、中外专利、中外标准、科技成果、新方志、法律法规、机构和科技专家10个数据库的简单检索、个性化分类导航检索和高级检索。

点击图4-2-1所示页面检索框上方的文献类型,只限定在该库简单检索,不进入个性化分类导航页面;点击页面顶端一行文献类型列表中或页面中部"资源更新"栏中的文献类型名称,则进入选中数据库的简单检索和个性化分类导航检索页面。如,点击顶端一行中的"学位论文",出现学位论文的简单检索和分类导航检索页面(如图4-2-5所示);点击"资源更新"栏中的"法律法规",出现法律法规的简单检索和分类导航检索页面(如图4-2-6所示)。页面上部是简单检索搜索框;下方列出各库的个性化分类导航目录,供用户缩小检索范围或按分类查找。点击该页面的"高级检索",则进入该类文献的高级检索页面,页面与图4-2-3类似。由于各类型文献的特征不同,单库分类检索的分类标准各不相同,高级检索的检索项自然也不同。

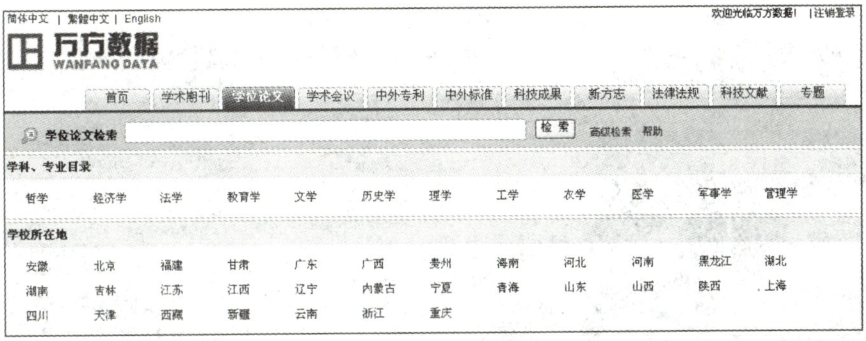

图 4-2-5　单库检索 – 学位论文简单检索、分类导航检索页面

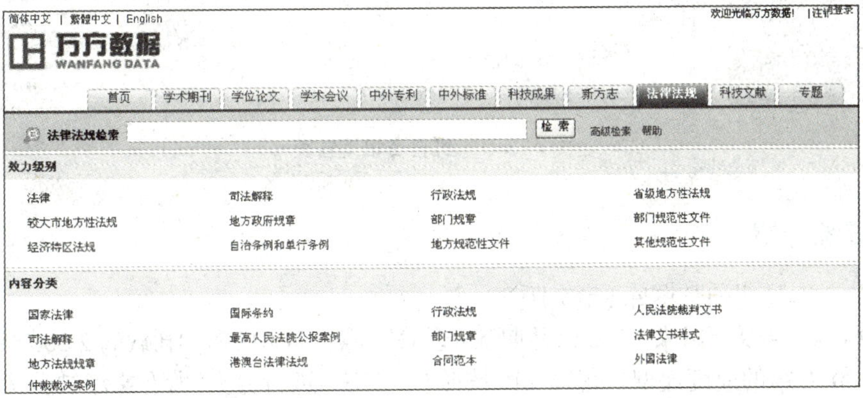

图 4-2-6　单库检索 – 法律法规简单检索、分类导航检索页面

第三节　维普信息资源系统

一、维普概述

维普信息资源系统是科技部西南信息中心下属的重庆维普资讯有限公司(前身为中国科技情报所重庆分所数据库研究中心)的产品,主要包括中文科技期刊数据库、中国科技经济新闻数据库、外文科技期刊数据库和维普医药信息资源系统等,它收录中文期刊 8 000 余种,外文期刊 11 300 余种,中文报纸 420 余种。其主导产品中文科技期刊数据库是我国最大的数字期刊数据库,受到国内图书情报界的广泛关注和普遍赞誉,是我国数字图书馆建设的核心资源之一,是高校图书馆文献保障系统的重要组成部分,也是科研工作者进行科学研究和科技查新的必备数据库。

重庆维普资讯有限公司营运网站——维普资讯网(http://www.cqvip.com/,如图 4-3-1 所示)于 2000 年建立,现已成为全球著名的中文信息服务网站。2005 年,维普资讯网成为 Google 学术网站最大的中文内容提供商。目前,其注册用户数超过 300 万,累计为读者提供超过 5 亿篇次的文章阅读服务。

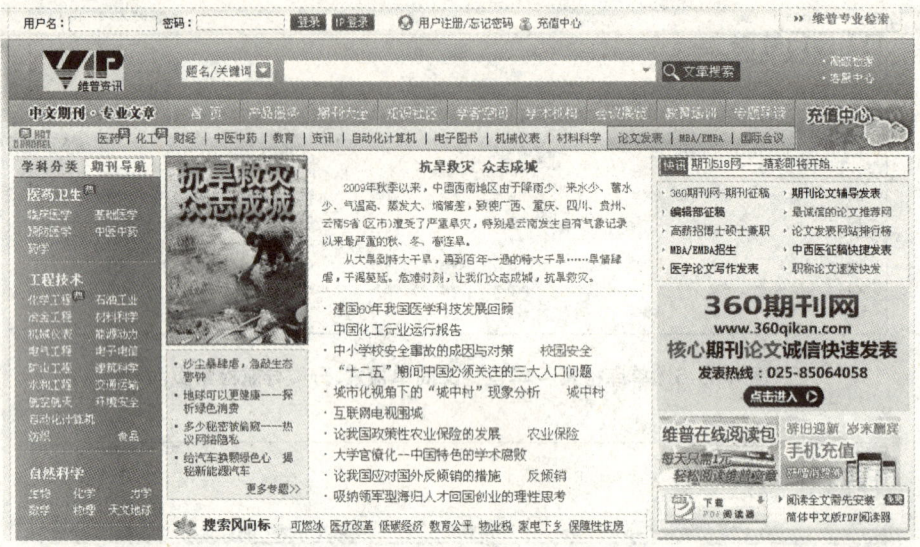

图 4-3-1　维普资讯网首页

二、资源介绍

(一) 中文科技期刊数据库(全文版)

该库收录自 1989 年以来 8 000 余种期刊(包括核心期刊 1 810 种)刊载的 2 000 余万篇文献,并以每年 100 万篇的速度递增。每篇文献按照《中图法》进行分类,所有文献被分为社会科学、自然科学、工程技术、农业科学、医药卫生、经济管理、教育科学和图书情报 8 个专辑 28 个专题。该库是中国科学院唯一使用的中文期刊全文数据库,也是科技查新领域使用最频繁的中文期刊全文数据库。

(二) 中文科技期刊数据库(引文版)

该库可查询论著引用与被引情况、机构发文量、国家重点实验室和部门开放实验室发文量、科技期刊被引情况等,是进行科技文献检索、文献计量研究和科学活动定量分析评价的有力工具。该库以中文科技期刊数据库全文版为依托,收录 1989 年以来公开出版的 5 000 余种重要期刊(含核心期刊),源文献总量 482 万余篇,参考文献 1 830 万余篇。

(三) 外文科技期刊数据库(文摘版)

该库收录 1992 年以来世界 30 余个国家 11 300 余种期刊的 800 余万条外文期刊文摘题录信息,每年新增 100 余万条。该库按学科范围分为自然科学、工程技术、农业科学、医药卫生、经济管理、教育科学和图书情报 7 个专辑 24 个专题,对题录字段中刊名和关键词进行汉化,方便检索者利用外文文献资源。维普公司还联合国内 20 余家图书情报机构提供方便快捷的原文传递服务。

(四) 中国科技经济新闻数据库(全文版)

该库是国内第一个电子全文剪报产品。收录 1992 年至今国内 420 多种重要报纸的 305 万余条新闻资讯,包括了各行各业的新产品、新技术、新动态和新法规的资讯报道。每年新增 15 万条,分为科研、工业 A、工业 B、工业 C、农业、医药、商业、经济、教育 9 个专辑 23 个专题。

(五) 维普考试资源系统

维普考试资源系统(简称 VERS)是维普资讯专门研发的集日常学习、考前练习、在线考试、模拟测试等功能于一体的大型教育资源数据库。系统将传统的考试、练习模式与先进的网络应用相结合,可使学生完全根据个性化需要进行有针对性的学习和考前练习。VERS 的考试题库资源涵盖了英语、计算机、公务员、司法、经济、考研、工程、资格、医学等九大领域 200 多个细分考试科目的试卷 2 万余套,并按月更新增加最新试卷。

三、检索方法

点击维普资讯网主页右上角"维普专业检索",进入维普专业检索首页,如图 4-3-2 所示,页面上列出检索中文期刊专业文章的四种方式:快速检索、传统检索、高级检索和期刊导航。

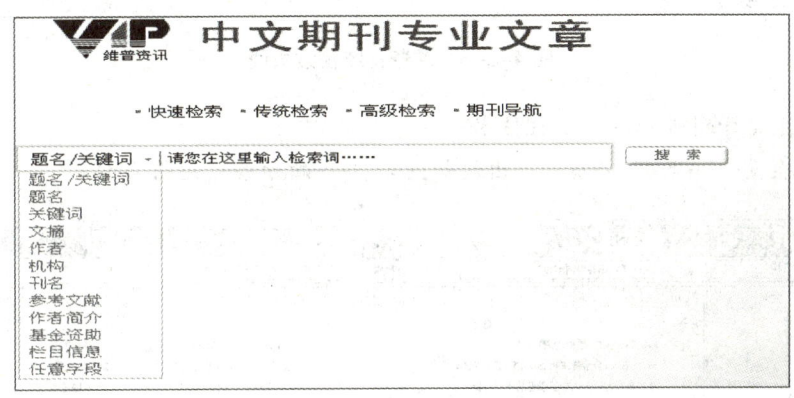

图 4-3-2　维普专业检索首页

(一) 快速检索

快速检索是该库的默认检索方式。快速检索提供了 12 种检索入口字段:题名/关键词、题名、关键词、文摘、作者、机构、刊名、参考文献、作者简介、基金资助、栏目信息、任意字段,默认为"题名/关键词"检索字段。选定某一检索字段后,可在检索输入框中输入检索词,单击"搜索"按钮,即可进行相应的检索。其中,"任意字段"检索指在所有字段内检索。系统默认为"模糊"匹配方式。

(二) 传统检索

在检索方式选择区点击"传统检索"进入传统检索页面,如图 4-3-3 所示。通过传统检索方式检索时,可根据左侧导航区中的专辑导航或分类导航,限制要查找的学科范围,也可对同义词、同名作者、检索年限和期刊范围等进行选择限定,以缩小检索范围,快速命中文献。

例如,检索 2007—2008 年兰州工业高等专科学校教师发表在核心期刊上的工程技术方面的论文。

检索步骤如下:

第一步　选择期刊范围——核心期刊;

第二步　限定检索年限——2007—2008;

第三步　选择检索途径——机构;

第四步　输入检索词——兰州工业高等专科学校;

第四章 常用中文数据库检索

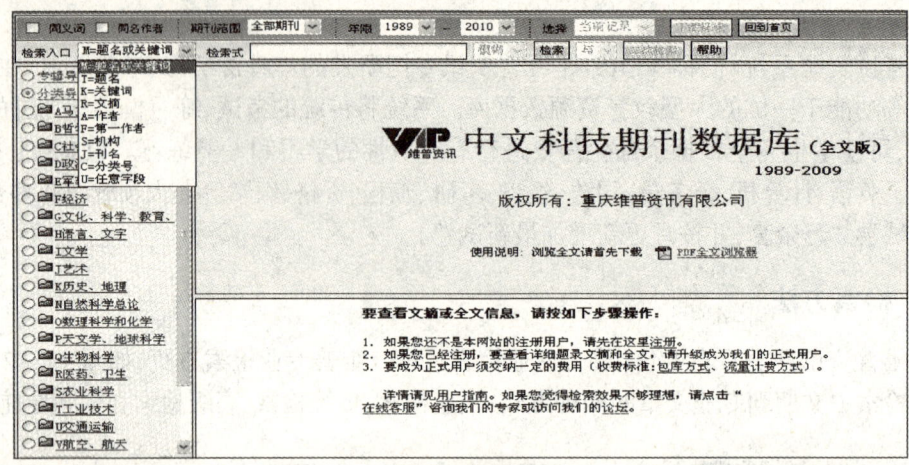

图 4-3-3 维普传统检索页面

第五步 限定学科专辑——工程技术；
第六步 检索——点击"检索"。出现如图 4-3-4 所示检索结果页面。

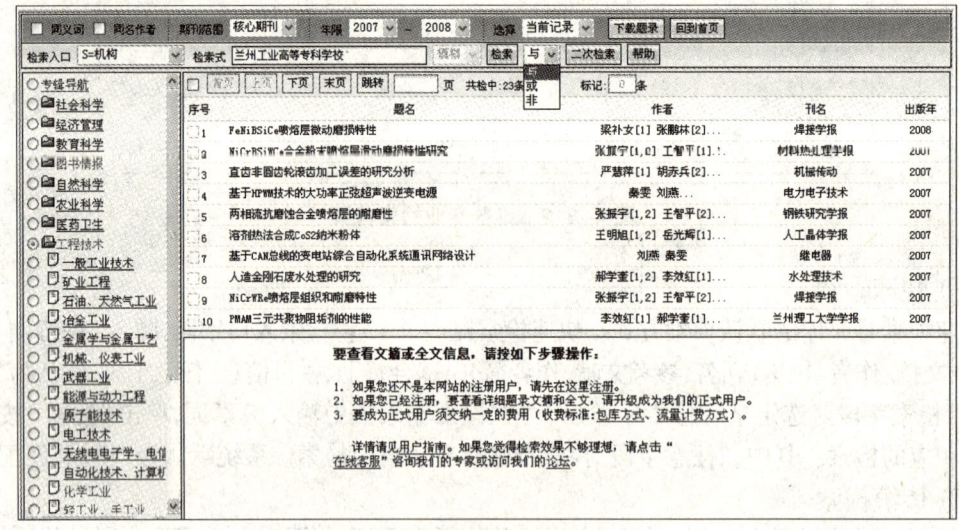

图 4-3-4 维普传统检索结果页面

在初次检索的检索结果中,可运用逻辑与、或、非进行二次检索,以得到理想的检索结果。

(三) 高级检索

高级检索不但可以设置多个检索限制条件,而且可以同时检索多个字段,使检索变得更准确快捷。在维普专业检索主页面上单击"高级检索",打开"高级检索"页面,如图 4-3-5 所示。高级检索提供向导式检索和直接输入检索式检索两种方式供读者选择。

1. 向导式检索

向导式检索为读者提供分栏式检索词输入方法。除了可选择逻辑运算、检索项、匹配模式外,还可以通过"查看同义词"、"同名/合著作者"、"查看分类表"、"查看相关机构"、"期刊

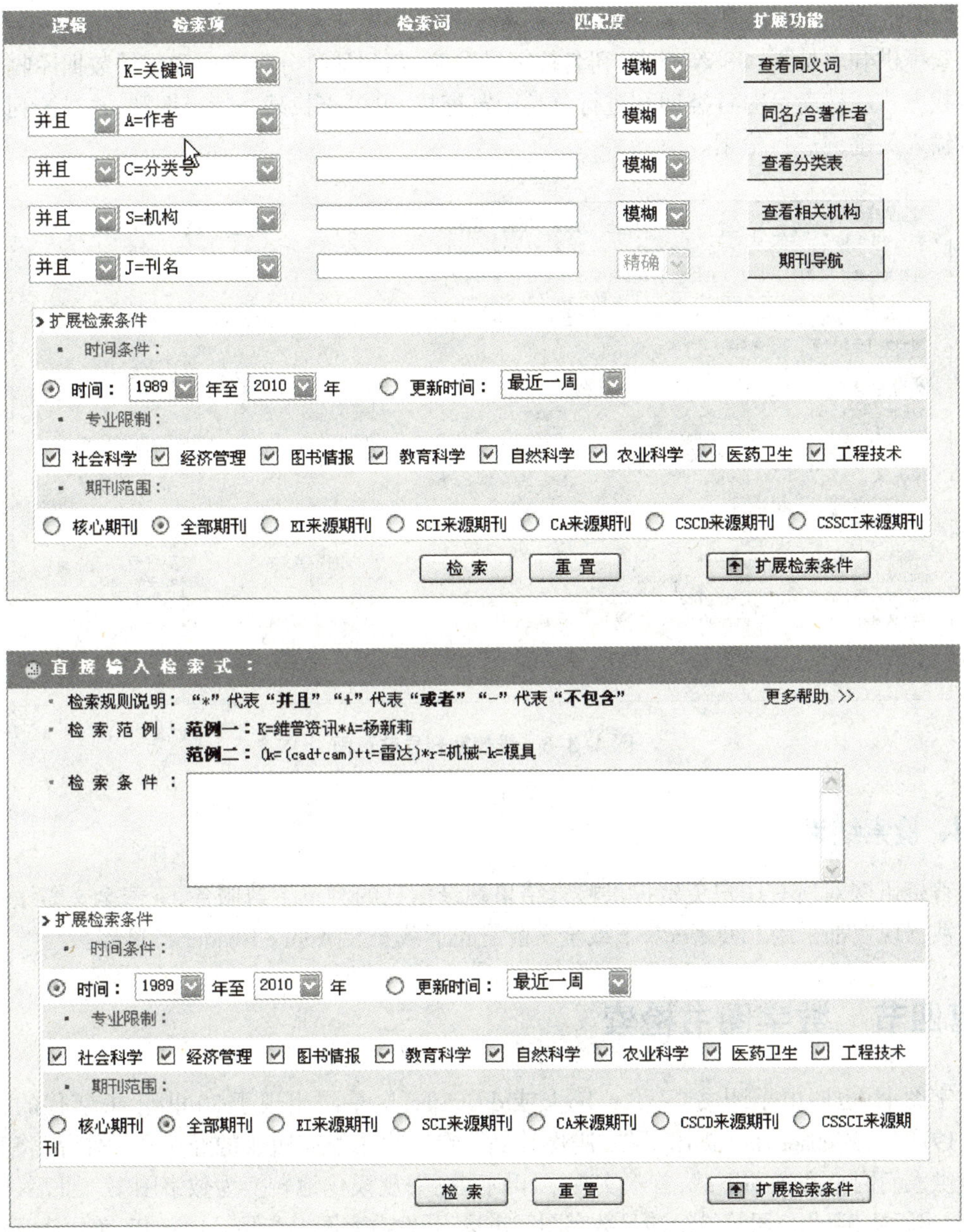

图 4-3-5　维普高级检索页面

导航"等扩展功能,或者通过"扩展检索条件"来限定检索文献的范围,最大限度地提高检准率。

2. 直接输入检索式检索

直接输入检索式检索是在高级检索页面下方的"检索条件"输入框中,直接利用逻辑运算符构造符合检索要求的检索式并输入来实施检索的一种方式。

(四) 期刊导航

在维普专业检索首页选择"期刊导航"或在维普资讯网首页点击"期刊大全",都可进入"期

第四章 常用中文数据库检索

刊大全"页面,点击"期刊搜索"按钮后的"查看全部期刊",进入整刊检索页面,如图4-3-6所示。整刊检索提供刊名检索、ISSN检索、刊名首字母导航、期刊学科分类导航和国外数据库收录导航多种查找方式。读者可对各类期刊进行分类浏览查找,也可查找某一特定期刊,并在该刊内按期浏览或输入关键词进行检索。

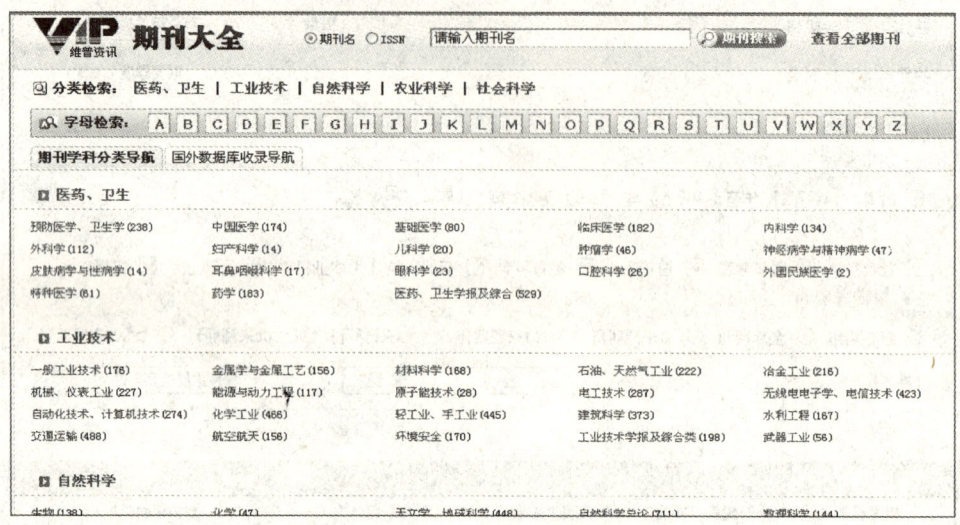

图4-3-6 维普期刊导航页面

四、检索结果

维普资讯网对所有用户免费提供检索结果题录信息的浏览下载服务,下载全文需缴费。它的全文数据现在都采用 PDF 格式,下载全文前需先下载安装 Adobe Reader 浏览器。

第四节 数字图书检索

数字图书,也叫电子图书,又称 e-book 或 digital book,最早出现于 20 世纪 40 年代的科幻小说中。1971 年,Michael Hart 提出了"古腾堡计划",专门收录没有版权的经典文学作品,将其输入计算机供人们网上阅读和下载,首次实现了印刷型图书规模化地转换为数字图书。此后,国内外 IT 公司、出版社、商业公司等纷纷涉足数字图书市场,开发数字图书产品。1998 年,美国诺瓦梅地亚(NuvoMedia)公司推出了手持式阅读器"火箭书"(RocketBook),标志着数字图书进入了高速发展阶段。

一、数字图书概述

数字图书是以数字形式制作、出版、存取和使用的图书,一般以磁性或电子载体为存储对象,并借助一定的阅读软件和设备读取。数字图书是数字出版物中最常见的文献类型。

(一)数字图书分类

1. 按载体形式划分

按载体形式,可分为:

(1) 光盘版数字图书。主要指存储在 CD-ROM 上的图书,只能在计算机上单机阅读。

(2) 网络版数字图书。指通过网络发布和访问阅读的图书,主要包括免费的网络数字图书以及数据库公司推出的数字图书系统。

(3) 便携式数字图书。特指一种存储了数字图书内容的电子阅读器(手持阅读器)。一个电子阅读器中可存放若干图书内容,并且图书内容可不断更新。电子阅读器携带方便,容量大,支持格式多,目前国内较有代表性的是汉王科技股份有限公司开发的汉王电纸书。

2. 按文件存储格式划分

按文件存储格式,可分为:

(1) 图像格式。所谓图像格式的数字图书就是把已有的传统纸质图书扫描到计算机上,以图像格式存储。这种数字图书内容比较准确,但检索手段不强,显示速度比较慢,文字识别效果不太理想。国内的中文数字图书库多是以图像格式制作和存储的。

(2) 文本/超文本格式。基于文本的数字图书,通常是将书的内容作为文本,并有相应的应用程序。应用程序会提供华丽的页面、基于内容或主题的检索方式、方便的跳转、书签功能、语言信息、在线辞典等。如电子词典、网上免费的数字图书等。

(二) 阅读器

也叫浏览器。由于数字图书的存储格式不同,阅读不同格式的图书就需借助不同的阅读器,如阅读超星、书生和方正公司的数字图书就需使用各自的专用阅读器。也有通用的电子书格式,如 PDF 格式,可利用 Adobe Reader 阅读器阅读。阅读器能提供对数字图书的多种阅读处理功能,通常包括在书上作批注、画线、插入书签,对书籍文档管理,与阅读同一作品的读者进行在线交流等功能,能创造出类似纸本,但更交互、实时的阅读环境。

进入 21 世纪,伴随着国外数字图书市场的发展,国内数字图书市场也日趋活跃。目前,国内提供数字图书服务的网络站点有数百个,比较著名的有超星数字图书馆、方正 Apabi 数字资源平台和书生之家数字图书馆,它们因收藏丰富、技术成熟且功能完善而闻名。

二、超星数字图书馆

(一) 超星数字图书馆概述

超星数字图书馆由北京时代超星信息技术发展有限公司研究开发,是国家"863"计划中国数字图书馆示范工程,2000 年 1 月正式开通,是目前世界上最大的中文在线数字图书馆。

超星数字图书馆资源内容丰富,范围广泛,收录了社会科学和自然科学各个门类的中文图书 200 余万种,并且拥有新书精品库、独家专业图书资源等。超星公司采用图书资料数字化技术 PDG 格式和专门设计的 SSReader 超星阅览器,对 PDG 格式数字图书进行阅览、下载、打印、版权保护和下载计费。

超星数字图书馆的全文资源服务是有偿的。其服务方式有两种:一是单位用户购买,购买单位的用户可以在其固定 IP 地址范围内免费使用本单位购买的超星数字资源(网址:http://pds.sslibrary.com,如图 4-4-1 所示);或者通过设置镜像站点的方式来使用资源。二是会员制读书卡(网址:http://www.ssreader.com,如图 4-4-2 所示),个人通过购买超星读书卡,并在数字图书馆主页完成网上注册成为会员后,也能使用全文资源。

第四章 常用中文数据库检索

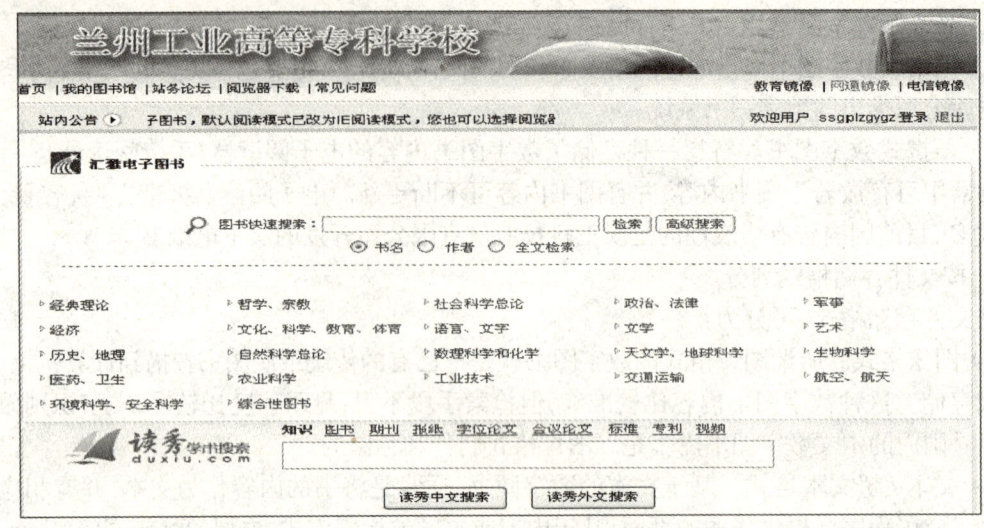

图 4-4-1 超星数字图书馆首页 – 团体用户版

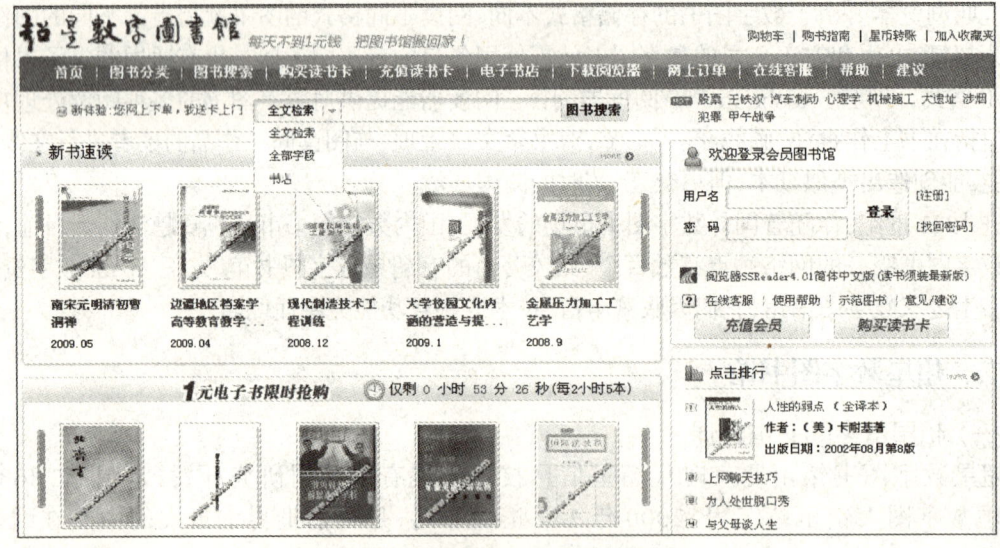

图 4-4-2 超星数字图书馆首页 – 会员用户版

（二）超星数字图书格式

1. 图像格式（PDG 格式）

图像格式图书是利用扫描技术将纸质图书扫描制作而成的图书，它以图像的方式显示，即以页为存储单位，每一页为一张图。其优点是加工成本较低、速度快、周期相对较短；能够将图书原貌保存下来，保证了图书的原汁原味，保证了图书的研究和利用价值。缺点是显示清晰度相对较低，占用空间较大，二次利用必须通过 OCR 识别来实现，不太方便。

2. 文本格式

文本格式图书是以录入方式制作（超星文本书基本都是直接从出版社拿到文本排版原稿，对数据进行二次加工,进行格式转换和加密后变为超星格式),以电子文本形式显示,即以字为存储单位。其优点是显示清晰度高,占用空间小,可以直接进行复制粘贴操作,二次利用方便,可实现图书全文检索和目次检索。缺点是制作成本较高,速度慢,加工周期相对较长,错误率相对图像格式较高。

超星的文本格式与图像格式数字图书在同一平台下管理,统一检索;不限制副本,不收平台费。

(三) 超星数字图书的检索(以单位用户版为例)

初级检索。通过书名、作者、全文三种途径进行快速检索。

高级检索。可实现书名、作者、主题词和出版年代四项条件的任意组配检索。

分类检索。首先点击主页中大类名称,进入分类导航页面后,层层点击展开页面左侧图书分类目录,直到所需类目;或点击到某个类目后,输入检索词,在该类范围内进行检索。

(四) 检索结果

1. 检索结果显示

超星数字图书的检索结果首先以简单记录的格式显示,如图 4-4-3 所示。记录中包括书名、作者、主题词、内容简介、出版日期、页数等信息,以及"全文检索"、"阅读"、"下载"等功能按钮。

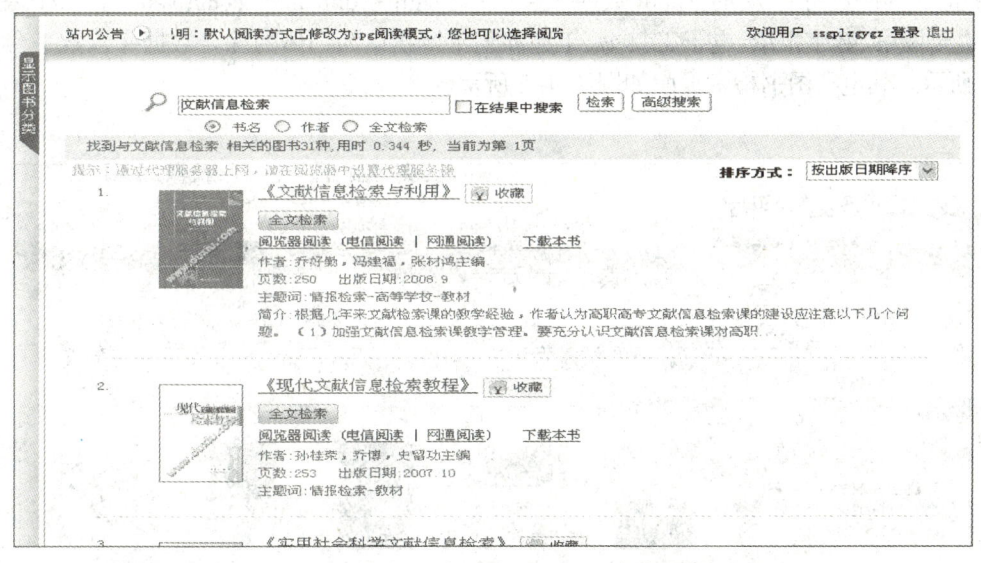

图 4-4-3　超星数字图书馆 – 检索结果页

2. 阅读全文

IE 阅读。为方便读者阅读数字图书,超星默认阅读模式已改为 IE 阅读模式。单击检索结果页面中的文献题名即可在线阅读全文。此模式下可进行文字摘录和图片截取,其文字识别准确率比在超星 SSreader 阅览器模式下高。

阅览器阅读。在首次下载图书全文前,必须先下载和安装超星阅览器。超星图书可下载的是图像格式文件,但加入了 OCR 识别功能,只要安装了完全版的超星中文阅览器 SSreader,即可对图书中的文字进行识别并转化为相应的 Word 文档,但识别准确性较差。

3. 下载

读者若需下载图书,单击检索结果简单记录格式中的"下载本书"按钮即可。PDG 格式图书可下载、打印,JPG 格式图书不能下载、打印。匿名用户下载图书只能在本机阅读,若需拷贝至其他机器上阅读、加入书签等,则需注册登录才能实现。

三、方正 Apabi 数字资源平台

北京方正 Apabi 技术有限公司是数字出版技术和数字内容供应商,为出版社、报社、期刊社等新闻出版单位提供全面的数字出版和发行技术解决方案。至 2009 年 1 月,全国超过 90% 的出版社在应用方正 Apabi 数字出版解决方案出版发行电子书,每年新出版电子书超过 6 万种,已出版正版电子书总量超过 40 万种。至 2009 年 5 月,方正 Apabi 公司获得各级各类报纸运营授权 600 余种,覆盖了 90% 以上的报业集团报纸和省级以上各类报纸。此外,方正 Apabi 又增加了中国工具书资源全文数据库、中国年鉴资源全文数据库等全新的产品系列,构建起一个结构完整、规模庞大的精品数字资源体系。Apabi "爱读爱看"网(http://www.idoican.com.cn)是全球最大的中文读报社区,为读者提供 500 多种电子报的在线阅读服务。

方正 Apabi 公司开发的 Apabi 数字资源平台(http://dlib.apabi.com/tiyan)是一个集方正 Apabi 电子图书、数字报纸、电子工具书、年鉴和艺术博物馆为一体的综合数据库检索平台,如图 4-4-4 所示。其电子图书检索页面如图 4-4-5 所示。

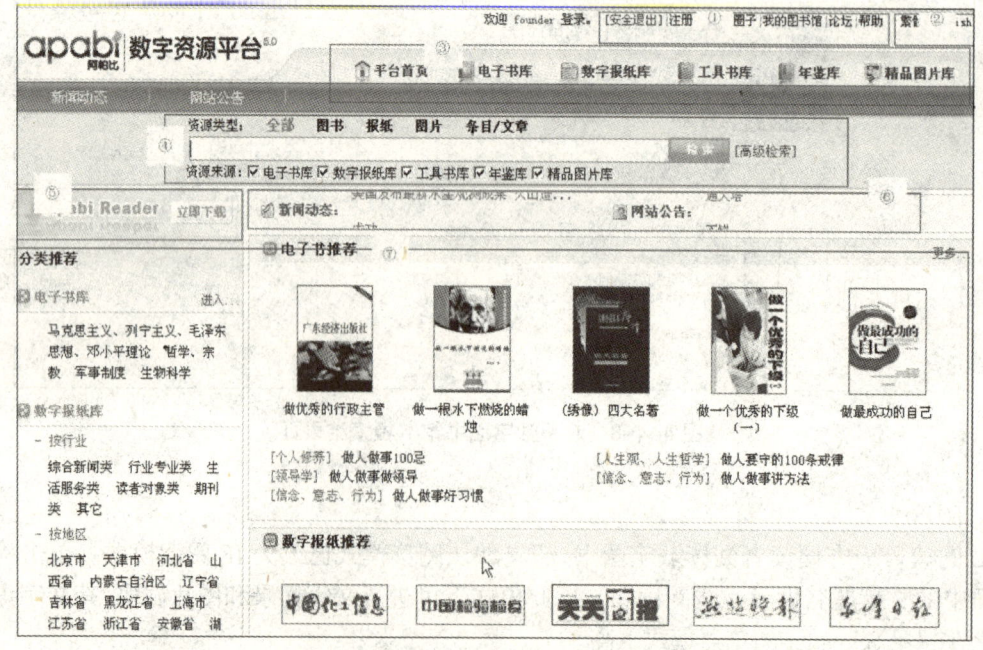

图 4-4-4 方正 Apabi 数字资源平台首页

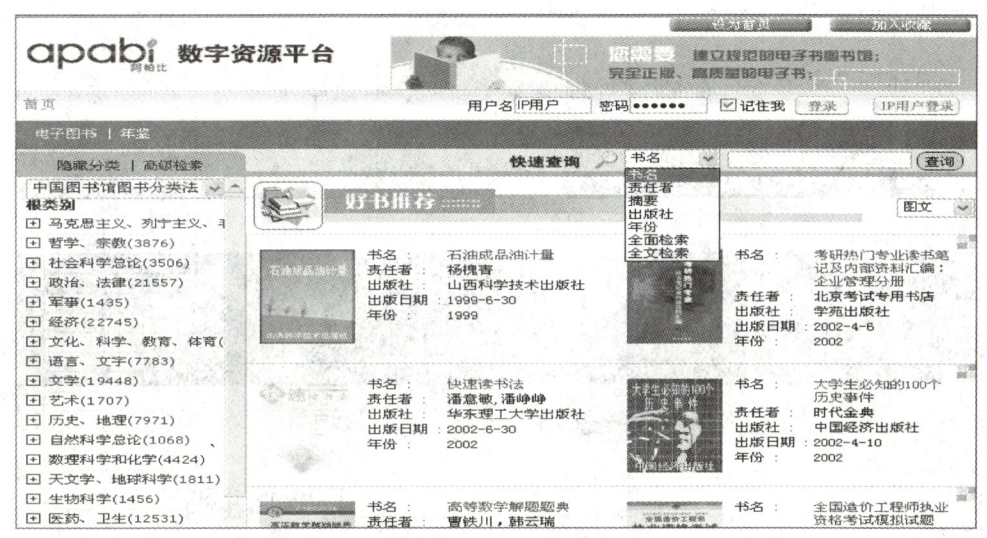

图 4-4-5　方正 Apabi 数字资源平台 – 电子图书检索页面

方正 Apabi 电子图书有分类检索、快速查询、高级检索等检索方式，提供书名、责任者、摘要、出版社、年份、全面检索和全文检索等检索途径。该系统为读者提供方便的网络借阅服务，对需要的图书，读者可在线浏览、借阅或进行预约。在线浏览时间不超过 120 分钟；用户可同时借 4 本授权图书，借期为 7 天（可任意设定）；在授权资源的复本数被借完时，可进行预约，预约有效时间不超过 60 天。读者进入用户服务区的借阅历史，在"当前借阅图书"中选择"续借"或"归还"，可以续借或归还电子图书。

方正 Apabi 采用的 Apabi Reader 阅读器，集电子书阅读、下载、收藏等功能于一身，可以阅读 CEB、PDF、HTML 和 XEB 格式的电子图书和文件。方正 Apabi 电子图书具有保留原版原式，图文清晰，契合国际标准，可控传播，限制拷贝、打印等优点。

四、书生之家数字图书馆

书生之家数字图书馆是由北京书生数字技术有限公司于 2000 年正式推出的中文图书、报刊网上开架交易平台（http://www.21dmedia.com/，如图 4-4-6 所示）。它集成了图书、期刊、报纸、论文、CD 等各种载体的资源，下设中华图书网、中华期刊网、中华报纸网、中华资讯网和中华 CD 网等子网。书生之家数字图书馆收录入网出版社 500 多家，期刊 7 000 多家，报纸 1 000 多家。主要提供 1999 年以来我国内地出版新书的全文电子版，内容覆盖社会科学与自然科学的各个分支学科领域，检索结果为书目记录、图书详细信息及图书全文。第三代书生之家数字图书馆系统使读者可以自己实现信息的提交、获取、交换及实时咨询等。

"书生读吧"（http://www.du8.com）是书生公司建设和运营的面向公众的电子书门户网站，帮助读者体验全新数字阅读，并在作者、读者、出版机构之间架起了互动交流和沟通的桥梁。

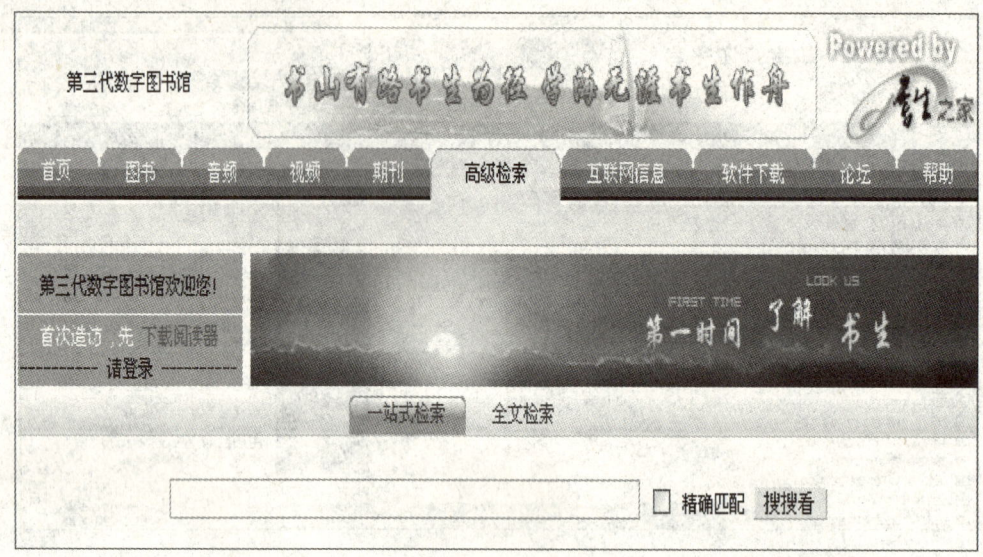

图 4-4-6　书生之家数字图书馆首页

思考与练习

1. 在中国学术文献网络出版总库中，检索与自己同名的作者发表的文献，共有多少篇？记录与自己相同或相近专业的作者所在单位和发表文章的数量及 2 条文献的完整题录信息（题名、作者、刊名、年卷期）。
2. 通过 CNKI 的跨库检索查找 2008 年发表的关键词和题名均为"网络安全"的博硕士论文共有多少篇？写出检索步骤和结果。
3. 在维普中文科技期刊数据库中检索本校教师 2008—2009 年发表的所有学术论文，共有多少篇？其中核心期刊多少篇？本系老师有多少篇核心期刊论文？要求写出：检索步骤、检索途径、检索表达式、命中文献数、本系老师核心期刊论文的题录信息（题名、作者、出处）。
4. 通过多种途径检索本专业核心期刊，记录检索途径、步骤和检索结果，并列举其中五种刊名。
5. 在超星数字图书馆中，分类浏览与自己专业相关的一个类目，看看该类图书有多少种？最早和最晚的各是哪种书？写出书名、作者、出版社、出版时间。本校图书馆入藏该类图书有多少种？
6. 在书生读吧中检索一种自己感兴趣的小说，浏览检索结果，并进行阅读。

第五章　事实、数据检索

> 在检索信息的过程中,有时会遇到大量涉及具体数据和事实的情况。比如英文缩写或代码的含义、疑难字词的释义、重要人物的生平、国内外发生的大事、名词术语代表的意义、具体统计数据和行业发展状况等。这些问题,需要通过本章即将介绍的事实数据检索工具来解决。

第一节　事实数据检索工具概述

事实数据检索工具是指示读书门径、了解文献内容、检索参考资料、查找词语释义、查考疑难问题、掌握学术信息和获取各科知识的重要工具。按照载体形态的特征,事实数据工具可分为印刷本事实数据工具和光盘、网络版事实数据工具。

印刷本事实数据工具又称为参考工具书。它们是广泛汇集某一范围的知识或资料,按特定体例或方式编排,专供人们查阅的一种特殊类型的图书。常见的参考工具书主要有字典、词典、百科全书、年鉴、手册、名录等。参考工具书收集的内容非常广泛,通常汇集了各领域或某一领域的完整信息资料或最新的研究成果。它所反映的内容十分简明和精确,是对原始信息整序、浓缩、重组和综合后的信息。参考工具书通常文字简洁,使人一目了然。

在正文编排上,参考工具书通常采取字顺、分类、主题、时序或地序等方法。

(1) 字顺法。是按照文字所具有的形体结构或声韵规律编排词目的方法,一般用于内容丰富、条目众多的工具书,如百科全书、大型字典、词典、名录及指南等。中文的字顺法又分为音序法和形序法。音序法是按汉语拼音、国语注音字符或声韵的顺序排列汉字的方法,如《新华字典》就是采用汉语拼音的顺序来编排的。形序法则是根据汉字形体结构的特点加以排列的方法,主要有部首法和笔画法,如《辞海》和《辞源》都是按部首编排的。西文工具书多采用逐词排或逐字母排,也属字序法。

(2) 分类法。是根据文献资料的学科分类进行编排的,它着眼于知识的全面布局,而各专业分类也从整个领域的布局出发,将专业范围内的知识逐步细分,体现出上下左右的关系,从而实现族性检索目的。

(3) 主题法。是根据描述文献主题的名词术语进行编排的方法,它是将内容相同的文献资料集中于同一主题之下,按字顺加以排列。在参考工具书中一般用未经规范化的自然语言作为主题词来编排主题资料,不需借助主题词表,以方便读者使用。

（4）主题-分类方法。是主题法与分类法相结合的一种方式,即先按大类集中,再以主题细排,或主题与类别混排,达到从主题和分类两种角度都能进行查检的目的。这种方法多用于一些辅助性的工具或专业性强的参考工具书。《中国大百科全书》初版时各分册的划分及各分册内的条目编排,就是采用此法的一个实例。

（5）时序法。是按时间顺序排列文献资料的方法,按这种方法编排的参考工具书主要是年表、历表和专门性表谱等。

（6）地序法。是根据所查资料内容地理位置的顺序或地区次序进行编排的方法,按这种方法编排的主要是地图或地方文献。

在查阅方法上,参考工具书通常编有多种索引,检索途径比较完备。常见的索引主要有音序索引、部首索引、号码索引和主题索引等。

（1）音序索引。主要有汉语拼音字母索引和国语注音字母索引,其中最常见的是汉语拼音索引。汉语拼音索引按 1958 年公布的《汉语拼音方案》编排。其基本检索方法是,先在索引里查找汉字拼音的声母,再在声母下面找出文字的拼音,就可以根据拼音后面的页码在正文里找到相应的汉字或词语。国语拼音索引按照《汉语拼音方案》实施之前的国语注音字符排列,使用时可参照国语注音字符表。

（2）部首索引。按照汉字的偏旁部首编排,部首下面再按照笔画多少排列,使用时先查对应的部首,再在所属的部首下面按笔画数查找对应的汉字。

（3）号码索引。最常见的是四角号码索引,这种索引中所有的汉字都按照四角号码的大小排列,读者在使用时需要了解四角笔形的取号规则(可参照"四角号码口诀")。

（4）主题索引。是将主题相关的资料集中到一起,再按字顺编排。目前,国外的检索工具书大都附有主题索引。

在以上索引中,很难说哪一种是完美无缺的,所以一部工具书往往以一种索引为主,辅以其他方法,以增加检索途径。我们在使用每种工具书时,应当先认真阅读它的凡例、目录等说明文字,了解它的编排方法和索引,只有这样才能迅速准确地查找到自己所需的资料。

光盘与网络版的事实数据工具统称为事实数据库,他们是重要的事实数据检索工具。常见的事实数据库主要有电子化字(词)典、百科全书、年鉴和名录等。与参考工具书相比,它们通常包含大量的数据信息,存储范围广泛,内容更新及时,检索功能强大。

第二节　字典、词典

字典、词典是人们最熟悉、最常使用的参考工具书,可以帮助人们回答有关字义、词义、拼法、读音、用法、同义词与反义词、缩写语与符号、俚语、方言、专门术语、外来语以及词源和词的演变历史等许多问题。字典和词典的主要区别在于收选对象不同。专门解释文字的读音、意义、形体结构及用法的工具书叫字典,如《康熙字典》、《新华字典》、《汉语大字典》等。专门解释词汇的概念、意义及用法的工具书叫词(辞)典。如《中文大辞典》、《辞海》、《辞源》、《汉语大词典》等。汉语中的"字典"和"词(辞)典",在英文里并无区别,统称为"dictionary"。

现代字典、词典种类很多,一般按编纂的目的和性质可分为语文字(词)典、综合性字(词)典和专科字(词)典。语文字(词)典的主要用途在于帮助人们解决在读书学习中遇到的语言文字障碍,诸如词形、读音及释义等方面的疑难。综合性字(词)典汇集各学科重要的术语和概念,其主要用途是供人们查找知识性条目,是一种以普及科学文化知识为目的的辞书,性质接近百科全书,如《辞海》就是一部以百科词目为主兼收语词的综合性词典。专科字(词)典收集一个学科或专门领域的术语、概念、专名,并加以解释,系统地反映专业知识的概要,所提供的知识往往比百科词典更为详细,如《哲学词典》、《文学词典》等。

随着计算机技术的不断发展,人们除了可以利用传统的印刷型字典、词典外,还可利用光盘版、在线版的字典和词典进行检索。一些搜索引擎也提供了字典搜索和翻译功能,有些网站还推出了手机 WAP 网站字(词)典。本节将主要介绍一些常用的印刷型字(词)典和在线字(词)典。

一、印刷型字典、词典

1.《新华字典》

《新华字典》是新中国第一本语文工具书,是我国第一部普及性的现代汉语规范字典,由商务印书馆出版,是我国目前最通行的一部小型字典。《新华字典》初版于1953年,历经几代上百位专家学者多次大规模的修订,目前第 10 版已出版发行。全书收录单字 10 000 多个,明确区分繁体字、异体字,收录带注释的词语 3 500 多条。全书内容丰富,简明实用,对字的本义、引申义、比喻义、转义等都予以举例解说。《新华字典》的最大特点是汉字的形体和读音都比较规范、准确,全面而及时地体现了国家的语言政策。

2.《现代汉语词典》

《现代汉语词典》是中华人民共和国第一部普通话词典,由中国社会科学院语言研究所词典编辑室编写,商务印书馆出版。《现代汉语词典》总结了20世纪以来中国白话文运动的成果,第一次以词典的形式结束了汉语长期以来书面语和口语分离的局面,对现代汉语进行了全面规范。因此,《现代汉语词典》在中国大陆语言界具有权威地位。词典的重点放在现代常用的汉语词语,也有字的解释,释义以现代汉语普通话为标准,字词以汉语拼音字母顺序排列。该书积极关注汉语词汇的发展变化情况,对一些新词、新义也进行了收录。书后有附录,排列完善、内容丰富,是一部比较好用的工具书。该书 1978 年初版,1983 年和 1996 年曾出版过两部修订本,2002 年出版了增补本,目前最新版本是 2005 年版(第 5 版)。第 5 版共收录字、词、词组、成语和其他熟语等 65 000 余条,基本上反映了当前现代汉语词汇的面貌,能够满足读者查考的需要。

3.《辞海》

《辞海》是以字带词,兼有字典、语文词典和百科词典功能的大型综合性辞典。《辞海》最早的策划、启动始于 1915 年,1936 年由中华书局正式出版。1936—2009 年先后出版多个版本,2009 年版为最新版,由上海辞书出版社出版。新版收录单字 17 914 个,词目 127 200 条。《辞海》在选词上,以解决人们在学习工作中"质难问疑"的需要为主。在释文内容上,以介绍基本知识为主,并注意材料观点的统一。释义一般均列举书证,并注明出处。新版本的单字按所属部首、笔画数编排,有部首 250 个。每个条目一般先注音,后释义。单字下带出以该单字作为首语素的一系列词语。《辞海》的检索途径比较完备,书前有辞海部首表和笔画笔形索引,书后附有汉语拼音索引、四角号码索引和词目外文索引等多种辅助索引。

4.《汉语大字典》

《汉语大字典》(徐中舒主编,四川辞书出版社、湖北辞书出版社1986—1990年联合出版)共收录单字约56 000个,所有古今文献中出现过的汉字,几乎都可以在该书中查到。该书对每个汉字的音、形、义都作了历史的、全面的反映。书中系统地整理了古今楷书汉字,并收列能反映形体演变关系的甲骨文、金文、篆书和隶书形体。除用汉语拼音字母注明字的现代读音外,还收列了中古的反切,标注了上古的韵部。该书义项完备,书证丰富,详释字的本义、派生义、通假义,释义比较准确。全书共8卷,按部首编排,共立200部,同部首的按汉字笔画从少到多排列。每分卷都附有检字表,第8卷为"附录和索引",列有"笔画检字表",从该表能快速查到字典所收的任何一个汉字所在的卷、页。

5.《汉语大词典》

《汉语大词典》是一部大型历史性汉语语文词典。由罗竹风任主编,中国汉语大词典编辑委员会、汉语大词典编纂处于1975年开始编纂。山东、江苏、安徽、浙江、福建、上海五省一市的1 000多名专家学者参与了编写,他们全是在语言方面有较深造诣的专业工作者,实力雄厚,从而保证了本书的权威性。第1卷由上海辞书出版社1986年出版,以后各卷改由汉语大词典出版社出版,至1993年11月全书出齐。全书正文12卷,另有《附录·索引》1卷。全书共收录单字2.27万个,复词37.5万条。该书以"古今兼收,源流并重"为编纂原则,广泛收集先秦至当代汉语发展过程中的词汇材料,包括古今词语、俗语、成语、典故及古籍著作中进入一般语词范围和比较常见的百科词语等。对于虽有音有义,但只见于字书、韵书而无书证可引的单字,或虽有书证,但意义未详的汉字,均不予收录。这样,《汉语大词典》与《汉语大字典》就有了明显的分工和区别。《汉语大词典》全书依200个部首编排,以繁体字立目,简化字括注于后。单字下用汉语拼音标注现代读音,并征引古代字韵书中的反切古音,复词亦以繁体字立目。在释义方面,《汉语大词典》义项齐备、古今兼收、词义概括、辨析清楚、同义项合理编排,在一定程度上反映了词义发展的历史进程。书证涉及经部、史部、诸子百家、古今文人别集、戏曲小说、笔记杂著、宗教经典、科技著作、学术专著、近现代报章杂志乃至方志、碑刻、出土资料等,十分丰富。

6.《辞源》

《辞源》是一部语文辞典,是中国最大的一部古汉语辞典。它始编于1908年(清光绪三十四年),1915年以甲乙丙丁戊五处版式出版,1931年出版《辞源》续编,1939年出版《辞源》简编,历时数十载,几经修订,至1983年才全部完成。1979—1983年出版精装四册修订本,2001年出版精装修订本(上、下册)。根据与《现代汉语词典》分工的原则,修订时删去了有关近代自然科学、社会和应用技术等方面的词语,收词范围一般到鸦片战争为止。这样,《辞源》便成为一部用来阅读古籍和研究古典文史的辞书。《辞源》以语词为主,兼收百科,强调实用,因此又是一部综合性、实用性极强的百科式大型工具书。全书共收录单字12 890个,词语近10万条,总计解说约1 200万字。编排方法和解字释词的体例与《辞海》基本相同,以字带词、分类释义、列举书证等。对词义的解释,力求简明确切,并注意证词的来源和证词在使用过程中的发展演变,追根溯源的特征十分明显。

7.《牛津英语大词典》

《牛津英语大词典》通常简称为 OED,是一部权威的历史性英语语文词典。第一任主编詹姆斯·默雷(James A.H.Murray)是著名的语言学家,所以又称"默雷词典"(Murray's Dictionary)。原书名为《新英语词典》(*New English Dictionary on Historical Principle*),故又称 NED。《牛津英语大辞典》(12卷)自1928年出版以来成为世界公认的最伟大的英文辞典,赢得了"辞典中的圣经"的美誉。目前最新版本为20卷本第二版,收词超过50万条,引证例句250万条。全部发音使用国际音标标注,词条及例句涵盖了所有英语国家的地方英语,包括北美、南非、澳大利亚、新西兰和加勒比等,并且给出了词源分析以及不同地方英语的拼写差异。该词典几乎囊括了1150年以来见于文献的所有语词。如乔叟、高沃尔和莎士比亚等著名作家只是用过一次的罕见词,OED 也如数照收。OED 卷帙浩繁,编写谨严,全书浑然一体,是一部追溯词源,查考历史词汇,具有很高学术价值和实用价值的语文词典。

二、在线字典、词典

1. 汉典

在线汉典(http://www.zdic.net/)于2004年建站,主要提供汉语字典、汉语词典、成语词典、诗词及多种附录工具。在线汉典的检索比较简单,可以直接在网站搜索栏输入单字、词语、成语进行搜索。此外,汉典还提供了其他搜索方式。字典搜索可按部首检字和拼音索引两种方式检索,检索方法与《新华字典》基本相同;词典搜索提供了笔画检字目录;成语搜索提供了部首检字和拼音索引两种方式。以检索"让"为例,可以点击"拼音索引",在列出的所有拼音中找到"rang"并选择,此拼音的所有汉字就会列出来,选择"让"字可以看到具体内容(如图5-2-1所示)。也可以按部首查找,先在二画的部首里面找到"讠"并选择,再在"讠"部的笔画三里面找到"让"字,

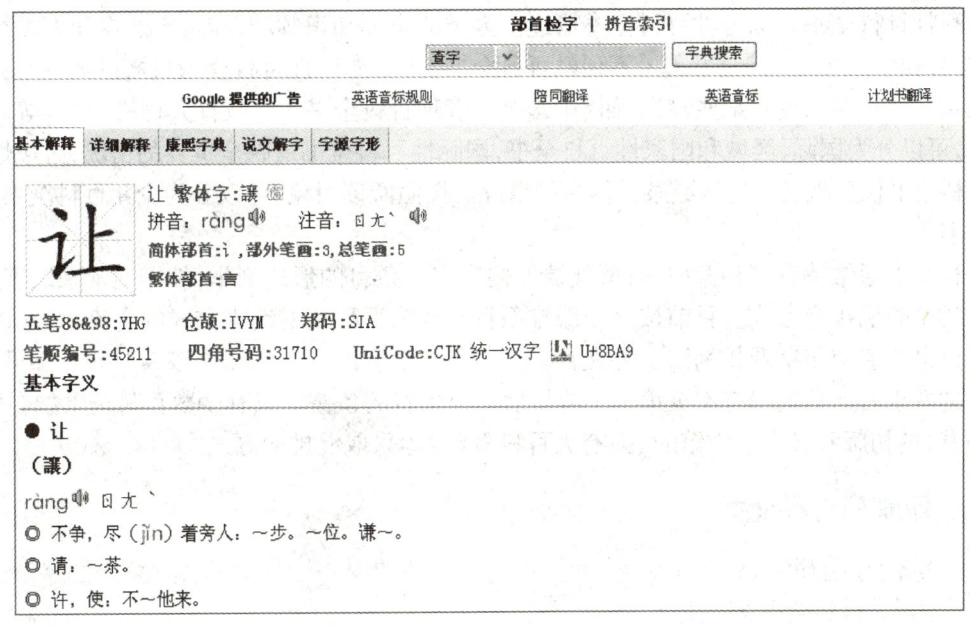

图5-2-1 汉典网检索结果页面

点击可以查看详细内容。当然,最简单的办法是通过搜索栏直接搜索。汉典网已经推出了手机WAP网站(wap.zdic.net)和汉典古籍桌面版。

2. 中华在线词典

中华在线词典(http://www.ourdict.cn/)发布于 2005 年 5 月,共收录了 12 部词典中的汉字 15 702 个,词语 36 万条(常用词语 28 770 条),成语 31 922 条,近义词 4 322 个,反义词 7 691 个,歇后语 14 000 条,谜语 28 071 条,名言警句 19 424 条,可以按拼音、部首、笔画三种索引查找。

3. 爱词霸

爱词霸(http://www.iciba.com/)是我国金山公司研制的电子词典,号称中国第一英语学习社区。网站主要包含英语、汉语、成语词典,以及各类专业词典、术语词典等,并有在线翻译、短句查询、情景会话、英语社区、英语咨询等栏目,资源十分丰富。爱词霸有手机 WAP 网站(wap.iciba.com)和手机词霸。

第三节　百科全书

百科全书的英文名称是 Encyclopedia,来源于古希腊文,中文"百科全书"一词直到 20 世纪才出现。百科全书是记录人类知识最全面、最系统的大型工具书,它通常荟萃一切门类或某一门类知识,以概要方式提供有关信息。如果说词(辞)典的功能仅仅是说明某一概念的工具书,百科全书则是"接着定义往下说"的工具书,它可以回答诸如"何时"、"何地"、"如何"、"为何"等背景性知识,几乎包括了各种工具书的成分,被称为"工具书之王"。此外,百科全书还具有扩大读者知识视野和帮助人们系统求知的教育作用,所以西方称之为"没有围墙的大学",日本人称之为"知识的小宇宙"。

按照不同的标准,百科全书可以分为多种类型。按其收录内容的范围,可分为综合性百科全书和专科性百科全书。综合性百科全书概述了人类的全部知识领域,涉及自然界和人类社会的各个方面,如《中国大百科全书》、《不列颠百科全书》等。专科性百科全书只概述某一专门的知识领域及与之密切相关的某些知识,如《中国企业管理百科全书》、《教育大百科全书》等。按照地域分,可以分为国际、区域和国家性百科全书,国际性百科全书反映全世界的情况,区域性或国家性百科全书仅反映某一地区或某一国家的情况。按照阅读对象,可以分为少儿百科全书、成人百科全书等。

百科全书通常编有多种索引,查阅便捷。内容多以条目的形式列举,编排通常采取字顺、分类或分类字顺混排等方式。目前按字顺编排条目已成为百科全书编排方式的主流,90% 以上成人百科全书普遍使用字顺排列法。外文百科全书各卷书脊的下方都印有该卷的起止字母,在卷内每页的左或右上角则印有本页第一个或最后一个条目的条头。只有少数百科全书如《中国大百科全书》的初版和日本小学馆的《万有大百科事典》等采取混排的方式。

一、印刷型百科全书

(一) 综合性百科全书

1.《中国大百科全书》

《中国大百科全书》是我国第一部大型综合性百科全书,内容涉及哲学、社会科学和自然科学各学科领域。该书由全国各学科权威人士担任主编,2万余名著名学者、专家撰稿。该书的编纂工作始于1978年,从1980年起由中国大百科全书出版社陆续出版,1993年出齐,前后历时15年。全书共74卷,正文73卷,总索引1卷,涵盖了66个专业门类,收录条目近8万个,约1.4亿字,是世界上最大的百科全书之一。《中国大百科全书》按学科分卷出版,各学科内容按学科体系以条目的形式编写,系统、详尽、正确地概述了各学科的基本知识。各卷一般由前言、凡例、学科的概观性文章、条目分类目录、正文、彩图插页、大事年表和索引等组成。正文前的概观性文章对学科的发展状况、主要内容与成就、发展规律等作了介绍,帮助读者了解学科的整体面貌。条目分类目录展示了学科体系中知识主体之间的层次关系,方便读者从分类角度查找条目。正文按条目首字的汉语拼音字顺排列。最后附有大事年表、繁简字对照表和外国人名译名对照表等。

《中国大百科全书》的检索途径十分完备,可通过多种检索途径查找条目。其主要的检索途径有五种:

(1) 分类检索。通过正文前"条目分类目录",从学科分类角度查找相关条目。

(2) 音序检索。各卷正文内容按照汉语拼音字母顺序编排。

(3) 笔画检索。各卷均附有"条目汉字笔画索引",可在汉语拼音不熟悉的情况下使用。

(4) 主题索引。各卷卷末附有"条目内容索引",是全卷条目和条目内容的主题分析索引,也是一种综合索引,它将全部条目和条目内容中隐含的知识主题,如人物、著作、流派、团体和专有名词术语等集中起来按照音序排列。

(5) 外文检索。编有"条目外文索引",供熟悉外语的读者使用。

1996年12月,中国大百科全书出版社推出了《中国大百科全书》(简明版)。简明版共12卷,是以《中国大百科全书》为基础,经增补、改编、浓缩而成的一部综合性百科全书。简明版增补了《中国大百科全书》欠缺的知识总论、国家、能源、材料、信息、旅游、民俗以及服饰、烹饪、家政等方面的条目,设有3.1万个条目,随文附有1.1万幅插图和表格,总字数2 000多万。它是概述古今中外各学科、各领域一般知识的、简明实用的百科工具书。

2000年,中国大百科全书出版社推出了《中国大百科全书》(光盘版)。几乎在同时,网络版《中国大百科全书》也问世了。

《中国大百科全书》(第2版)于2009年正式出版,共32卷(正文30卷,索引2卷),收录条目6万条,约6 000万字,插图3万幅,地图约1 000幅。全书内容以条目形式编写,在继承第一版编纂原则和编写理念的基础上,设条和行文更注重综合性和检索性,介绍知识既坚持学术性、准确性,又努力做到深入浅出,具有可读性,适于中等及中等以上文化程度的读者查检和阅读。《中国大百科全书》在作者选择上始终坚持"让最合适的作者撰写最合适的条目"。作为第一版的修订重编版,在尽可能选择第一版仍健在作者撰写条目的基础上,又聘请近年来在各学科领域崭露头角的中青年专家学者为作者。30年来,《中国大百科全书》的作者合计约达25 000人。其中,中国科学院和中国工程院的院士1 100余人,中国社会科学院首批学部委员47人中的25人,荣誉学部委员中的多数人,都参加了编撰工作。可以说,目前中国自然科学、科学技术和人文社会科学方面有代表性的重要专家学者,大多参加了该书的编撰。《中国大百科全书》(第2版)在编排上按当代世界各国编纂百科全书的一般通行做法,全书条目不按学科分类,而是按条头的汉语拼音字母顺序排列,使读者更加便于寻检查阅。从这一意义上说,它是中国第一部符合国际惯例编写的大型现代综合性百科全书。

《中国大百科全书》每年出版《中国百科年鉴》1卷作为补充。

2.《不列颠百科全书》(The Encyclopedia Britannica)

《不列颠百科全书》是当代世界上声誉最高、最权威的大型综合性百科全书之一,是英语世界著名的ABC三大百科全书之B。1768年创始于苏格兰爱丁堡,发展至今已有200多年的历史。20世纪初该书版权全部转入美国人手中,现由总部设在芝加哥的不列颠百科全书公司出版。1974年,该书第15版共30卷出版,全书结构也开始稳定下来,形成了独特的"三合一体系",即全书以坚持大条目主义传统的《百科详编》为主体,另加弥补大条目不足、加强工具书职能的《百科简编》和强调知识系统性、提供分类检索的《百科类目》,三部分合为一体。1985年第16版增加索引2卷,增至32卷,全书分为四个部分:《索引》2卷。《百科类目》1卷,或称"知识纲要",是全书的结构框架,起着全书分类指南的作用,为读者提供了可参阅的知识体系总表。《百科简编》12卷,有短条目8万余条,既可作为全书的条目索引,又是一部可单独使用的简明百科全书;《百科详编》17卷,又称"知识深义",有长条目670万余条,条目大多是世界各国著名学者撰写的专门论文,对各个主要学科和主要人物、事物都有详尽的介绍和叙述。每一条目末尾,几乎都附有相关的参考书目,供读者作进一步研究用。该书每年增补和修订部分条目,出一新版,同时出版《年鉴》一卷。《不列颠百科全书》有各种电子版本,1992年起就有光盘版索引,名为"Britannica electronic index"。《不列颠百科全书》网络版网址为http://www.britannica.com/。

《简明不列颠百科全书》由中国大百科全书出版社和不列颠百科全书公司合作编译,中国大百科全书出版社1985—1986年出版。《简明不列颠百科全书》中译本是根据英文版《不列颠百科全书》第15版的《百科简编》编译而成,基本上保持了原书的全貌,其中,有关中国的条目由我国专家学者重新撰写。全书共10卷,1—9卷为正文及附录,第10卷为索引卷。共收选条目71 000余条,总计约2 400万字,附有图片5 000幅左右。其内容包括社会科学、自然科学、工程技术、文学艺术等各个学科的概述和专有名词、术语及世界各国人物、历史、地理、团体、机构等介绍,侧重介绍西方的文化、科技成就和当代知识。

《不列颠百科全书》(国际中文版)是中国大百科全书出版社和美国不列颠百科全书公司合作的版本。1999年出版,全书共20卷,1—18卷为条目正文,19—20卷为索引。该书共收条目81 600条,图片15 300余幅,地图250幅,总字数约4 300万字。国际中文版可以说是《简明不列颠百科全书》的升级版,相对于《简明不列颠百科全书》,国际中文版在条目排列、条目内容、中国条目等方面作了许多改进。为方便读者查阅,国际中文版全部条目按照英文原书条目标题的外文词的字母顺序编排。对于《简明不列颠百科全书》中原有的条目,按照学科、专业分类,聘请各学科专家对照《不列颠百科全书》英文版(1995、1997、1998年版)逐条进行了修订。国际中文版还增加了许多新条目,凡《百科详编》中对人类产生过重大影响的古今中外人物条目(共97人)均全文照译;1985—1998年新出现的科技成就、政治变化、新的人物和事件等,均反映在历年增补的英文版《百科简编》中,也都全部翻译收入。另外,对《简明不列颠百科全书》原有的中国条目都进行了全面的修订,还增加了许多新条目和参阅条目。外国人名、地名、机构名和专业名等各种译名的统一工作也做了许多改进。2007年国际中文版修订版出版,近20 000个条目有所调整,全书总篇幅有所增加,条目由81 600余条增至84 300余条,总字数由4 300万字增至4 400万字。

3.《美国百科全书》(The Encyclopedia American)

《美国百科全书》是标准型的综合性百科全书,简称EA,是世界著名的ABC三大百科全书之A,内容的权威性仅次于《不列颠百科全书》。初版是德国移民F.李勃于1829—1833年以德国《布罗克豪斯社交词典》第7版为范本编成的,共13卷。1903—1904年经过改编增为16卷。后又经多次修订,1912年修订版为22卷。1918—1920年再经重编改版,共30卷,遂成为后来历次修订版的基础,并从此采取了连续修订制,每年修订约10%的内容。《美国百科全书》的条目按字母顺序编排,主要对象是成年人、高级知识分子读者。全书采取狭主题、小条目的编法,但对重大主题也设置大条目。书中人物条目和科学技术条目所占的篇幅比较大,19世纪以来的美国人物资料,常为别书所无。历史按世纪设条(如"20世纪"条),对全世界政治、社会和文化提供了完整的历史背景。原始文件多,对某些重要的历史文件,都全文录载,如《大西洋公约》、《独立宣言》等。此书虽然是"国际版",但对美洲偏重,美国、加拿大的资料比较丰富。最后一卷为按字顺排列的索引卷,条目之间有参见系统,并附有参考书目,使用比较方便。格罗利公司(Grolier, Inc.)自1923年开始逐年出版《美国百科年鉴》,概述一年的事实与发展,作为该书的补充。EA有光盘版和网络版(http://ea.grolier.com)。

4.《科利尔百科全书》(Collier's Encyclopedia)

《科利尔百科全书》是一部20世纪新编的大型英语综合性百科全书,为著名的ABC三大百科全书之C。该书由麦克米伦公司1949—1951年出版第一版,共20卷,1959—1962年彻底修订,扩至24卷,以后采用连续修订制。相对来说,《科利尔百科全书》由于规模较小,它的更新也就比较及时,全书内容中约有50%是近期修订的内容,因此该书是修订最及时的百科全书之一。该书释文通俗易懂,可读性强,因此适用对象相当广泛,既适合大学以上程度的人查阅,又照顾到了中学生自学的需要。全书采取大中小条目相结合编排,根据字母相比(letter-by-letter)排列,着眼于普通人感兴趣的主题以及实用的现代题材。它虽属国际性百科全书,但东方的资料很少。该书的参考书目和学习指南的设置颇具特色。参考书目被集中在最后一卷中,按主题排列,每个主题下再按文献深浅和难易顺序排列,并提供大量参见。最后一卷还有一个附录——学习指南(Study Guide)。学习指南分为22个类,下设子类,将百科条目按学习顺序和难易程度组织起来,引导学生沿着从宽到窄的路径使用该书,像上课一样,这样就将按字顺排列的、散在各处的有关条目变成一个有学科逻辑的有机整体,这是《科利尔百科全书》所具有的独特教育作用。《科利尔百科全书》有光盘版Collier's Encyclopedia 1998,每年出版《科利尔百科年鉴》作为补充本。

(二)专科性百科全书

1.《教育大百科全书》

《教育大百科全书》由欧洲教育出版集团——爱思唯尔科学出版集团在1985年首次编辑出版,之后,于20世纪90年代中后期又全面修订(90%的词条重新撰写)并再版。该书是一部有关教育的"探索与研究"的专题性百科全书,共10卷、22个专题、1 262条词条,涵盖了与现代教育相关的所有领域,涉及教育的所有课题,是目前世界上关于教育科学领域最全面系统、最具权威性和实用价值的一部具有理论性、学术性和工具性的教育专业百科全书。英文版的主编是当今世界著名的教育学家、瑞典斯德哥尔摩大学国际教育研究所所长胡森教授,撰稿者均由联合国教科文组织、国际教育研究院和国际教育评价协会推定,词条撰写者均是世界教育界各学科具有国际视野的教育专家,这就使全书的品质得到了保证。因此,本书堪称一部国际性或世界性的教育大百科全书。《教育大百科全书》的翻译出版历时四载,由西南师范大学出版社与海南出版社2006年出版。《教育大百科全书》中文版充分考虑我国读者的查阅习惯,未按英文版以字母顺序编排的体例,而采用专题分类编排,使各相关词条归入共同的专题之下,每个专题又按逻辑关系分为若干小节,大大方便了读者查阅。

2.《新帕尔格雷夫经济学大辞典》

《新帕尔格雷夫经济学大辞典》由英国经济学家伊特韦尔约请美国经济学家米尔盖特和纽曼合作,于1983年开始编纂,1986年编成,1987年9月正式出版。这部大辞典由世界上34个国家的900多名知名学者(其中包括13位当时在世的诺贝尔经济学奖获得者中的12位)撰写。共收词条2 000多条,大部分是以专题论文的形式出现,涉及经济学各个领域的重要问题和最新发展。另外,该书还收录了约700位近现代世界著名经济学家的小传。该书内容除经济学外,广泛涉及政治学、社会学、哲学、历史学、心理学、文化艺术、宗教等,以及数学、环境等自然科学学科和边缘学科。这部大辞典堪称最权威的经济百科全书,旨在用经济学理论分析法律政策、法律问题,是国外对经济学研究介绍的集大成者。该书中文版主编、已故经济学泰斗陈岱孙先生称该辞典为"国内一切从事于认真学习、研究经济学的个人及机构的不可或缺的参考书"。该书中文版由经济科学出版社于1996年出版。

3.《中国企业管理百科全书》

《中国企业管理百科全书》由企业管理出版社于1984年12月出版。该书是我国第一部专科性百科全书,作者由全国几十所大专院校、科研单位及政府部门的专家、学者、知名人士800余人组成。全书按知识分类体系编排,内容以工业、企业管理知识为主,兼顾一些特殊行业的特殊管理问题,注重现代管理和传统管理知识的结合。

二、网络版百科全书

百科全书的分类结构以及不断更新的特点使它非常适合在线查找或数字化。最近几年,伴随现代电子信息技术、互联网技术、信息存储技术的迅猛发展,大多数纸质版的百科全书都已经实现了网络化和数字化。与此同时,一些汇集多种百科全书的集成整合网站和开放式百科全书也悄然兴起。

(一) 中国大百科网站

中国大百科网站(http://www.cndbk.com/)以《中国大百科全书》和中国百科术语数据库为基础,内容全面、数据权威。网站提供大百科、地方百科、专业百科、图片和字词典等多种范围和内容的搜索。另外,网站也提供"历史上的今天"、"热点搜索"、"我编百科"等功能(如图5-3-1所示)。所有条目都可免费检索,不过,检索出的条目中只有少数可以免费查看,大多数需要付费才能看到全部内容。

(二) 互动百科

互动百科(http://www.hudong.com)是全球最大的中文百科网站之一,创立于2005年7月18日,由来自世界各地的志愿者共同维护与建设。截至2010年5月,互动百科已经发展成为由超过224万用户共同打造的拥有456万条词条、49亿个文字、500万张图片的百科网站。

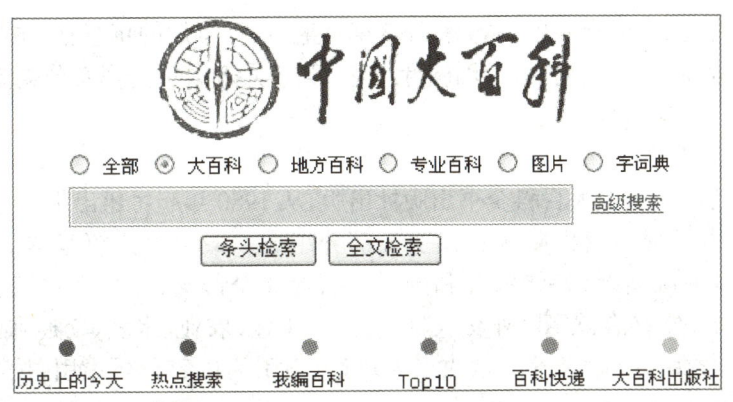

图 5-3-1 中国大百科网站搜索界面

（三）百度百科

百度百科（http://baike.baidu.com/）是一部内容开放、自由的网络百科全书，于2006年4月20日正式上线，2008年4月21日推出其正式版。所有互联网用户都可以免费使用百度百科提供的所有服务，包括浏览、创建、编辑等等。

（四）维基百科

维基百科（http://en.wikipedia.org/）是一部用各种语言写成的网络百科全书，是一个动态的、可自由访问和编辑的全球知识体，也被称作"人民的百科全书"。维基百科的大部分页面都可以由任何人使用浏览器进行阅览和修改。只要能上互联网，每个人都可按下"编辑本页"的链接来编辑维基百科的大部分内容。自2001年1月15日英文维基百科成立以来，维基百科快速成长，已经成为最大的资料来源网站之一。至2010年6月，维基百科在世界上已经拥有270多个独立运作的版本。中文维基百科也于2002年10月24日正式成立。值得一提的是，维基百科还有许多中文方言版本，如闽南语维基百科、粤语维基百科、闽东语维基百科及客家语维基百科等。

第四节　年鉴、手册

一、年鉴

由于百科全书十分庞大，不可能经常修订和更新它们，许多百科全书都出版年鉴作为补充。但是，年鉴并不都为补充百科全书而编，年鉴也是一种独立的特殊类型的工具书。年鉴又称年报、年刊，是查考年内发生的事件、数据、统计资料以及某些动向性问题的工具书，每年一期，连续出版。年鉴通常以当年政府公报和文件，以及国家重要报刊的报道和统计资料为依据，汇集了一年内的社会科学和自然科学等领域的重大事件、重要时事文献、科学技术的新进展和统计数据，有些还附有大量图表和插图等，具有较大的总结统计意义和连续参考价值。年鉴的编辑单位多为政府有关部门、学术团体或研究机构，也有由报社编辑部门或大百科全书出版社编辑出版的，因此，年鉴所反映的内容是比较权威可信的。从时间上看，各种年鉴所收材料一般是前一年的。如标明为1994年的年鉴,实际所收的内容是1993年发生的事。常用的年鉴有《中国百科年鉴》《中国经济年鉴》、《世界经济年鉴》、《中国统计年鉴》等。大多数年鉴都有分类体系和索引,查找信息比较方便。

1.《中国百科年鉴》

《中国百科年鉴》由中国大百科全书出版社出版,从1980年起每年出版一卷,是一部综合性的年鉴。各年刊由概况、百科、附录和索引三部分组成。概况以介绍基本情况为主,分中国概况,各省、市、自治区概况,各国概况和国际会议等4个部类;百科以报道上一年度各方面的进展和成就为主,分政治、军事、外交、法律、经济、工业、农业、水利、交通、邮电、科学技术等19个部类;附录和索引中,附录部分常收录大事记,索引为内容分析索引,按汉语拼音字母顺序排列。

2.《中国统计年鉴》

《中国统计年鉴》由国家统计局出版发行,1982年开始出版,是我国最全面、最具权威性的综合性统计年鉴。《中国统计年鉴》是一部全国经济和社会发展情况的资料性年刊,收录前一年全国和各省、自治区、直辖市经济和社会各方面的统计数据,以及历史重要年份和近20年的全国主要统计数据。正文一般分为20余个篇章,内容主要包括行政区划和自然资源、综合、国民经济核算、人口、就业人员和职工工资、固定资产投资、能源、财政、价格指数、人民生活、城市概况、环境保护、农业、工业、建筑业、运输和邮电、国内贸易、对外经济贸易、旅游、金融业、教育和科技、文化、体育和卫生以及其他社会活动等方面,不同年份根据经济社会发展的情况略有调整。该书还包括香港特别行政区、澳门特别行政区和台湾省主要社会经济指标。为方便读者使用,各篇章前设有"简要说明",对该篇章的主要内容、资料来源、统计范围、统计方法以及历史变动情况予以简述,篇末附有"主要统计指标解释"。该书同时有中英文版及电子光盘版出版。

3.《世界年鉴》(The World Almanac and Book of Facts)

《世界年鉴》于1868年首版发行,除1876—1885年暂停外,一直出版发行,至今已有100多年历史(曾一度改名为《世界知识概要》)。《世界年鉴》的内容是世界性的,但以美国的资料最为丰富。正文由一系列简短条目和各类图表组成,对于文学艺术和娱乐活动、美国州市、新闻人物、世界各国、体育、环境、人口统计、科学技术、计算机、税务、经济学、国防、周年纪念日等多个方面都有涉及。由于正文的编排比较随意,因此,该书十分重视索引的编制。每页天头都列出显示该页内容的所有标题,以便读者阅读。

4. 中国年鉴资源全文数据库

中国年鉴资源全文数据库是全国年鉴界公认并积极参与的年鉴全文数据库,由北京方正阿帕比技术有限公司与中国出版工作者协会年鉴工作委员会共同发起。该库所收录年鉴资源覆盖了我国国民经济及社会发展的各个领域和地区,已形成较权威的综合反映我国国情地情的信息资源体系。当前收录有价值的年鉴计1 200多种,90%以上的年鉴达到完整回溯,所有年鉴均采用全文建库形式。

5. 中国年鉴全文数据库

中国年鉴全文数据库属于中国知网知识资源总库的一个子库,是目前国内最大的连续更新的动态年鉴资源全文数据库。该库主要收录国内中央、地方、行业和企业等各类年鉴的全文文献,内容覆盖基本国情、地理历史、政治军事外交、法律、经济、科学技术、教育、文化体育事业、医疗卫生、社会生活、人物、统计资料、文件标准与法律法规等各个领域。年鉴内容按行业分为地理历史、政治军事外交、法律、经济总类、财政金融、城乡建设与国土资源、农业、工业、交通邮政信息产业、国内贸易与国际贸易、科技工作与成果、社会科学工作与成果、教育、文化体育事业、医药卫生、人物等十六大专辑。

二、手册

手册是汇集某一领域的基础知识、基本资料或数据,供读者随时翻阅的事实便览性工具书。手册的名称较多,有时又称为指南、便览、要览、一览、宝鉴、必备、大全、全书等。手册包含的内容丰富,介绍简明扼要,数据准确,实用性强,是了解各种知识的常用工具书。

手册一般分为综合性(或知识性)手册和专科性手册两种,综合性手册概括了各学科的内容,知识面广泛、全面、系统,编写方式简要,如《青年手册》、《读报手册》等;专科性手册只搜集某一学科领域的文献资料,尤以科技手册居多,内容涉及基本概念、基础理论、技术性能和方法、产品参数、结构特点、辅助设备、设计、维修、安装、符号与代码说明等,如《机械工程手册》、《电工手册》、《数学手册》等。

第五节 名录

读书看报过程中,经常需要了解有关国内外某些机构组织、某些人物生平、某一行政区划沿革等情况,如在阅读古典文献时,人名和地名经常需要查询。这些问题通常可通过名录来解决。名录是汇集机构名称、人名、地名等基本情况和资料的一种工具书。名录一般提供最基本的信息资料,好似"清册"和"一览表",性质与专业词典和手册有些相似。按所收集信息内容的不同,名录可分为人名录、地名录和机构名录。

一、人名录

人名录的英文是Who's who,是传记资料中的常用工具书之一。最初它只是"绅士录"之类的名册,仅收录皇室成员、达官贵人。到了20世纪,随着科学文化的发展和国际交流的频繁进行,各种人名录也越来越多。由于人名录繁多,而且古今中外姓氏众多,名字的构成和排列相当庞杂,加上还有许多带有官职、爵位、头衔、荣誉称号、笔名、法名和艺名等情况,因此,我们不仅需要了解姓名方面的相关常识,而且必须根据不同需求和目的来选用特定类型的名录。例如,要查找在世名人,一般用各种人名录为宜;要查找历史人物,需要使用回溯性传记词典;要了解某专业或某国家的名人,可查检相应专业和国别的传记工具书或专业百科全书;要掌握某人的全部传记资料或某一特定人物较详细的资料时,可求助于传记索引或文章体的传记工具书;要解决同名、异名、笔名问题,可求教笔名或别名词典等。在这里,只介绍几种最常用的名录。

1.《中国人名大辞典》

《中国人名大辞典》由臧励和等编,上海商务印书馆1921年出版,1949年出版第9版,上海书店1981年翻印。《中国人名大辞典》是我国最大的一部古代人名词典,共收载自远古至清末的古代人名40 000多个,内容包括帝王、官吏、学者、著作家、能工巧匠、方术之士、书画家、著名将帅、神仙和社会下层人士。资料主要采于经书、正史、方志、杂著和金石文字材料。每个词条注明人物的活动年代、字号、籍贯、生平和著述等,但不考证人物的生卒处。同姓同名者另条接排,用"⊙"隔开。辞典还附有"人名索引"、"姓氏考略"、"补遗"和"异名表"。该书在编纂时,《清史稿》和一些方志尚未出版,故部分清代人物未能收录,查找这些人物时可参查《中国历代人名辞典》(1982年江西人民出版社出版,收远古至"五四"时期的人物)。

2.《国际名人录》

《国际名人录》原为《欧罗巴年鉴》的一部分,从1935年起单独出版年刊。这是一本享誉世界的人物工具书,所收人物大都是政治、军事、外交、宗教、教育、文艺、科技界的著名人士,收录人物全,也比较准确。著录项有姓名、国籍、专业、学历、家庭、职务、著作、爱好、通讯地址等信息,词条以姓名字顺排列,这些信息都经过被传人核实。《国际名人录》网络版网址为 http://www.worldwhoswho.com/,如图5-5-1所示。

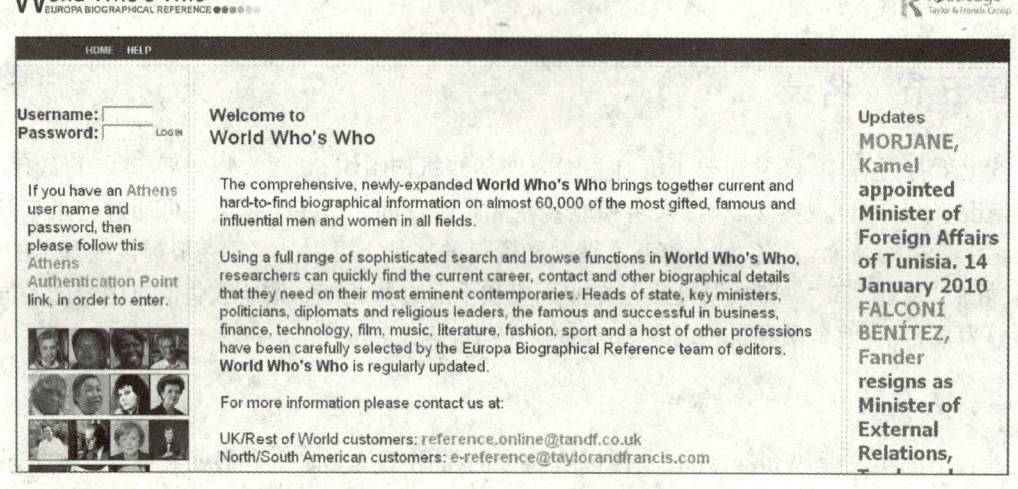

图5-5-1 《国际名人录》首页

3.《世界人名翻译大辞典》

《世界人名翻译大辞典》由郭国荣主编,新华通讯社译名室编辑,中国对外翻译出版公司1993年首版,是中华人民共和国第一本提供规范化人名翻译的工具书。全书收录词条65万条,涉及100多个国家和地区。所收词条一般包括外文名、汉译名、国别简称三部分,采用拉丁字母顺序排列。

4.《世界当代文化名人辞典》

《世界当代文化名人辞典》由丁守和、马连儒、陈有进主编,北京燕山出版社1992年出版。本书收入1945—1990年底从事学术活动的各学科中外名人2 361人,主要包括自然科学、哲学、经济学、政治学、法学、社会学、伦理学、逻辑学、美学、历史学、考古学、教育学、心理学、民族学、语言学、文学艺术等学科的人物。词目以中国人物姓名的首字笔画数和外国人物中文译名首字的笔画顺序排列。内容主要介绍其生平、学术生涯和学术贡献。

5.《中国当代名人录》

《中国当代名人录》由中外名人研究中心编,上海人民出版社1991年出版。本书收录当代政界、军界、实业界、教育界和科学文化界的著名人物7 500余人,条目内容主要包括姓名、出生年、籍贯或出生地、主要经历及贡献。

6. 中国科技专家库

中国科技专家库(http://www.wanfangdata.com.cn/)收录了国内自然科学技术领域的专家名人信息,介绍了各专家在相关研究领域内的研究内容及取得的进展。该数据库主要为国内外相关研究人员提供检索服务,有助于用户掌握相关研究领域的前沿信息。该数据库的主要字段内容包括姓名、性别、工作单位、工作职务、教育背景、专业领域、研究方向、研究成果、专家荣誉、获奖情况、发表的专著和论文等30多个。

二、地名录

地名录是规范化的地名工具书,一般按字顺编排,可与地名词典、地名索引、地名译名手册和地图配合使用。地名录通常可以告诉我们某地的准确地理位置、某地的行政名称和行政区划的变化等方面的情况。目前世界上有许多地名录,不仅有印刷型的,也有网络版的,现把几种常用的地名录概述如下。

1.《中国古今地名大词典》

《中国古今地名大词典》(全三册)由戴均良主编,上海辞书出版社2005年出版。本书是新中国成立后编纂的第一部规模最大、最具权威的地名词典,共收词68 000条,分古地名、旧地名和现今地名三大部分,是查考古今地名演变的必备工具。

2.《最新汉英·英汉世界地名录》

《最新汉英·英汉世界地名录》由梁良兴主编,北京外文出版社1999年出版。本书共收外国地名20 000余个,包括国家(地区)名、首都(首府)名,各国一级行政区划名,较大的城镇和居民点名,重要的自然地物如山、河、湖、海、岛等的名称以及若干知名的古国、古城、道路、建筑物、名胜古迹等。条目采用汉—英和英—汉双向排法,汉英部分按汉语拼音排序,英汉部分以拉丁字母排序。本书使用对象主要为从事汉英、英汉及其他语种翻译的人员、国家问题研究者及大专院校学生等。

3.《世界地名录》

《世界地名录》由萧德荣主编,中国大百科全书出版社1984年出版。该书所收录的30万个地名按字母顺序排列,释义简明、准确,具有较高的权威性。词条中外国地名一般包括罗马字母拼写、中文译名、所在地域和地理坐标等四项内容,中国地名一般包括汉语拼音、中文地名、地理坐标三项。2001年1月,现代出版社在《世界地名录》的基础上出版了《21世纪世界地名录》(上、中、下册)。该书增加了美、英、德、俄罗斯等国的相关地名条目,增补了伊朗、阿富汗、苏丹、埃塞俄比亚和南极洲的一批地名,较全面地收录了当代全球的地名信息。

4.《中华人民共和国地名录》

《中华人民共和国地名录》由中国地名委员会编,中国社会出版社1994年出版。该书是以全国地名普查、补查和资料更新的成果为基础,经标准化、规范化处理而形成的标准地名录。共收录全国乡、镇以上各级行政区域名称、名胜古迹、纪念地、古遗址、水库、桥梁、电站等名称约 10 万条。

5. 中国地名网

中国地名网(http://www.cgn.ac.cn/)是《中国地名》的网络版。网站有地名机构、地名标准化、地名信息化、地名文化、标牌检测、地名规划、知识资料等专栏。设有地名查询栏目,可查询县级以上政区地名、英语地名计算机译写和北京地名。

三、机构名录

机构名录是专门介绍各种组织机构情况,概述其宗旨、使命、职能及构成对象的工具书。利用机构名录可以查询到机构全称、地址、邮政编码和电话号码,也可以了解机构的性质、规模、成立年代、历史沿革和近况以及机构的活动范围等方面的情况。机构名录为沟通信息、促进交流、加强协作提供了很大的方便,以下对主要机构名录进行概要介绍。

1.《中国政府机构名录》

《中国政府机构名录》(2004/2005 年版 6 卷本)由新华社《中国政府机构名录》编辑部编辑,中央文献出版社 2005 年出版。本书分为中央卷和地方 1—5 卷。中央卷收录的范围是国务院机关、国务院各部委、国务院直属特设机构、国务院直属机构、国务院办事机构、国务院直属事业单位以及由国务院各部委归口管理的国家局和 4 个直辖市,以及上述直辖市所属司、局(厅)机构和处(室)机构。地方卷收集的范围是省、自治区、省会城市直属厅(局)级机构及下属处(室),各地区行署、地级市、自治州及下设机构直到县级人民政府。内容包括机构名称、地址、联系方法、负责人姓名,以及司局(厅)级以上单位的主要职能。

2.《中国企业名录》

《中国企业名录》由国家工商行政管理总局企业注册局编,中国工商出版社 2002 年出版。全书收入了在国家工商行政管理总局注册的大型企业及带中国字头的企业的相关信息,内容包含企业名称、法人、注册资金、注册号、电话、地址、经营范围等。该书编有行业索引和字母顺序索引。

3.《世界著名企业名录》

《世界著名企业名录》由郝洪才主编,北京外文出版社 1993 年出版。该书共收录世界著名企业 2 000 余家,范围包括 138 个国家和地区。

4. 万方数据资源系统的机构库

万方数据资源系统的机构库收录了国内外企业机构、科研机构、教育机构、信息机构各类信息。其中,企业机构信息以"中国企业、公司及产品数据库"(CECDB)为基础。该数据库始建于 1988 年,由万方数据公司联合国内近百家信息机构共同开发,是国内外工商界了解中国市场的一条捷径。用户遍及北美、西欧、东南亚等 50 多个国家与地区,不仅成为图书情报机构的经典电子馆藏资源,还被国际著名的 Dialog 联机系统认定为中国的首选经济信息数据库,面向全球数百万用户提供联机检索服务。目前,企业机构信息有 49 万余条,包括企业名称、负责人姓名、注册资金、固定资产、营业额、利税、行业 SIC、行业 GBM 等基本信息,详细介绍了企业经营信息,包括商标、经营项目、产品信息、产品 SIC、产品 GBM 以及企业排名。科研机构信息包括机构名称、曾用名、简称、负责人姓名、学科分类、研究范围、拥有专利、推广的项目、产品信息等。教育机构信息包括机构名称、负责人姓名、专业设置、重点学科、院系设置、学校名人等信息。信息机构信息包括机构名称、负责人姓名、机构面积、馆藏数量、馆藏电子资源种类等信息。"机构库"全面收录了以上机构的联系信息，包括行政区代号、地址、电话、传真、电子邮件、网址等。

第六节　中国工具书网络出版总库

中国工具书网络出版总库（http://gongjushu.cnki.net/）简称"知网工具书库"或者"CNKI工具书馆"，是中国知识资源总库的重要组成部分，是精准、权威、可信且持续更新的百科知识库，检索界面如图5-6-1所示。

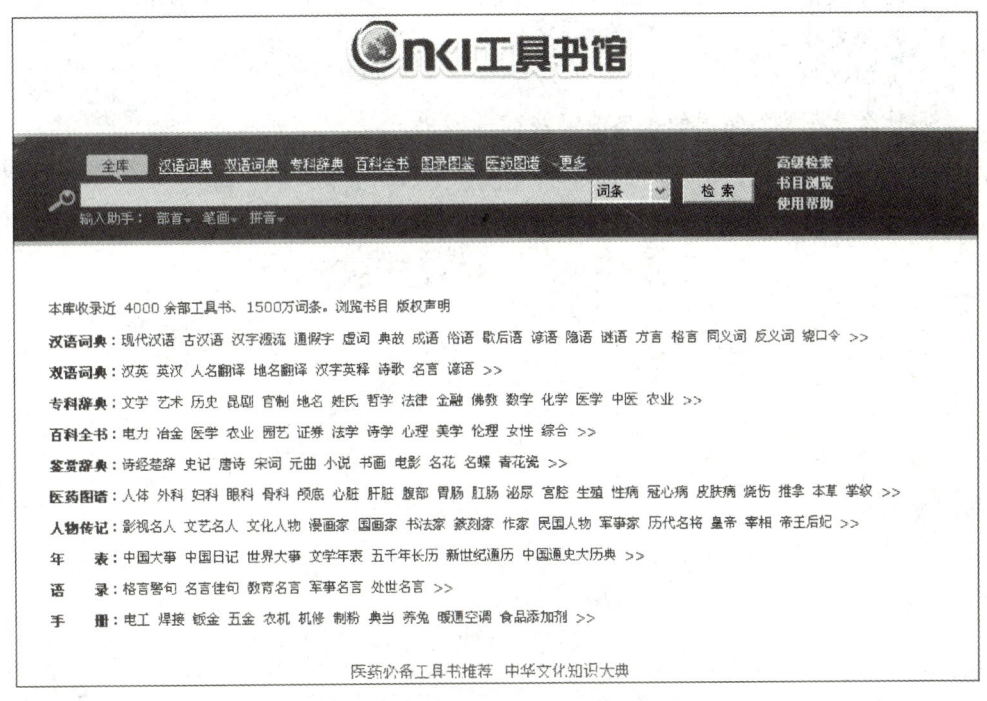

图5-6-1　知网工具书馆检索界面

知网工具书馆集成了近200家知名出版社的4 000余部工具书，类型包括语文词典、双语词典、专科辞典、百科全书、图录、表谱、传记、语录、手册等，约1 500万条条目，70万张图片，内容涵盖哲学、文学艺术、社会科学、文化教育、自然科学、工程技术、医学等各个领域。

从2006年3月立项至今，知网工具书馆的用户已遍布全球，日均检索量达70万次，成为全球华人释疑解惑的重要工具，也是海外学者研究中国问题、了解中华文化的快捷通道。

思考与练习

1. 中文参考工具书主要有哪些类型?
2. 利用工具书查找下列汉字,写出读音和释义。
   蒯 嘏 瞿 邕 遑
3. 什么是百科全书?
4. 利用百科全书查找下列词条,并写出词条的基本情况。
   黄埔条约
   历史学派
   搜寻理论
   凡登定律
   大同思想
5. 什么是年鉴? 常用的年鉴有哪些?
6. 利用年鉴分别查找 2009 年中国国内生产总值及三大产业的构成、2009 年中国制造业中的就业人数。

第六章　特种文献检索

> 特种文献是一种有特定内容、特定用途、特定读者范围、特定出版发行方式，介于图书和期刊之间，似书非书、似刊非刊的文献资料，也称为"灰色文献"。特种文献复杂多样，包括标准文献、专利文献、会议文献、科技报告、学位论文、政府出版物、档案资料、产品资料等类型。特种文献中的一部分作为图书或连续出版物正式出版或发表，更多的则不会正式出版，因此，这部分文献难以收集。但特种文献内容广泛新颖，涉及科学技术、生产生活的各个领域，在传递科技信息方面发挥的作用往往比常规文献（如图书、报刊）更大，具有其他类型文献无法替代的价值，是非常重要的文献信息来源。
>
> 由于特种文献在内容特点和检索方法上不同于常规文献，而学位论文和会议文献在不少联机数据库中都提供全文，不在此赘述；本章就标准文献、专利文献和科技报告的检索方法和检索途径一一进行介绍。

第一节　标准文献及其检索

标准在日常生活和生产建设中起着重要作用。推行生产标准化，有利于合理利用资源，节约原材料，提高技术和劳动生产率，保证产品质量。但标准不仅仅是商品检验的依据，通过它，我们还可以了解和研究国内外工农业产品、工程建设的特点和技术政策水平，这对于开发新产品、改进老产品有着重要的参考作用。

一、标准概述

国家标准 GB/T 20000.1—2002《标准化工作指南　第1部分：标准化和相关活动的通用词汇》中对标准的定义为：为了在一定范围内获得最佳秩序，经协商一致制定并由公认机构批准，共同使用和重复使用的一种规范性文件。

WTO-TBT 技术性贸易壁垒协议规定：标准是被公认机构批准的、非强制性的、为了通用或反复使用的目的，为产品或相关加工和生产方法提供规则、指南或特性的文件。

上述定义揭示了"标准"的内涵。制定标准的目的是"获得最佳秩序"。"最佳秩序"是指通过制定和实施标准，使标准化对象的有序化程度达到最佳状态。标准产生的基础是科学、技术和经验的综合成果。制定标准的对象是"重复性事物"。标准由公认的权威机构批准。

为便于研究和应用,人们从不同角度和属性将标准进行分类,主要有以下分类方法。

1. 根据成熟程度划分

根据成熟程度,可分为:

(1) 强制标准。国家以法律条文形式或国际组织之间以缔结条约的形式颁布的标准。强制性标准一经颁布,必须贯彻执行,具有法律属性。

(2) 推荐标准。也称非强制标准,是行业协会或国际组织为适应某种趋势或发展而推荐使用的标准。我国推荐标准的代号为"/T"。

(3) 暂行标准。由标准化团体暂时制定并公开发布的文件。暂行标准一般应规定一个试行期限,试行期内达不到的某些要求和指标,可呈报有关部门酌情放宽执行。

2. 根据使用范围划分

根据使用范围,可分为:

(1) 国际标准。指由国际标准组织制定,或其他国际组织制定由国际标准化组织确认并公布的标准。如国际标准化组织制定的国际标准(ISO)、国际电工委员会制定的国际电工标准(IEC)等。

(2) 区域标准。又称为地区标准,泛指世界某一区域标准化团体所通过的标准。通常提到的区域标准主要是指欧洲标准化委员会、非洲地区标准化组织等地区组织所制定和使用的标准。

(3) 国家标准。由各国的标准机构制定的在本国范围内使用的标准。如中国标准(GB)、美国标准(ANSI)。

(4) 行业标准,由行业主管部门制定的适用于本行业的标准。如轻工业标准(QB)、化工行业标准(HG)、机械行业标准(JB)等。

(5) 地方标准。由各级地方行政机构批准并适用于该行政区域的标准。我国地方标准的代号为"DB"。加上省级行政区划代码前两位数字再加斜线,组成强制性地方标准代号,如"DB62/"。

(6) 企业标准。由企业或其行业主管部门批准并适用于某企业(系统)的标准。我国的企业标准代号为"Q/企业代号",如"Q/JR1—2007"。

提示:行业标准、企业标准和地方标准的制定,有时是因为没有统一的国家标准、行业标准。有国家标准时,强制标准是本国的最低标准,行业标准和地方标准不低于国家标准要求,企业标准不低于上述标准要求,也可根据自身情况采用外国标准或国外某地区行业标准。

3. 根据标准化的对象和作用划分

根据标准化的对象和作用,可分为:

(1) 基础标准。是标准的标准,一般包括术语、符号、代号、计量单位、机械制图、命名标识、结构要素等。此类标准的有效期较长。

(2) 产品标准。是对产品的质量和规格所作的统一规定,是衡量产品质量的依据。如对某类产品的形状、尺寸、质量、性能、检验、维修乃至包装、运输、储存等方面制定的各项标准。

(3) 方法标准。是为试验、分析、检验、抽样、测定等操作方法和程序而制定的标准。

(4) 安全标准。以保护人和物的安全为目的而制定的标准。

(5) 卫生标准。为保护人的健康,对食品、医药及其他方面的卫生要求而制定的标准。

(6) 环境标准。为保护环境和有利于生态平衡对大气、水体、土壤、噪声、振动、电磁波等环境质量、污染管理、监测方法及其他事项而制定的标准。安全与环境保护标准是为保护人、物、环境的安全而制定的标准。

提示： 自标准实施之日起，至标准复审重新确认、修订或废止的时间，称为标准的有效期，又称标龄。由于各国情况不同，标准有效期也不同。ISO 标准每 5 年复审一次，平均标龄为 4.92 年。我国在国家标准管理办法中规定国家标准实施 5 年内要进行复审，即国家标准有效期一般为 5 年。

二、标准文献

狭义的标准文献主要是指由技术标准、管理标准、工作标准及其他规范性文件所组成的一种特种文献体系。广义的标准文献，除了各类标准外，还包括标准分类资料、标准检索工具、标准化期刊、标准化专著、标准化管理文件、标准化手册等。

标准文献除了以标准命名外，还常以规范、规程、建议等名称出现。国外标准文献常以 Standard（标准），Specification（规格、规范），Rules（规程），Instruction（规则），Practice（工艺），Bulletin（公报）等命名。

标准文献是一种重要的科技出版物。一个国家的标准文献反映着该国的经济政策、技术政策、生产水平、加工工艺水平、标准化水平等内容，是全面了解该国工业发展情况的重要参考资料。

1. 标准文献的分类

标准文献的分类，比较常用的是《国际标准分类法》（International Classification for Standards，简称 ICS，其一级类目表见附录三）和自编标准专用分类法。ICS 是由国际标准化组织编制的标准文献分类法，主要用于国际标准、区域标准和国家标准以及相关标准化文献的分类、编目、订购与建库，并促进以上各种标准文献在世界范围的传播。ISO 规定，各成员国应在其国际标准封面上加印 ICS 分类号，这不仅便于统一分类和检索，也有利于国际交流。

中国的各级标准和有关标准文献的分类，按 1999 年修订的《中国标准文献分类法》（简称 CCS）进行。该法的类目设置，以专业划分为主，适当结合科学分类。序列采取从总到分，从一般到具体的逻辑系统。类目结构采用二级分类，一级主类的设置主要以专业划分为主，由 24 个大类组成，用单个英文字母标记；二级类目设置采取非严格等级制的列类方法，用双数字标记。其大类序列如表 6-1-1 所示。

表 6-1-1 《中国标准文献分类法》一级类目表

A	综合	J	机械	S	铁路
B	农业、林业	K	电工	T	车辆
C	医药、卫生、劳动保护	L	电子元器件与信息技术	U	船舶
D	矿业	M	通信、广播	V	航空、航天
E	石油	N	仪器、仪表	W	纺织
F	能源、核技术	P	工程建设	X	食品
G	化工	Q	建材	Y	轻工、文化与生活用品
H	冶金	R	公路、水路运输	Z	环境保护

2. 标准号

标准号一般由"标准代号 + 发布顺序号 + 发布年代号"组成。

例如,《GB/T 50362—2005 住宅性能评定技术标准》。

其中,"GB/T"为推荐标准代号,"50362"为发布顺序号,"2005"为发布年代号;需要说明的是,修订的标准其标准号前两项不变,只是发布年作相应改变。检索时要注意是否最新标准(现行标准)。

常见的标准代号有:ISO——国际标准,GB——中国国家标准,GBJ——国家建设标准,CNS——台湾地区标准,ANSI——美国国家标准,BS——英国国家标准,DIN——德国国家标准,JIS——日本工业标准,NF——法国国家标准,EN——欧洲标准,CENELEC——欧洲电子技术标准,IEC——国际电工标准等。

我国的国家标准、行业标准、地方标准、企业标准代号详见附录四。

一件完整的标准文献一般应该包括以下各标识或陈述:① 标准级别;② 分类号,通常包括ICS类号和各国自编的标准文献分类法类号两部分;③ 标准号;④ 标准名称;⑤ 标准提出单位,一般在标准正文末附加说明;⑥ 审批单位;⑦ 发布日期;⑧ 实施日期;⑨ 具体内容项目。如图6-1-1所示。

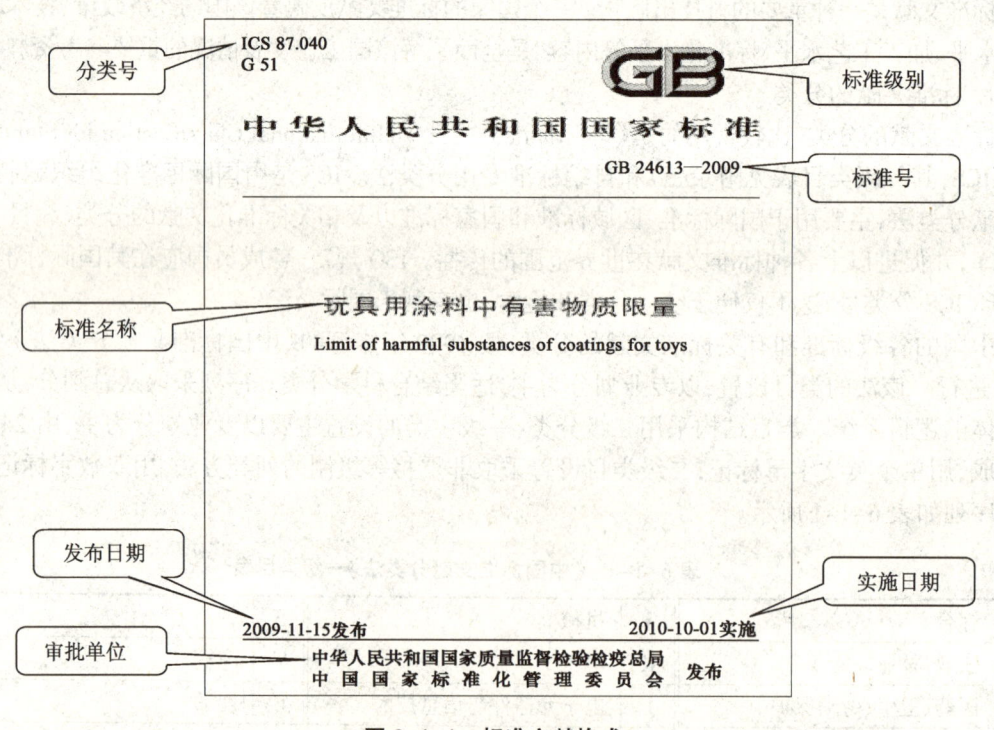

图 6-1-1 标准文献格式

三、标准文献检索

在传统环境下,由于标准文献收藏机构有限,不易检索查阅。在网络和通信技术迅速发展的今天,互联网上有不少标准信息服务系统,可以很方便地获取标准文献信息。但出于对标准文献严肃性等因素的考虑,几乎所有系统都不免费提供全文内容。下面介绍几个国内比较常用的标准信息服务系统。

1. 中国标准服务网

中国标准服务网(http://www.cssn.net.cn/,如图6-1-2所示)是国家级标准信息服务门户,是世界标准服务网的中国站点。网站以种类齐全、信息权威、更新及时、服务快捷为服务宗旨,提供标准动态信息采集、编辑、发布,标准文献检索,标准文献全文传递和在线服务等功能。采用会员制服务方式,非会员和免费注册会员只能查到相关的题录信息,只有注册交费后才能浏览全文。

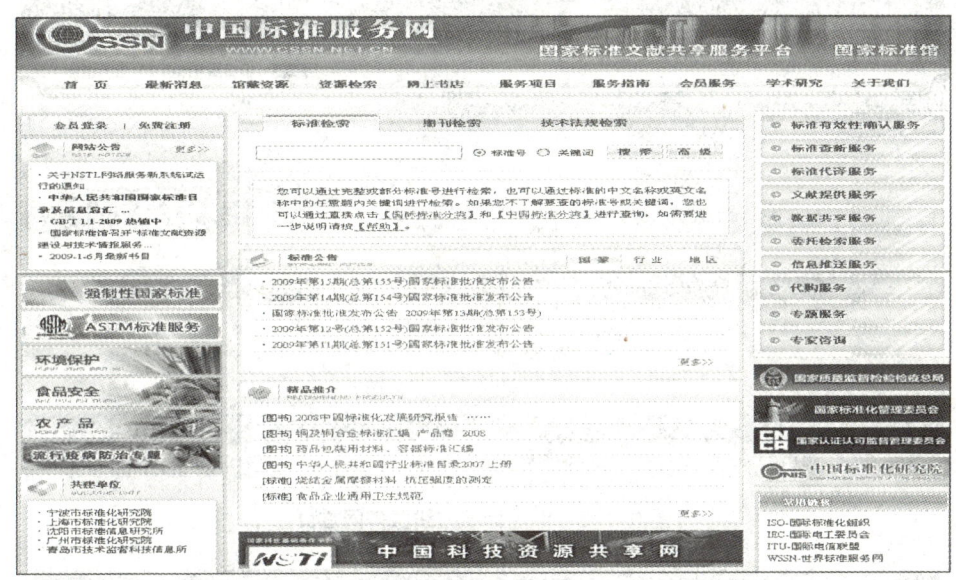

图6-1-2 中国标准服务网主页

中国标准服务网的标准信息主要依托于国家标准化管理委员会、中国标准化研究院标准馆及院属科研部门、地方标准化研究院(所)及国内外相关标准化机构。国家标准馆是目前国内规模最大、品种最多的国内外标准文献馆藏服务机构。经过70余年的积累,至2008年10月,馆藏资源量达100余万册,包括齐全的中国国家标准和68个行业标准,60多个国家、70多个国际和区域性标准化组织、450多个专业协(学)会的成套标准,160多种国内外标准化期刊及标准化专著。

中国标准服务网提供标准、标准期刊、标准专著和技术法规的检索。对标准,用户可通过完整或部分标准号进行检索,也可通过标准的中文名称或英文名称中的任意题内关键词对馆藏各类标准进行检索。对标准期刊,可通过文章标题、作者、刊名等对馆藏的80余种西文标准化期刊篇目信息进行搜索。对技术法规,可通过技术法规的中文名称或英文名称中任意题内关键词对馆藏美国联邦技术法规(CFR)、美国FDA食品法规(FFC)、欧洲汽车法规(ECE)、中国法律法规大典、中国质量监督检验检疫法规等9种国内外技术法规进行检索。

2. 中国标准在线服务网

中国标准在线服务网(http://www.gb168.cn/,如图6-1-3所示)是由中国标准出版社主办的国家标准网络发行服务系统。主要收录中国国家标准、部分行业标准、美国国家标准、加拿大标准化协会标准、英国标准协会标准，提供标准查询、原文订阅、强制性国家标准免费阅读等服务，并提供国家标准批准发布公告、行业标准备案公告、国家标准废止、国家标准与行业标准转换信息等内容。非注册用户可浏览、检索各种标准题录信息；免费注册用户可免费阅读强制性国家标准全文，如图 6-1-4 所示；注册用户申请成为会员用户（需缴会员费）后，可在线阅览推荐性国家标准全文。

图 6-1-3　中国标准在线服务网首页

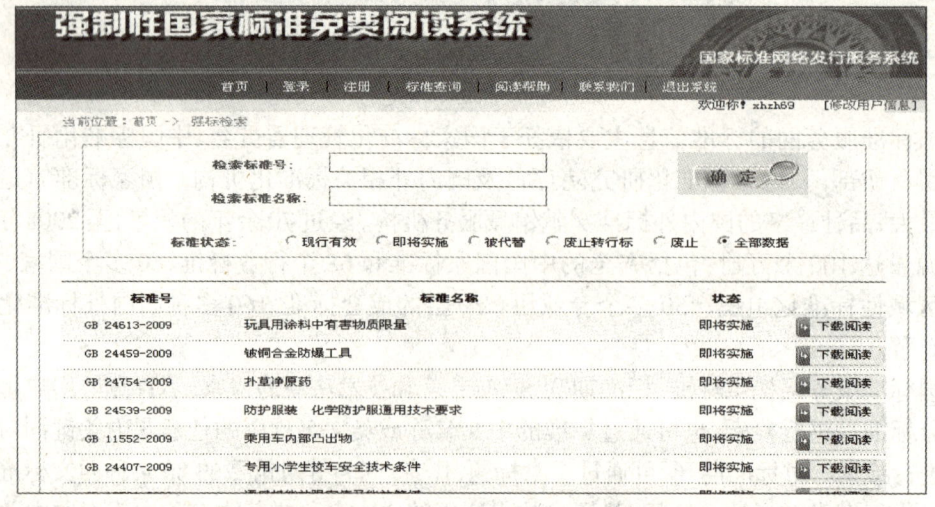

图 6-1-4　中国标准在线服务网-强制性国家标准检索页面

3. 中国国家标准频道

中国国家标准频道（http://www.chinagb.org/，如图 6-1-5 所示）是国内最大的标准专业网站，提供中国国家标准、行业标准、地方标准及国际标准、外国标准的全方位咨询服务，包括标准信息

图 6-1-5 中国国家标准频道主页

的免费在线查询、标准有效性的确认、标准文献翻译、标准培训、企业立标等各种相关服务。

中国国家标准频道还提供了丰富多彩的标准新闻资讯,设有标准动态、标准商品、标准公告、WTO 资讯、标准论坛、BBS 等板块和国际、国内及行业标准动态、抽查公告、质检公告等众多栏目。世界贸易风云、与标准有关的国内外重要新闻、与百姓生活息息相关的热点话题、权威专家的言论等,都可一览无遗。

4. 万方中外标准数据库

万方中外标准数据库(http://c.wanfangdata.com.cn/Standard.aspx)综合了由国家技术监督局、建设部情报所、建材研究院等单位提供的相关行业的各类标准题录信息。收录了 1983 年至今国内外的大量标准,包括中国标准、国际标准以及各国标准 26 万多条记录。

该库的简单检索方式简单易用;高级检索方式专业且功能强大,可以通过标准名称、标准编号、关键词、中国标准分类号、国际标准分类号、发布单位、实施日期、国别等十多个字段进行检索(如图 6-1-6 所示)。检索结果按 CCS 分类、标准类型、标准发布日期进行分组,便于用户从众多的检索结果中快速筛选出需要的标准。该库目前未收录失效国家标准。免费检索题录信息,文摘 1.00 元 / 篇,无标准正文。

5. 中国环境标准网

中国环境标准网(http://www.es.org.cn/cn/)由环境保护部环境标准研究所主办。包括水环境标准、大气环境标准、固废污染控制标准、移动源排放标准、环境噪声标准、土壤环境标准、放射性环境标准、生态保护标准、环境基础标准和其他环境标准共计 1 000 余条。用户可通过标准编号、标准名称、关键词等途径免费查询下载国家环境标准、环境保护标准的全文,标准全文是 PDF 格式。

6. 中华人民共和国卫生部标准网站

该网站目前已累计收录 1 200 余条卫生方面的国家标准(全文)和卫生行业标准(全文)及其更新信息,涵盖了环境卫生、食品卫生、职业卫生、血液卫生、放射卫生、化妆品卫生、传染病、地方

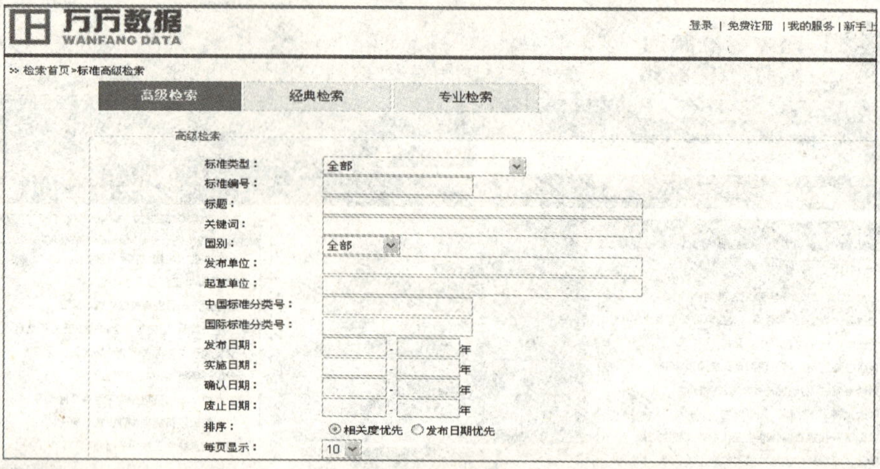

第六章 特种文献检索

图6-1-6 万方中外标准数据库高级检索页面

病、职业病等各领域。用户可以按发布时间、标准分类、标准号、标准名称等排序浏览，还可以进行智能速查和高级查询。标准全文有些是图片格式，有些是 PDF 格式。

第二节 专利文献及其检索

专利文献是专利制度的产物。专利制度是当生产力及科学技术发展到一定水平时，为确保智力劳动成果的价值得到充分肯定而形成与建立的制度。公元 13 世纪，英国国王以颁发诏书的形式，对新发明或将新技术引进英国的人授予一定期限内的垄断权。这是专利权的雏形 1474 年，威尼斯公布了世界第一部专利法，使专利作为一种制度，以法律的形式出现。其后，欧洲各国争相效仿。19 世纪后期，专利制度开始向国际化发展。1883 年，以法国为首的 11 个国家发起签订了"保护工业产权巴黎公约"，1967 年 51 个成员国共同建立了世界知识产权组织（WIPO），至 2007 年 6 月 15 日，该组织成员国已达 184 个。我国于 1980 年 6 月加入该组织，于 1985 年 4 月 1 日起正式实施专利法。

2007 年全世界专利申请受理量达到 185 万件，专利授权总量约 76.47 万件。其中，日本申请人获得的专利数量居世界第一，其次是韩国和美国的申请人；中国和韩国的专利申请显著增长；美日拥有的有效专利最多。据国家知识产权局统计，截至 2009 年 7 月底，我国共受理专利申请 534.1 万件，其中，国内申请 445.7 万件，国外申请 88.4 万件。同期国家知识产权局授权专利总量为 279.2 万件，其中国内 238.8 万件，国外 40.4 万件。至 2009 年 12 月 7 日，我国专利授权总量突破 300 万件，其中发明专利占 19.1%，实用新型专利占 44.5%，外观设计专利占 36.4%。

一、专利概述

广义上，专利包括三个方面：一是从法律角度讲，可理解为专利权，是指受法律保护的权利；二是从技术角度讲，是指受法律保护的技术，也就是受专利法保护的发明创造；三是从文献角度讲，是指记录发明创造内容的专利文献。其中，专利权是国家授予申请人在一定时间内禁止他人未经许可而以生产经营为目的实施其专利的权利，具有专有性、地域性和时间性的特点。

(一)专利的类型

根据专利的保护对象,我国专利法将专利分为三种,即发明专利、实用新型专利和外观设计专利。

1. 发明专利

是指对产品、方法或者其改进所提出的新技术方案。因此,发明专利分为产品发明、方法发明和用途发明。发明专利是三种专利中最重要的一种。

2. 实用新型专利

是指对产品的形状、构造或其组合所提出的适于实用的新技术方案。这种新的技术方案能够在工业上制造出具有使用价值和实际用途的产品。由于实用新型专利的创造水平低于发明专利,人们常称之为"小发明"或"小专利"。

3. 外观设计专利

外观设计也称为工业品外观设计,是指对产品的形状、图案或者其结合以及色彩与形状、图案的结合所作出的富有美感并适于工业应用的新设计。

我国发明专利权的期限为20年,实用新型专利权、外观设计专利权的期限为10年。

(二)授予专利权的条件

根据《中华人民共和国专利法》第二十二、二十三条规定,授予专利权的发明和实用新型,应当具备新颖性、创造性和实用性;而外观设计专利只具备新颖性并且没有与他人在先的合法权利发生冲突就可授予专利权。

1. 新颖性

是指在申请日以前没有同样的发明或者实用新型在国内外出版物上公开发表过、在国内公开使用过或者以其他方式为公众所知,也没有同样的发明或者实用新型由他人向专利行政部门提出过申请并且记载在申请日以后公布的专利申请文件中。新颖性是发明和实用新型能否获得专利权的首要条件。

2. 创造性

是指与申请日前已有的技术相比,该发明或者实用新型有突出的实质性特点和显著的进步。创造性是发明和实用新型取得专利权的另一个实质性条件。

3. 实用性

指该发明或实用新型能够制造或者使用,并且能够产生积极效果。

(三)专利制度的作用

1. 保护专利权人的合法权益

根据专利法规定,除法律另有规定外,未经专利权人许可,任何人不得为生产经营目的制造、使用、许诺销售、销售、进口其专利产品,或者使用其专利方法以及使用、销售、进口依照该专利方法直接获得的产品。否则就构成对专利权的侵犯。

2. 鼓励发明创造

通过专利法所确立的专利制度,使得那些具有实用价值和经济意义、被依法授予专利权的发明创造,成为专利权人的财产权利,专利权人可依此在经济上得到利益,这对于鼓励发明创造,调动人们发明创造的积极性,吸引更多的资金、人力投入发明创造活动,会产生重要的作用。

3. 推动发明创造的应用

专利权人对其取得专利的发明创造享有专有权,他可以通过自行实施其专利而取得收益,也可以通过许可他人实施其专利而取得被许可人支付的专利许可使用费。此外,在法律保护下的专利技术公开,以及专利实施的强制许可制度、指定许可制度,都有利于促进专利技术的推广应用。

4. 促进科学技术进步和经济社会发展

各国专利制度都有相应的公告程序,专利文件中公布的技术有助于启迪他人思维,促进技术交流,孕育新的发明创造。同时,通过制定和修改专利法,不断完善专利制度,进一步激发人们的创造热情,推动科技进步,促进经济社会的发展。

二、专利文献的特点和分类

专利文献是指各国专利局(知识产权局)及国际专利组织在受理审批专利过程中产生的官方文件及其出版物的总称。作为公开出版物的专利文献主要有专利说明书、专利公报和专利索引等。狭义的专利文献仅指专利说明书。

据世界知识产权组织统计,世界上 90%~95% 的发明能在专利文献中查到,并且许多发明只能在专利文献中查到。可以说,专利文献几乎记载了人类取得的每一个新技术成果,是最具权威性的世界技术百科全书。

(一) 专利文献的特点

1. 内容新颖,富于创造性

新颖性和创造性是授予发明和实用新型专利权的必备条件,作为申请专利权的专利说明书等文献,必定体现专利的新颖性和创造性。

2. 数量巨大,内容广博

全世界每年出版的专利文献已超过 150 万件,约占世界每年科技出版物的 1/4。全世界累积可查阅的专利文献已超过 6 000 万件,其中蕴涵着极其丰富的科技信息,从日常生活用品到尖端科技,几乎涉及了人类生产活动的所有技术领域。

3. 报道迅速,时效性强

由于世界上绝大多数国家在专利保护中遵循先申请原则,促使发明人在发明构思基本完成时便迫不及待地向专利局提出申请,以防同行抢先申请专利。而专利申请早期公开制度的实行,使得发明在提出申请半年或 1 年内便可公开,从而加快了专利文献中科技信息的传播速度,使之能够及时反映最新技术的发展与变化。

4. 内容详尽,实用性强

各国专利法都明确要求,专利文献必须清晰、具体、完整地阐述发明,以同行业的普通专业人员能够看懂、实施该项发明为准;同时要求申请专利必须具有实用性,能应用于生产和科研并产生明显效果。因此,专利文献一般都叙述详尽,并有具体应用举例,大部分专利文献还附有详细的附图。

5. 著录规范,便于交流

各国对专利说明书的著录格式要求基本相同。专利文献的著录项目统一使用国际标准代码标注,使用统一的分类体系,对说明书内容的撰写要求也一致。这就大大方便了人们对世界各地专利说明书的阅读和使用。

6. 集专利技术、法律、经济信息于一体

专利文献不仅记录发明创造内容,展示发明创造实施效果,同时还揭示每件专利保护的技术范围,记载专利的权利人、发明人、专利生效时间等信息。

专利文献也存在不足之处,如保留技术秘密,不交代技术关键点,重复量大等。同时,由于各国专利法都规定"一发明一申请",因此,整体设备往往被分成各种零部件,人们很难从一篇文献中获取完整的技术资料。

(二)专利文献的分类

目前,世界上主要的专利分类体系可以归纳为《国际专利分类表》、《美国专利分类表》、《英国专利分类表》和英国德温特出版公司编制的专利分类体系。其中,应用最广的是《国际专利分类表》(简称 Int.CI 或 IPC)。

IPC 结合了功能与应用分类原则,兼顾了各国对专利分类的要求,因而适用面较广,是目前唯一的国际通用的专利文献分类和检索工具。第 1 版 IPC 于 1968 年 9 月 1 日公布生效,第 2 版于 1974 年 7 月 1 日生效,第 3 版于 1980 年 1 月生效,以后每 5 年更新一次,2006 年 1 月起执行第 8 版。目前,大部分国家都已采用 IPC 作为本国专利的分类依据,只有英、美两国仍在采用自己的专利分类表,但在其专利文献上也都同时标有 IPC 分类号。

IPC 按照技术主题设置类目,采用等级结构,把整个技术领域分为五个不同的等级,即部、大类、小类、大组、小组。

1. 部

部是分类表的最高等级。共分为八个部,内容包括了与发明专利有关的全部知识领域。八个部所涉及的技术范围分别是:

A 部　人类生活需要　　　　　E 部　固定建筑物
B 部　作业、运输　　　　　　F 部　机械工程、照明、加热、武器、爆破
C 部　化学、冶金　　　　　　G 部　物理
D 部　纺织、造纸　　　　　　H 部　电学

2. 大类

八个部分别按照不同的技术领域分成若干大类,每一个大类的类号由部的代号加上两位阿拉伯数字组成。如,A61 表示"医学或兽医学;卫生学"。

3. 小类

每个大类都包括一个或若干个小类,小类类号由大类类号加上一个大写字母(A,E,I,O,U,X 除外)组成。如,A61H 为"理疗装置"。

4. 大组

大组的类号由小类类号加上 1~3 位阿拉伯数字,再加上 "/00" 组成。如,A61H 23/00 表示"叩打或振动按摩的理疗装置"。

5. 小组

是大组的细分,小组号是在大组号斜线之后加上至少一个不为零的两位以上的数字。如,A61H 23/02 表示"用电或磁驱动的叩打或振动按摩的理疗装置"。

一个完整的国际专利分类号由部、大类、小类、大组或小组的类号组成。

例如,"带颈椎按摩器的汽车通用坐靠垫"的 IPC 号如下:

A　　部（人类生活需要）
　　A 61　　大类（医学或兽医学；卫生学）
　　A61H　　小类（理疗装置）
　　A61H 23/00　　大组（叩打或振动按摩）
　　A61H 23/02　　小组（用电或磁驱动的）

"带颈椎按摩器的汽车通用坐靠垫"完整的 IPC 为 A61H 23/02(2006.01)，其中(2006.01)表示从 2006 年 1 月起使用的第 8 版 IPC。

提示：在使用 IPC 时，要用与所查专利年代对应的分类表版本。如检索 1993 年的专利文献要使用第 5 版分类表，IPC 被简写成"Int.CI^5"，并且将它加在所有根据 IPC 分类的专利文献的分类号前面（第 8 版之前都用此法）。

（三）中国专利说明书编号

中国专利说明书的编号体系包括：

申请号——在提交专利申请时给出的编号；

专利号——在授予专利权时给出的编号；

公开号——对申请发明专利的说明书公开时的编号；

公告号——对申请实用新型专利、外观设计专利的说明书公告时的编号；

授权公告号——对授权发明专利、实用新型专利、外观设计专利说明书的编号。

提示：各种专利在申请专利权时，都会得到一个申请号；申请后对专利申请说明书进行公布，会有一个公开号（发明专利）或公告号（实用新型/外观设计）；申请被授予专利权时，才有专利号（ZL+申请号），同时会对授权的专利进行公告，授权公告号与之前的公开号或公告号相同。如表 6-2-1 所示。

表 6-2-1　申请号、公开号、授权公告号、专利号的关系

专利申请类型	申请号	公开号	授权公告号	专利号
发明	200310102344.5	CN 1 00378905 A	CN 1 00378905 B	ZL 200310102344.5
实用新型	200320100001.1		CN 2 00364512 U	ZL 200320100001.1
外观设计	200330100001.6		CN 3 00123456 S	ZL 200330100001.6

申请号。三种专利的申请号都由 12 位数字、1 个圆点和 1 个校验位组成，按年编排。如 200310102344.5，其前 4 位表示申请年代，第 5 位数字表示要求保护的专利申请类型（1——发明，2——实用新型，3——外观设计），第 6—12 位数字（共 7 位数字）表示当年该类专利申请的顺序号，然后用一个圆点分隔专利申请号和校验位，最后 1 位是校验位。

专利号由"ZL+申请号"组成。

专利说明书文献号。自 2004 年 7 月 1 日开始，出版的所有专利说明书文献号均由表示中国国别的代码 CN 和 9 位数字以及专利文献种类标识代码（由 1 个字母或 1 个字母加 1 个数字组成）三部分组成。三种专利按各自的流水号序列顺排，逐年累计。如果需要，可以在国家代码 CN 与专利文献号、专利号与专利文献种类标识代码之间分别留 1 位单字节空格。

专利文献种类标识代码中字母的含义：

　　A　　发明专利申请公告（A、A8、A9）

B 发明专利授权公告(B、B8、B9)
C 发明专利权部分无效宣告的公告(C1—C7)
U 实用新型专利授权公告(U、U8、U9)
Y 实用新型专利权部分无效宣告的公告(Y1—Y7)
S 外观设计专利授权公告(S、S8、S9)或专利权部分无效宣告的公告(S1—S7)

图 6-2-1 为一实用新型专利说明书首页。

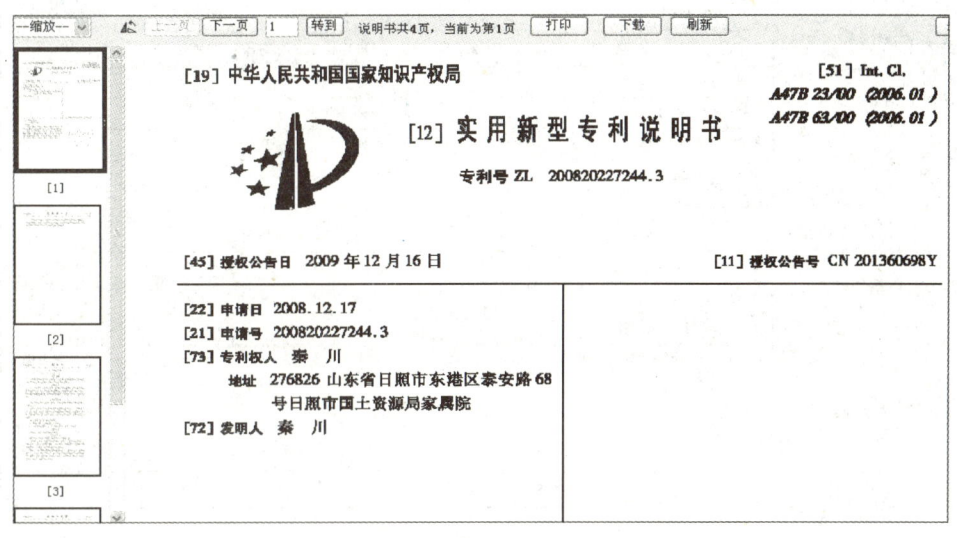

图 6-2-1 专利说明书样本首页

三、专利文献检索

专利文献是唯一一种可了解技术垄断的范围和深度的信息源。以往的专利检索主要是通过专门的专利检索工具、检索系统,如专利局出版的专利公报、专利文摘及专利索引等进行。随着因特网的快速发展,不少机构都建立网上专利查询与服务系统,提供专利信息的免费检索,使我们可以便捷、经济地获取专利信息。目前,通过网络获取专利信息的途径比较多,每个系统各具特色,提供的查询功能及服务项目也不相同。

(一)中国专利信息检索

1. 中国知识产权网

中国知识产权网(http://www.cnipr.com/)是中国国家知识产权局知识产权出版社于 1999 年创建的知识产权综合性服务网站。网站开发了多种专利信息服务平台,包括中外专利数据库服务平台、专利信息分析系统、专利管理系统等。其中外专利数据库服务平台提供全部中国专利信息数据库,收录了 1985 年至今在中国公开的全部专利(包括了发明专利、实用新型专利和外观设计专利);同时拥有美国、日本、欧洲专利局、世界知识产权组织等 80 多个国家、组织及地区在内的海量专利数据库,以及经过深度加工标引的中国药物专利数据库和中国专利说明书全文全代码数据库,总量达到 5 000 万件以上。

该网站服务平台实现了在同一中文界面下对世界各国专利信息的统一检索和浏览,全部国

第六章 特种文献检索

外数据均采用英文文摘,最大限度方便用户使用。平台具有表格检索(高级检索)、逻辑检索、智能模糊检索("?"代替单个字符,"%"代替多个字符)、行业分类导航检索和 IPC 分类检索等多种模式。高级检索界面有多种检索入口,如图 6-2-2 所示,如申请(专利)号、公开(公告)日、公开(公告)号、申请(专利权)人、分类号、主题词、地址及名称等十多种途径供用户选择,并可实现二次检索、过滤检索、同义词检索等功能。

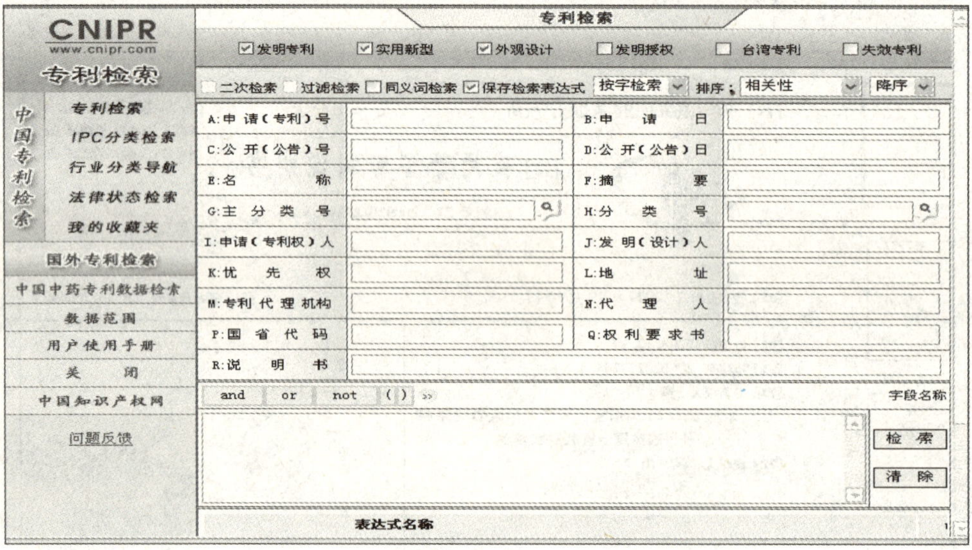

图 6-2-2 中国知识产权网 – 专利高级检索界面

检索结果页面如图 6-2-3 所示。浏览专利信息时,用户可根据需要批量打印和下载专利文摘、保存检索历史,也可以查阅当前专利的法律状态、链接浏览国内外专利全文。

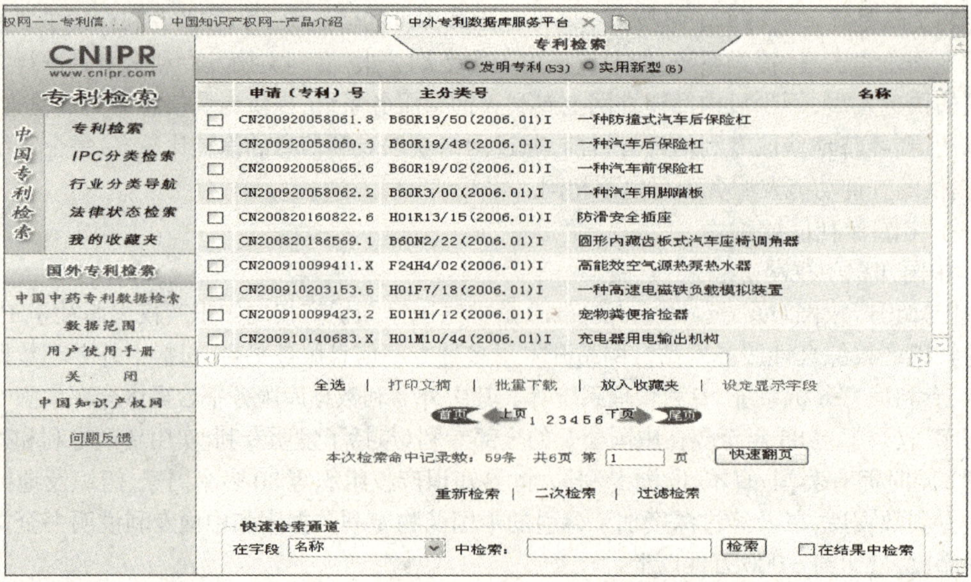

图 6-2-3 中国知识产权网 – 专利检索结果页面

2. 中国国家知识产权局网站

中国国家知识产权局网站（http://www.sipo.gov.cn/）于2001年11月正式对国内外公众提供中国专利数据库免费检索服务。网站除提供相关的法律法规以及专利申请指南等服务外，特别在"专利检索"栏目对公众提供免费专利检索服务。内容包括1985年9月10日以来公布的全部中国专利信息，包括发明、实用新型和外观设计三种专利的著录项目及摘要，并可浏览到各种说明书全文及外观设计图形，提供IPC分类检索，支持模糊检索。其专利检索界面如图6-2-4所示。

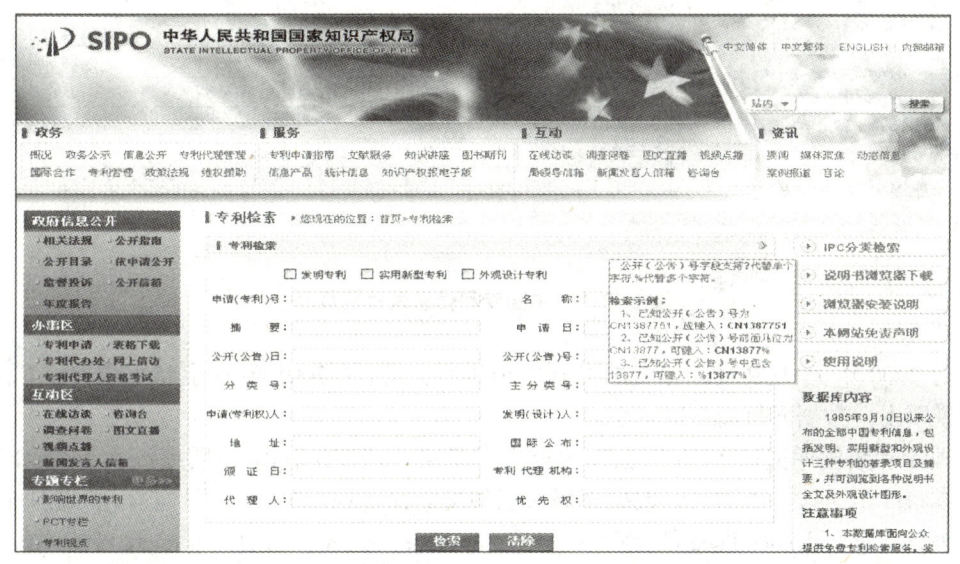

图6-2-4　中国国家知识产权局网专利检索界面

3. 中国专利信息网

中国专利信息网（http://www.patent.com.cn）由国家知识产权局专利检索咨询中心于1997年10月建立，是国内较早提供专利信息服务的网站。网站具有中国专利文摘检索、中国专利英文文摘检索，以及中文专利全文下载功能，采用会员制管理方式向社会公众提供网上检索、网上咨询、检索技术、邮件管理等服务。用户注册后可以免费检索自1985年4月1日中国专利法实施以来至今的专利题录信息。免费用户可以浏览专利说明书全文的首页，普通和高级用户可以查看并打印、下载发明专利、实用新型专利说明书的题录、摘要和全文（外观设计另行收费）。检索页面如图6-2-5所示。

此外，该站点还提供一些主要的专利网站链接，如国家知识产权局、香港知识产权署、世界知识产权组织、欧洲专利局、美国专利商标局、德国专利商标局、日本专利局、韩国专利局等，方便用户快捷地从多方获取专利信息。

（二）国外专利信息检索

1. 美国专利商标局的专利数据库

美国专利商标局（简称USPTO，http://www.uspto.gov）的专利数据库包括授权专利数据库和申请专利数据库两部分。授权专利数据库收录了1790年7月31日至今的美国专利，申请专利

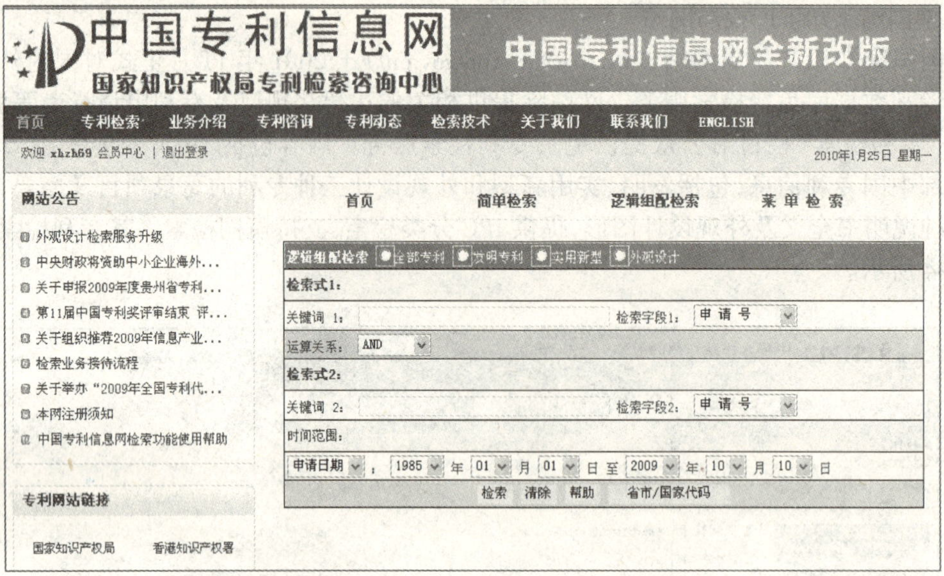

图 6-2-5　中国专利信息网检索页面

数据库对 2000 年 11 月 9 日起递交的专利申请进行公开,从 2001 年 3 月 15 日开始正式出版专利申请说明书。数据库每周更新一次。

美国专利数据库提供 1790 年至今的全文图像格式(TIFF 格式)说明书以及 1976 年至今的全文文本(HTML 格式)说明书。数据库提供三种检索途径:两词布尔逻辑检索(quick search)、高级布尔逻辑检索(advanced search)和号码检索(number search)。需要注意的是 1790—1976 年的专利只能通过专利号、美国专利分类号进行检索。

专利文献检索和阅读的入口网址为 http://www.uspto.gov/patft/index.html。

2. 欧洲专利局的欧洲专利文献数据库

欧洲专利局的欧洲专利文献数据库除了能检索阅读欧洲专利外,还能检索美国、日本等 50 多个国家和 PCT 等专利组织的专利文献,并能进行专利说明书全文的浏览、下载和打印。文献格式为 PDF 格式,可按页下载保存,用免费软件 Adobe Reader 打开阅读。数据库提供快速检索、高级检索、号码检索、分类号检索四种检索方式。该库是科技人员最常用的数据库。

专利文献检索和阅读的入口网址为 http://ep.espacenet.com。

3. 世界知识产权数字图书馆

世界知识产权组织的"PCT 国际专利公报数据库"收录 1997 年 1 月 1 日以来 PCT 公布的专利申请原始资料,包括题录、文摘和扫描的图像。可以检索专利申请文献,文献数据更新比较快,PCT 专利申请公开 2~3 天后便可免费查询到全文。

专利文献检索和阅读的入口网址为 http://www.wipo.int/ipdl/en。

提示:《国际专利合作条约》(*Patent Cooperation Treaty*,简称 PCT),是于 1970 年达成的关于专利申请的国际合作条约,1978 年生效。中国于 1994 年 1 月 1 日成为专利合作条约缔约国。条约规定了在缔约国申请专利的统一程序,即国际专利申请人只需在一个缔约国以一种规定语言提出一次申请,就产生了分别向申请中指明的需要获得专利保护的国家提交专利申请的效力。

4. 日本特许厅工业产权数字图书馆

日本工业产权数字图书馆(IPDL),系网上图书馆,它把原日本工业产权资料馆等公众阅览室的专利公报,通过互联网和检索系统无偿地提供给读者,旨在使更多的读者便捷、有效地得到日本工业产权文献。该数字图书馆除日文外,还提供日本专利的英文检索界面和英文摘要,方便不懂日文的人员进行检索。主要专利数据库包括日本专利全文数据库(日文)和日本专利英文文摘数据库。前者收录 1923 年以来日本专利文献,包括题录、文摘、权利要求及说明书全文,说明书用文本方式显示,附图用 PDF 方式显示;后者收录了自 1993 年以来的日本专利英文文摘,内容包括题录、图形和法律状态。

专利文献检索和阅读的入口网址为 http://www.jpo.go.jp。

第三节　科技报告及其检索

一、科技报告概述

科技报告,是科学技术报告的简称,是用于描述科学或技术研究的过程、进展和结果,或描述一个科学或技术问题状态的文献(《GB 7713.3—2009　科技报告编写规则》)。一般由科研机构、政府机构所属的科研单位、专业学术团体及高等院校附设的研究所提供。科技报告出现于 20 世纪初,第二次世界大战后迅速发展,1945—1950 年年产量在 7 500~100 000 件,至 20 世纪 70 年代增至每年 5 万 ~50 万件,到 20 世纪 80 年代每年约达百万件。目前,世界上许多国家都出版自己的科技报告,例如,著名的美国政府四大科技报告、英国航空委员会(ARC)报告、欧洲空间组织(ESRO)报告、法国国家航空研究(RNEAR)报告、法国原子能委员会(CEA)报告等。全世界每年出版的科技报告超过百万份,其中,又以美国的科技报告数量最大,约占总数的 80%。

科技报告类型多样。按专业名称和内容,科技报告可分为科学报告、技术报告、工程报告、调查报告、研究报告、试验报告、生产报告、交流报告等;按所反映的研究进展,可分为初步报告、预备报告、进展报告、中间报告、终结报告等;按流通范围,可分为绝密报告、机密报告、秘密报告、非密限制发行报告、非密报告、解密报告。

科技报告每份自成一册,通常载有主持单位、报告撰写者、密级、报告号、研究项目号和合同号等,大多与政府的研究活动、国防及尖端科技领域有关。科技报告发表及时,课题专深,内容新颖、成熟,数据完整,且注重报道进行中的科研工作,是一种重要的信息源。

许多最新的研究成果,尤其是尖端学科的最新探索往往出现在科技报告中。同时,由于科技报告常常涉及军事和科学技术的最新研究课题,为了国家安全和保护技术专有,科技报告的流通范围总是受到严格控制,多数报告被保密和控制发行,外部不能查阅,这给科技报告的利用带来一定的困难。我们可以通过一些专门的检索系统来查寻那些公开或解密的科技报告。

二、科技报告检索

1. 国家科技成果网

国家科技成果网(简称国科网,http://www.tech110.net/)是由科技部创建的国家级科技成果

第六章 特种文献检索

创新服务平台,旨在促进科研单位、科研人员、技术需求方的交流、沟通,加快全国科技成果进入市场的步伐,促进科技成果的应用与转化,避免低水平的重复研究,提高科学研究的起点和技术创新能力。所拥有的全国科技成果数据库(简称 NAST 成果库)已收录 1978 年以来全国各地区、各行业经省(市、自治区)、部委认定的科技成果 30 余万项,并以每年 3 万~5 万项的数量增加,充分保证了成果的时效性。该库免费提供全国科技成果的网上查询服务。

NAST 成果库提供简单检索(如图 6-3-1 所示)、高级检索(如图 6-3-2 所示)和多种分类导航检索。高级检索可通过成果名称、关键词、完成单位、完成人、年份、地区、国科分类、中图分类代码、行业、成果水平等多个检索项的逻辑组合进行精确检索。分类导航检索则包括国科分类、学科分类、高新技术分类、行业分类、登记成果、鉴定成果、计划项目、奖励项目等多种分类途径。注册用户可免费查看成果简单信息。

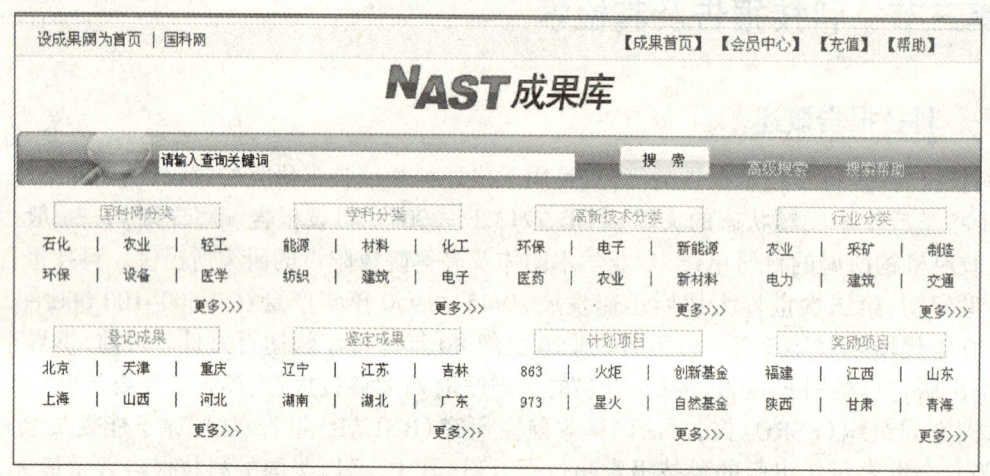

图 6-3-1　国家科技成果网 – 成果库检索页面

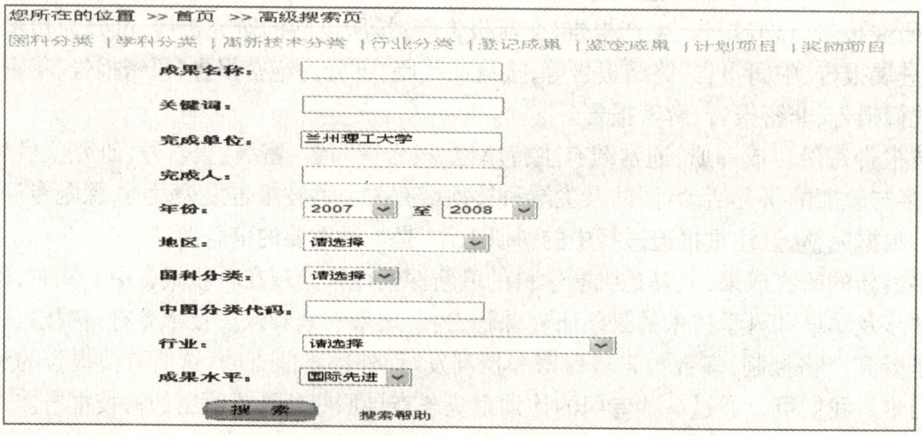

图 6-3-2　国家科技成果网 – 高级检索页面

例如,我们想了解 2007—2008 年兰州理工大学有哪些科技成果达到国际先进水平?

第一步　在高级检索界面的"完成单位"一栏输入"兰州理工大学",在"年份"栏中选择

"2007至2008",在"成果水平"下拉菜单中选择"国际先进"(如图6-3-2所示)。

第二步 点击"搜索",返回命中结果8条(如图6-3-3所示)。

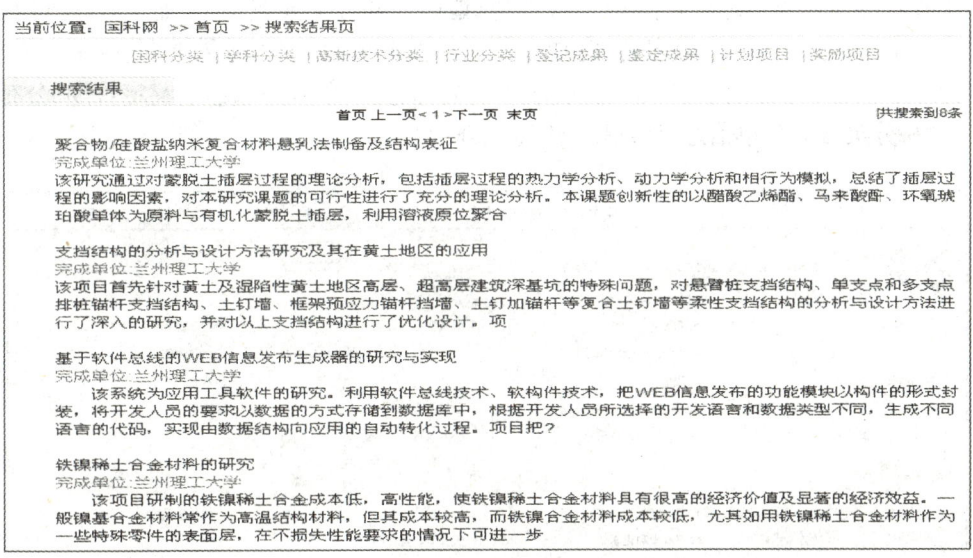

图6-3-3 国家科技成果网–检索结果页面

第三步 浏览并选择所需成果的名称,即可获得其简单信息(如图6-3-4所示);付费可获得详细信息(5元/条)。

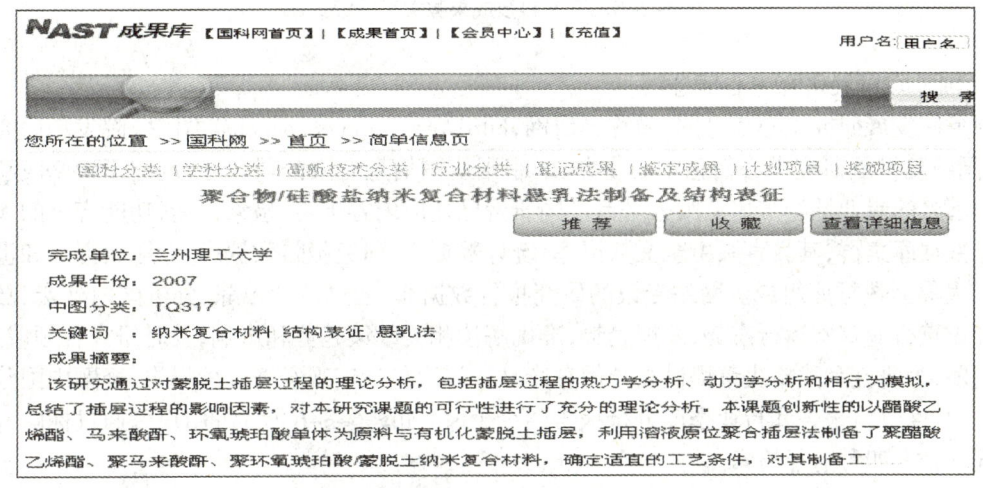

图6-3-4 国家科技成果网–成果简单信息页面

2. 万方中国科技成果库

万方中国科技成果库(http://c.wanfangdata.com.cn/Cstad.aspx)依托中国科技信息研究所,收录了国内自1980年至今的科技成果及国家级科技计划项目。截至2009年底,成果总计58万余项,成为我国最具权威的技术成果库。该库可为技术咨询服务提供信息源,为技术改造、新产品开发以及革新工艺提供重要依据,是科技部指定的新技术、新成果查新数据库。

该库提供简单检索、高级检索和行业、学科、地区三种分类导航检索,如图6-3-5所示。在高级检索界面,用户可通过成果名称、完成单位、关键词、成果简介、成果类别、成果水平、鉴定/公布年份等途径检索。该库免费提供科技成果的名称、完成单位、完成人、鉴定日期、公布年份、关键词、学科分类号等简单信息,详细摘要信息1.00元/篇。

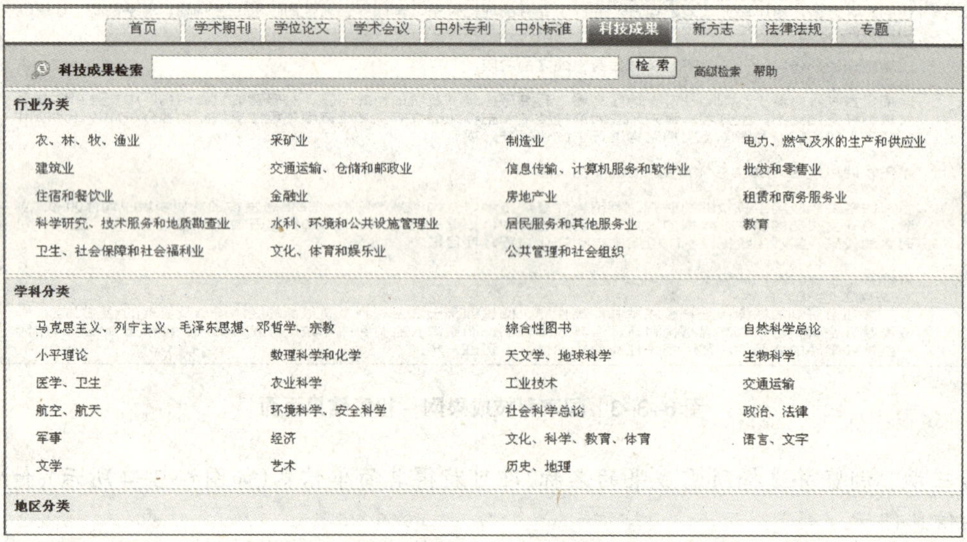

图6-3-5 万方科技成果数据库检索页面

3. 国务院发展研究中心信息网

国务院发展研究中心信息网(简称国研网,http://www.drcnet.com.cn/)由国务院发展研究中心主管,国务院发展研究中心信息中心主办,北京国研网信息有限公司承办,创建于1998年3月,是中国著名的专业性经济信息服务平台。国研网已建成内容丰富、检索便捷、功能齐全的大型经济信息数据库集群,其教育版由全文数据库、统计数据库、研究报告数据库、专题数据库和世经数据库五大集群数据库组成。网站专设的研究报告数据库,通过持续跟踪、分析国内外宏观经济、金融和重点行业基本运行态势、发展趋势,准确解读相关政策趋势和影响,及时研究各领域热点、重点问题,为研究和战略决策提供高端信息产品。该库包括宏观经济分析报告、金融中国分析报告、行业月度分析报告和行业季度分析报告四个子库(如图6-3-6所示),用户可通过标题、作者、关键词和全文四种途径检索。

4. 国家科技图书文献中心

国家科技图书文献中心(http://www.nstl.gov.cn/)的国外科技报告数据库主要收录1978年以来的美国政府研究报告,即AD、PB、DOE和NASA报告,以及少量其他国家学术机构的研究报告、进展报告和年度报告等。学科范围涉及工程技术和自然科学各专业领域,每年增加报告2万余篇。至2010年初,已累计百万条。该数据库主要提供单位为中国科技信息研究所,数据每月更新。用户可通过NSTL的文献传递服务获取原文。

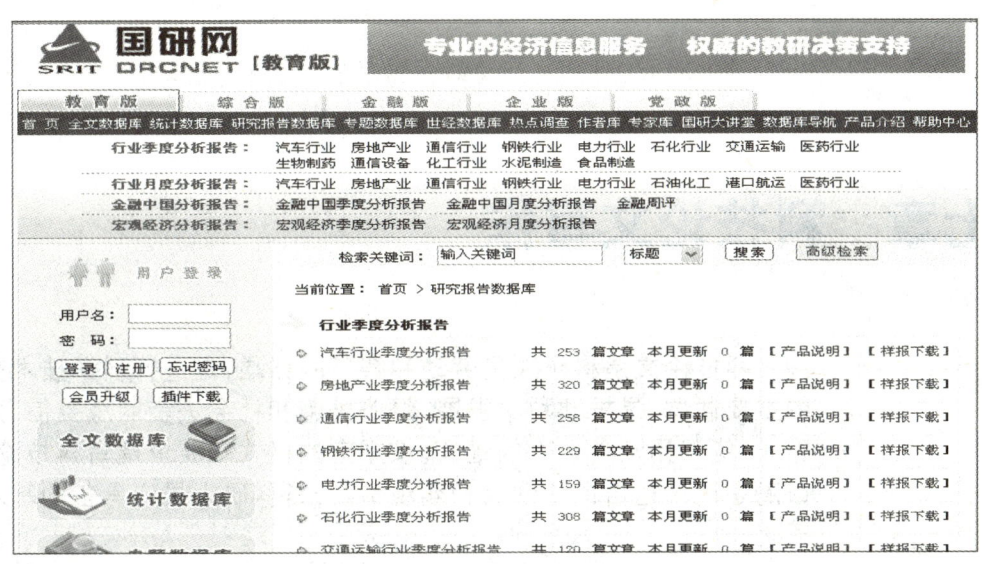

图 6-3-6　国研网教育版 – 研究报告数据库检索页面

思考与练习

1. 标准文献及其特点是什么？我国标准文献的检索主要网站及其检索入口有哪些？
2. 现行标准 GB/T 7713 由哪几个标准组成？从何时实行？替代哪个标准？
3. 制作馒头、月饼是否有相关国标或行标？
4. 中国专利文献检索的主要网站及其检索途径有哪些？
5. 检索国内汽车儿童安全坐椅的有关专利。
6. 标准文献、专利文献和科技报告三者在原文获取方面有何不同？
7. 什么是 AD、PB、DOE 和 NASA 报告？
8. 通过万方中国科技成果库检索本校自 2000 年以后完成的科技成果共有多少项？水平最高的是什么项目？

第七章　科技论文写作

> 科技论文是科研人员劳动和智慧的结晶,是进行科学技术交流的主要载体,是推动科学发展、经济繁荣和社会进步的重要信息源。因此,能够用清晰准确的语言,按规定的格式和要求撰写科技论文,以清楚地表达自己的观点和客观事实,是科研人员应具备的基本技能之一。

第一节　科技论文概述

一、科技论文的定义

科技论文的定义很多,简单地说,科技论文是对创造性的科研成果进行理论分析和总结的科技写作文体。张白影主编的《新编文献信息检索通用教程》是这样定义的:科技论文是报道自然科学研究和技术开发创新工作成果的论说文章,它通过运用概念、判断、推理、证明或反驳等逻辑思维手段,来分析表达自然科学理论和科学技术开发研究成果。

科技论文区别于其他文体的特点:科技论文是创新性科学技术研究工作成果的科学论述,是某些理论性、实验性或观测性新知识的科学记录,是某些已知原理应用于实际中取得新进展、新成果的科学总结。

二、科技论文的分类

科技论文可从不同的角度,根据不同标准进行分类。

(一) 从科技论文发挥的作用划分

根据科技论文发挥的作用,可分为三类:

1. 学术性论文

学术性论文指研究人员提供给学术性期刊发表或向学术会议提交的论文,它以报道学术研究成果为主要内容。学术性论文反映了该学科领域最新的、最前沿的科学水平和发展动向,对科学技术事业的发展起着重要的推动作用。这类论文应具有新的观点、新的分析方法和新的数据或结论,并具有科学性。

2. 技术性论文

技术性论文指工程技术人员为报道工程技术研究成果而提交的论文,这种研究成果主要是应用已有的理论来解决设计、技术、工艺、设备、材料等具体技术问题而取得的。技术性论文对技术进步和提高生产力起着直接的推动作用。这类论文应具有技术的先进性、实用性和科学性。

3. 学位论文

学位论文指学位申请者提交的论文。这类论文依学位的高低又分为以下三种。

(1) 学士论文:指大学本科毕业生申请学士学位而提交的论文。工科大学生有的做毕业设计,毕业设计与科技论文有某些相同之处。论文或设计应反映出作者具有专门的知识和技能,具有从事科学技术研究或担负专门技术工作的初步能力。

(2) 硕士论文:指硕士研究生申请硕士学位要提交的论文。它是在导师指导下完成的,但必须具有一定程度的创新性,强调作者的独立思考能力。

(3) 博士论文:指博士研究生申请博士学位要提交的论文。它可以是一篇论文,也可以是相互关联的若干篇论文的总和。博士论文应反映出作者具有坚实、广博、系统的基础理论知识,具有独立从事科学技术研究工作的能力,应反映出该科学技术领域前沿的独创性成果。

学位论文要经过考核和答辩,因此,无论是论述、文献综述,还是介绍实验装置、实验方法都要求比较翔实;而学术性或技术性论文是写给同专业的人员看的,因此,要力求简洁。除此之外,学位论文与学术性论文和技术性论文之间并无其他严格的区别。

(二) 按科技论文研究的方式和论述的内容划分

根据科技论文研究的方式和论述的内容,可分为以下几类:

1. 实验、试验研究型

针对科技领域的某一学科或专题,有目的地进行调查与考察、试验与分析,或进行相应的模拟研究,得到系统的观察现象、实验数据或效果比较等重要的原始资料和分析结论。原始资料的准确与齐备,往往使它成为进一步深入研究的依据与基础。实验研究型论文占现代科技论文的多数。这类论文不同于一般的实(试)验报告,其写作重点应放在研究上。它追求的是可靠的理论依据,先进的实(试)验设计方案,先进、适用的测试手段,合理准确的数据处理及科学、严密的分析与论证。

2. 理论论证型

这类科技论文是对基础性科学命题的论述与证明,或对提出的新的设想、原理、模型、机构、材料、工艺、样品等进行理论分析,使其完善、补充或修正。如对各学科公理、定理、原理、原则或假设的建立、论证及其使用范围、使用条件的讨论。这类论文主要是提出新的假说,并通过数学推导或逻辑推理,从而得到新的理论,包括定理、定律和法则。其写作要求是数学推导要科学、准确,逻辑推理要严密,并准确地使用定义和概念,力求得出无懈可击的结论。

3. 发现、发明型

记叙被发现事物或时间的背景、现象、本质、特性及其运动变化规律和使用该发现前景的文章,阐述被发明的装备、系统、工具、材料、工艺、配方形式或方法的功效、性能、特点、原理及使用条件的文章。

4. 设计、计算型

这类科技论文是为解决某些工程问题、技术问题和管理问题而进行的计算机程序设计,某些系统、工程方案、机构、产品的计算机辅助设计和优化设计以及某些过程的计算机模拟,某些产品

(包括整机、部件或零件)或物质(材料、原料等)的设计或调、配制等。对这类论文总的要求是相对要"新",数学模型的建立和参数的选择要合理,编制的程序要能正常运行,计算结果要合理、准确;设计的产品或调、配制的物质要经试验证实或经生产、使用考核。

5. 综述型

这是一类比较特殊的科技论文,与一般科技论文的区别在于不要求在研究内容上具有首创性,尽管一篇好的综述文章也常常包括某些先前未曾发表过的新资料和新思想,但是它要求撰稿人在综合分析和评价已有资料的基础上,提出特定时期内有关专业课题的发展演变规律和趋势。

综述型论文的题目一般比较笼统,篇幅允许较长,写法主要有两类:一类以汇集文献资料为主,辅以注释,客观而较少评述,年度评述即此;另一类则着重评述,通过回顾、观察和展望,提出有根据的、合乎逻辑的、具有启迪性的看法和建议,这类文章撰写要求较高,应具有在某一学科领域的权威性,往往能对所论述学科的进一步发展起到引导作用。

三、科技论文的特点

任何科技文章的写作都应该准确生动,而作为科技论文,它又有自身的特殊属性。一篇好的科技论文必须同时具备下述特点:

(一) 创新性

科技论文报道的主要研究成果应是前人(或他人)所没有的。没有新的观点、见解、结果和结论,就不称其为科技论文。科技论文的创新程度是相对于人类已有的知识而言的。至于某一篇论文,其创新程度可能有大小之别,但总要有一些独到之处,总要对丰富科学技术知识宝库和推动科学技术发展起到一定的作用。"首次提出"、"首次发现",当然是具有重大价值的研究成果;在某一个问题上有新意,对某一点有发展,也应属于创新的范围。在实际研究中,有很多课题是在引进、消化、移植国内外已有的先进科学技术,以及应用已有的理论来解决本地区、本行业、本系统的实际问题,只要对丰富理论、促进生产发展、推动技术进步有效果、有作用,这类论文也同样应视为有一定程度的创新。

(二) 学术性

学术性是指一篇科技论文应具有一定的学术价值,它有两方面的含义:一是对实验、观察或用其他方式得到的结果,从一定的理论高度进行分析和总结,形成一定的科学见解,包括提出并解决一些有科学价值的问题;二是对自己提出的科学见解或问题,用事实和理论进行符合逻辑的论证与分析或说明,并将实践上升为理论。从实质而言,科技论文的写作过程,本身就是作者在认识上的深化和在实践基础上进行科学抽象的过程。从事科学研究,特别是从事工程技术研究的科技人员,应善于从理论上总结与提高,争取写出既有创新性又有学术价值的科技论文来。

(三) 科学性和准确性

一篇论文有了创新性和学术性还只能定性地说它已经具备了一篇论文最主要的东西,在具体的研究及写作阶段还必须使论文具有科学性和准确性。所谓科学性,就是要正确地说明研究对象所具有的特殊矛盾,并且要尊重事实,尊重科学。具体说来,包括论点正确、论据充分、论证严密、数据可靠、处理合理、计算精确、结论客观等等。所谓准确性是指对客观事物即研究对象的运动规律和性质表述的接近程度,包括概念、定义、判断、分析和结论要准确,对自己研究成果的估计要确切、恰当,对他人研究成果(尤其是在做比较时)的评价要实事求是。

(四) 规范性和可读性

撰写科技论文是为了交流、传播、储存新的科技信息,让他人利用,因此,科技论文必须按一定格式写作,必须具有良好的可读性。在文字表达上,要求语言准确、简明、通顺,条理清楚,层次分明,论述严谨。在技术表达方面,包括名词术语、数字、符号的使用,图表的设计,计量单位的使用,文献的著录等都应符合规范化要求。一篇科技论文失去了规范性和可读性,将严重降低它的价值,有时甚至会使人怀疑它报道的研究成果是否可信。

四、科技论文写作与发表的意义

(一) 科技论文的写作是科技工作者进行科学技术研究的重要手段

科技论文写作是科技工作者进行科学技术研究的重要手段和重要组成部分。法拉第将科学研究的过程描述为"开拓、研究完成、发表"三个阶段,可见写作与发表对一个科技工作者有多么重要。把写作贯穿在整个研究工作中,边研究,边写作,可及时发现研究工作的不足,补充和修正正在进行的研究,会使研究成果更加完善。

(二) 科技论文的发表可以促进学术交流

英国文学家萧伯纳说过:"倘若你有一个苹果,我也有一个苹果,而我们彼此交换,那你和我仍各有(只有)一个苹果。但倘若你有一种思想,我也有一种思想,而我们彼此交流,那我们将各有两种思想。"写作与发表的科技论文是科技工作者之间进行科学思想交流的永久记录,也历史地记载了探索真理的过程,记载了各种观测结果和研究结果。科学技术研究是一种承上启下的连续性的工作,许多重大的发明、发现都是从继承和交流开始的,因此,科技工作者通过论文写作与发表的形式进行学术交流,促进了研究成果的推广与应用,有利于科学事业的繁荣与发展。

(三) 科技论文的写作与发表有利于科学积累

科技论文写作是信息的书面存储活动,通过论文的写作与发表,信息的传递将超越时空的限制,研究成果将作为文献保存下来,成为科学技术宝库的重要组成部分,为同时代人和后人提供科学技术知识,并由整个人类所共享。

(四) 科技论文的发表是发现人才的重要渠道,是考核科技工作者业务成绩的重要依据

一篇论文的发表,可能使一个原来默默无闻的科技工作者被发现并受到重用,这在科技史上和当今的事例是很多的。发表论文的数量和质量是衡量一个科技工作者学术水平与业务成绩的重要指标,同时也是考核他们能否获得学位、晋升技术职务的重要依据。

第二节 科技论文的基本格式与写作要求

一、基本格式

为了便于论文所报道的科学技术研究成果这一信息系统的收集、储存、处理、加工、检索、利用、交流和传播,1988年1月1日起实施的国家标准 GB/T 7713—1987《科学技术报告、学位论文和学术论文的编写格式》对科技论文的撰写和编排格式作了规定,指明报告与论文由前置部分和主体部分两大部分构成,如图 7-2-1 所示。

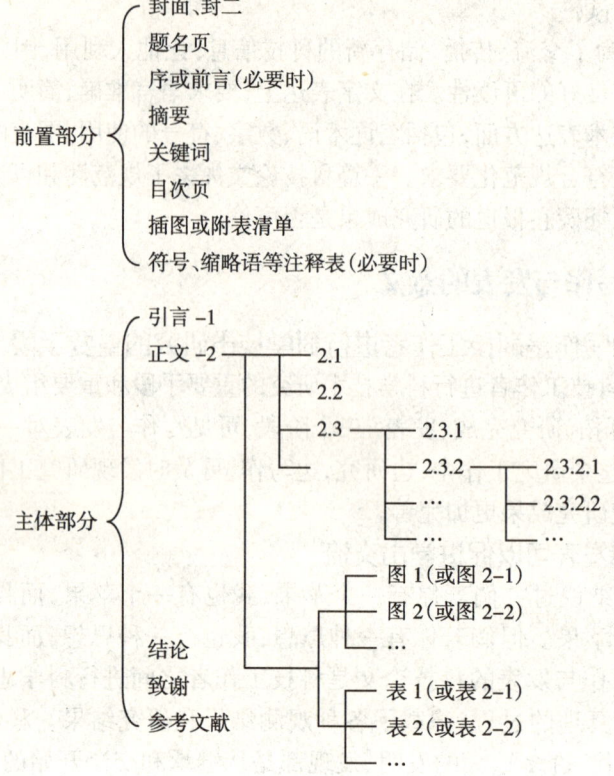

图 7-2-1 报告与论文的构成

而一般的学术论文通常只包括八个部分,如图 7-2-2 所示。

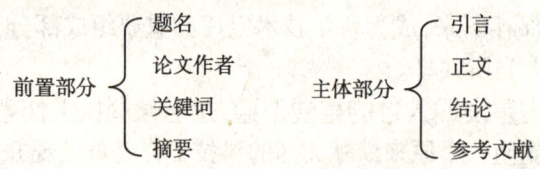

图 7-2-2 学术论文的一般构成

为了使学位论文的组成要素及结构等方面尽可能与国际标准保持一致,以达到资源共享和国际交流的目的,2007 年 5 月 1 日实施的国家标准 GB/T 7713.1—2006《学位论文编写规则》部分代替了 GB/T 7713—1987《科学技术报告、学位论文和学术论文的编写格式》。

总之,有了科技论文的编写格式这一国家标准,对于一篇科技论文应先写什么,后写什么,各部分要写什么内容,以及表达中有些什么要求,编排上应符合哪些规定,都有章可循;但是,论文的主题确立、论据选取、论证展开、结构安排、章节划分、层次标题及材料组织等,则需要论文作者和刊物编者根据研究对象、研究的目的和方法,以及论文内容等实际情况处理。可以说,既符合规定的格式要求,又各自具有独立的主题思想、表达手法、写作风格和编排特色,才是一篇高质量的论文。

二、科技论文各部分的写作要求

(一) 题名

题名,又叫文题、题目、标题(或称"总标题",以区别于"层次标题"),是论文的中心或总纲,是能反映论文最重要的特定内容的最恰当、最简明的词语的逻辑组合。

1. 题名的一般要求

(1) 准确得体。题名应能准确无误地表达论文的中心内容,恰当地反映研究的范围和达到的深度。题名避免使用笼统的、泛指性很强的词语和华而不实的辞藻,必须紧扣论文内容,做到题要扣文,文要扣题,这是撰写论文的基本准则。

(2) 简短精练。题名应简明,使读者印象鲜明,便于记忆和引用。GB/T 7713—1987 规定,中文题名一般不宜超过 20 个汉字;外文(一般为英文)题名应与中文题名含义一致,一般以不超过 10 个实词为宜。我们应把这"20 字"视为上限,在保证能准确反映"最重要的特定内容"的前提下,题名字数越少越好,必要时可加副题名。

(3) 便于检索。题名所用词语必须有助于选定关键词和编制题录、索引等二次文献,以便为检索提供特定的实用信息。

(4) 容易认读。题名中应当避免使用非公知公用的缩略词、字符、代号等,尽量不出现数学式和化学式。

(5) 题名的文字要求。题名比内容的行文要求更高,即一定要符合现代汉语的语法、修辞和逻辑规则,决不能出现语病,同时还要尽量给人以美感。

2. 下列情况可以有副题名

(1) 题名语意未尽,用副题名补充说明论文的特定内容。

(2) 一系列研究工作用几篇论文报道,或是研究课题分阶段所得的结果,各用不同的副题名区别其特定内容。

(3) 其他有必要用副题名作为引申或说明的情况。

(二) 署名

1. 署名的意义

作者在自己撰写的论文中署名有以下三个方面的意义:

(1) 署名作为拥有著作权的声明。《中华人民共和国著作权法》中规定,"著作权属于作者";著作权包括署名权,即"表明作者身份,在作品上署名的权利"。可见,在发表的论文中署名,是国家赋予作者的一种权利,当然受到国家法律的保护。其实,署名也是作者通过辛勤劳动应得的一种荣誉,以此表明他们的劳动成果和作者自己得到了社会的承认和尊重。

(2) 署名表示文责自负的承诺。所谓文责自负,就是论文一经发表,署名者即对论文负法律责任,负政治上、科学上的责任。如果论文中存在剽窃、抄袭的内容,或者政治上、科学上或技术上存在错误,那么署名者就应完全负责,署名即表示作者愿意承担这些责任。

(3) 署名便于读者同作者联系。署名也是为了建立作者与读者之间的联系。读者阅读文章后,若需要同作者商榷,或者要询问、质疑、请教,以及请求帮助,可以直接与作者联系。署名即表示作者有同读者联系的意向,也为读者同作者联系提供了可能。

2. 署名对象

署名者只限于那些参与选定研究课题和制定研究方案、直接参加全部或主要部分研究工作并作出主要贡献,以及参加论文撰写并能对内容负责,同时对论文具有答辩能力的人员;仅参加部分工作的合作者、按研究计划分工负责具体小项的工作者、某一项测试任务的承担者,以及接受委托进行分析检验和观察的辅助人员等,均不应署名,但署名者可以将他们作为参加工作的人员一一列入"致谢"段,或注于篇首页脚处。

个人的研究成果,个人署名;集体的研究成果,集体署名(一般应署作者姓名,不宜只署课题组名称)。集体署名时,按对研究工作贡献的大小排列名次。

3. 署名的位置与格式

通常,将署名置于题名下方,在作者名下注明工作单位、单位所在地、邮政编码,具体格式如下:

作者姓名
(作者工作单位名称　所在省市名　邮政编码)

示例:

周　帼
(三江学院法律系　江苏南京　210012)

多个著者,若不在同一单位,应分别注明工作单位,单位所在地,邮政编码。

示例:

熊易群[1],贾改莲[2],钟小锋[1],刘建君[1]
(1. 陕西师范大学教育系,陕西西安　710062;
2. 陕西省教育学院教育系,陕西西安　710061)

4. 作者简介

一般情况下,学术论文在首页脚注或文后还附有作者简介,其基本格式为:姓名(出生年—　)、性别(民族——汉族可省略)、籍贯、职称、学历、简历以及研究方向(任选)。

例如,乌兰娜(1968—　),女(蒙古族),内蒙古达拉特旗人,内蒙古大学历史学系副教授,博士,1994年赴美国哈佛大学研修,主要从事蒙古学研究。

(三) 摘要

摘要是对论文内容不加注释和评论的简短陈述,是文章内容的高度概括。每一篇完整的论文都应该有随文摘要,为了国际交流,论文还应有外文(多用英文)摘要。

1. 摘要的类型

(1) 报道性摘要。即资料性摘要或情报性摘要,用来报道论文所反映的主要研究成果,向读者提供论文中全部创新内容和尽可能多的定量或定性的信息。尤其适用于试验研究和专题研究类论文,多为学术性期刊所采用。篇幅以200~300字为宜。

(2) 指示性摘要。即概述性摘要或简介性摘要,只简要地介绍论文的论题,或者概括地表述研究的目的,仅使读者对论文的主要内容有一个概括的了解。篇幅以50~100字为宜。

(3) 报道—指示性摘要。是以报道性摘要的形式表述论文中价值最高的那部分内容,其余部分则以指示性摘要的形式来表达。篇幅以100~200字为宜。

一般的科技论文都应尽量写成报道性摘要,综述性、资料性或评论性的文章可写成指示性或报道—指示性摘要。

2. 摘要的写作要求

摘要应具有独立性和自明性,即不阅读报告、论文的全文,就能获得必要的信息。摘要中有数据、有结论,是一篇完整的短文,可以独立使用,可以引用,可以用于工艺推广。摘要的内容应包含与报告、论文同等量的主要信息,供读者确定有无必要阅读全文,也供文摘等二次文献采用。摘要一般应说明研究工作目的、实验方法、结果和最终结论等,而重点是结果和结论。

报告、学位论文的摘要可以用另页的方式置于题名页之后,学术论文的摘要一般置于题名和作者之后、正文之前。

中文摘要一般不宜超过200~300字,外文摘要不宜超过250个实词。如遇特殊需要,字数可以略多。

3. 编写摘要时应注意的事项

(1) 客观陈述。避免使用第一人称主观语气,而应采取第三人称的客观语气阐述,不对论文观点进行评价,更不能自封"世界首创"、"达到了国际最高水平"等,切忌夸张和广告式宣传,避免使用含糊不清的描述。

(2) 简练准确。以少量字数简练准确地将论文的主要内容概括出来,要求高度浓缩。摘要字数一般不超过正文字数的3%~5%。

(3) 格式要规范。尽可能用规范术语,不用非公知公用的符号和术语。不得简单地重复题名中已有的信息,并切忌罗列段落标题来代替摘要。除非实在无变通办法可用,一般不出现插图、表格以及参考文献序号,不用数学公式和化学结构式,不分段。

(四) 关键词

关键词是为了满足文献标引或检索工作的需要而从论文中选取出用以表示全文主题内容的词或词组。

关键词包括叙词和自由词两种:叙词(正式主题词),指收入《汉语主题词表》(叙词表)中可用于标引文献主题概念的经过规范化的词或词组;自由词,指直接从文章的题名、摘要、层次标题或文章其他内容中抽出来的、能反映该文主题概念的自然语言(词或词组),是未经规范化的即未收入主题词表中的词或词组。

每篇报告、论文选取3~8个词作为关键词,排在摘要部分之后。关键词是论文信息最高度的概括,是论文主旨的概括体现。因此,选择关键词必须准确恰当,必须真实反映论文的主旨,如有可能,尽量用《汉语主题词表》等词表提供的规范词。

关键词的标引应按 GB/T 3860—1995《文献叙词标引规则》的原则和方法,尽量参照各种词表和工具书选取;对于那些反映新技术、新学科而尚未被主题词表录入的新的名词术语,也可用非规范的自由词标出,以供词表编纂单位在修订词表时参照选用。

(五) 引言

引言又叫前言、绪论、导言、绪言等,它是一篇科技论文的开场白,由它引出文章,所以写在正文之前。写引言的目的是向读者交代本研究课题的来龙去脉,主要回答"为什么研究"这一问题,其作用在于唤起读者的注意,使读者对论文先有一个总体的了解。

1. 引言的主要内容

(1) 研究的理由、目的和背景。包括问题的提出、研究对象及其基本特征,前人就本研究主题所做的工作,本文希望解决什么问题,该问题的解决有什么作用和意义,研究工作的背景是什么等。

(2) 理论依据、实验基础和研究方法。如果是沿用已知的理论、原理和方法,只需提及一笔,或注出有关的文献;如果要引出新的概念或术语,则应加以定义或阐明。

(3) 预期的结果及其地位、作用和意义。要写得概括、简洁、确切。

2. 引言的写作要求

(1) 开门见山,不绕圈子。注意一起笔就切题,不能铺垫太远。

(2) 言简意赅,突出重点。引言中要写的内容较多,而篇幅有限,这就需要根据研究课题的具体情况确定阐述重点。共知的、前人文献中已有的不必细写。主要写好研究的理由、目的、方法和预期结果,意思要明确,语言要简练。

(3) 引言的内容不可与摘要雷同,不要写成摘要的注释。

(4) 尊重科学,不落俗套。有的作者在论文的引言部分总爱对自己的研究工作或能力表示谦虚,寻几句客套话来说,如"限于时间和水平"或"由于经费有限,时间仓促","不足或错误之处在所难免,敬请读者批评指正"等,其实大可不必。因为:第一,这本身是客套话,不符合科技论文的严肃性要求。第二,既是论文,作者应有起码的责任感和自信心。这里的责任感表现在自我要求不能出差错,自信心表现为主要问题上不会有差错。否则就不要投稿,不要发表。第三,水平高低,质量好坏,应让读者去评论。第四,如实评述,防止吹嘘自己和贬低别人。

(六) 正文

正文是科技论文的核心组成部分,主要回答"怎么研究"这个问题,其水平标志着论文的学术水平或技术创新的程度。

由于论文作者的研究工作涉及的学科、选题、研究方法、工作进程、结果表达方式等有很大的差异,所以对正文要写的内容不能作统一的规定。但是,总的思路和结构安排应当符合"提出论点,通过论据(事实和/或数据)来对论点加以论证"这一共同的要求。

立意与谋篇是科技论文写作的中心环节。正文的立意就是把论文的主题思想在正文部分确立起来;正文的谋篇就是要安排好正文的结构,选择好正文的材料,以充分而有效地表达论文的主题。

1. 正文的内容

GB/T 7713—1987 规定,正文占论文的主要篇幅,可以包括以下部分或内容:调查对象、实验和观测方法、仪器设备、材料原料、实验和观测结果、计算方法和编程原理、数据资料、经过加工整理的图表、形成的论点和导出的结论等。同时比较明确地规定了图、表的绘制要求以及数学、物理和化学公式、计量单位、符号和缩略词的使用注意事项。

一般地,正文可分为几个段落来写,每个段落需列什么样的标题没有固定的格式,但大体上可以有以下几个部分(以试验研究报告类论文为例)。

(1) 理论分析

理论分析包括论证的理论依据,对所作的假设及其合理性的阐述,对分析方法的说明。其要点是:假说、前提条件、分析的对象、适用的理论、分析的方法、计算的过程等。

写作时应注意区别哪些是已知的(前人已有的),哪些是作者首次提出来的,哪些是经过作者改进的,这些均要交代清楚。

(2) 实验材料和方法

材料的表达主要指对材料的来源、性质和数量,以及材料的选取和处理等事项的阐述。

方法的表达主要指对实验的仪器、设备以及实验条件和测试方法等事项的阐述。

写作要点是:实验对象,实验材料的名称、来源、性质、数量、选取方法和处理方法,实验目的,使用的仪器、设备(包括型号、名称、量测范围和精度等),实验及测定的方法和过程,出现的问题和采取的措施等。

材料和方法的阐述必须具体真实。如果是采用前人的,只需注明出处;如果是改进前人的,则要交代改进之处;如果是自己提出的,则应详细说明,必要时可用示意图、方框图或照片图等配合表述。

由于科学技术研究成果必须接受检验,介绍清楚这些内容的目的在于使别人能够重复操作。

(3) 实验结果及其分析

实验结果及其分析是论文的价值所在,是论文的关键部分。它包括给出结果并对结果进行定量或定性的分析。

写作要点是:以绘图和(或)列表(必要时)等手段整理实验结果,通过数理统计和误差分析说明结果的可靠性、再现性和普遍性,进行实验结果与理论计算结果的比较,说明结果的适用对象和范围,分析不符合预见的现象和数据,检验理论分析的正确性等。

给出实验结果时应尽量避免把所有数据和盘托出,而要对数据进行整理并采用合适的表达形式,如插图或表格等。在整理数据时,不能只选取符合自己预料的,而随意舍去与自己料想不符或相反的数据。有些结果异常,尽管无法解释,也不要轻易舍去,可以加以说明;只有找到确凿证据足以说明它们确属错误之后才能剔除。

结果分析时,必须从辩证唯物主义的认识论出发,以理论为基础,以事实为依据,认真、仔细地推敲结果,既要肯定结果的可信度和再现性,又要进行误差分析,并与理论结果做比较(相反,如果论题产生的是理论结果,则应由试验结果来验证),说明存在的问题。分析问题要切中要害,不能空泛议论。要压缩或删除那些众所周知的一般性道理的叙述,省略那些不必要的中间步骤或推导过程,突出精华部分。此外,对实验过程中发现的实验设计、实验方案或执行方法方面的某些不足或错误也应说明,以供读者借鉴。

(4) 结果的讨论

对结果进行讨论的目的在于阐述结果的意义,说明与前人所得结果不同的原因,根据研究结果继续阐发作者自己的见解。

写作要点是:解释所取得的研究成果,说明成果的意义,指出自己的成果与前人研究成果或观点的异同,讨论尚未定论之处和相反的结果,提出研究的方向和问题。最主要的是突出新发现、新发明,说明研究结果的必然性或偶然性。

2. 正文的表达形式

正文是表达作者思想观点最重要的部分,为了能表达清楚,正文必须分成若干个层次来写。

在写作过程中,有的正文是一气呵成,只分成若干个自然段;有的把正文分成若干个小标题来表述。这两种方法均能表达出作者的思想。分成若干个自然段时,应当注意一个自然段只能表达一个中心意思。用小标题进行分层时,拟定小标题的注意事项与拟定题名一样,小标题下的论述只能围绕该小标题来论述,就如同整篇文章应围绕题名来论述是一个道理。每个小标题都应有标题名,不能有的有,有的没有。

当用小标题对正文进行分层时,每层的小标题均用阿拉伯数字连续编码。一个编码的两个数字之间用圆点(.)分隔开,末位数字后面不加圆点。如"1"、"2.1"、"3.1.1"。所有的编码均左顶格书写,最后一个序数码之后空一格写标题。

当用小标题对正文分层时,一般不超过4级,如"2.2.1.1",最后一级内如果还要分层可用"(1)"、"(2)"的形式表述。

正文的层次不论是分成若干个自然段,或是用小标题进行表述,都要注意层次之间的逻辑关系。

3. 正文的写作要求及注意事项

正文的写作必须做到实事求是、客观真切、准确完备、合乎逻辑、层次分明、简练可读。具体要求有如下几点:

(1) 论点明确,论据充分,论证合理。
(2) 事实准确,数据准确,计算准确,语言准确。
(3) 内容丰富,文字简练,避免重复、繁琐。
(4) 条理清楚,逻辑性强,表达形式与内容相适应。
(5) 不泄密,对需保密的资料应作技术处理。

正文写作时应注意以下两点:

(1) 抓住基本观点。正文部分乃至整篇论文都是以作者的基本观点为轴线,要用材料(事实或数据)说明观点,形成材料与观点的统一。观点不是作者头脑里固有的或主观臆造的,正确的观点来自客观实际,来自对反映客观事物特征的材料的归纳、概括和总结。在基本观点上,对新发现的问题要详尽分析和阐述,若不能深入,也要严密论证,否则得不出正确的、有价值的结论,说服不了读者,更不会为读者所接受;而对一般性的问题只需作简明扼要的叙述,对与基本观点不相干的问题则完全不要费笔墨,哪怕只有一句一字。

(2) 注重准确性即科学性。科技论文特别强调科学性,科学性要贯穿在论文的始终,正文部分对科学性的要求则更加突出。写作中要坚持实事求是的原则,绝不能弄虚作假,也不能粗心大意。数据的采集、记录、整理、表达等都不应出现技术性错误。叙述事实,介绍情况,分析、论证和讨论问题时,遣词造句要准确,力求避免含混不清、模棱两可、词不达意。给出的式子、数据、图表以及文字、符号等都要准确无误,不能出现任何细小的疏漏。

(七) 结论

结论又称结束语、结语,是在理论分析和实验验证的基础上,通过严密的逻辑推理而得出的富有创造性、指导性、经验性的结果描述。它又以自身的条理性、明确性、客观性反映了论文或研究成果的价值。结论与引言相呼应,同摘要一样,其作用是便于读者阅读和为二次文献作者提供依据。

1. 结论部分的内容与格式

结论不是研究结果的简单重复,而是对研究结果更深入一步的阐述,是从正文部分的全部内容出发,并涉及引言的部分内容,经过判断、归纳、推理等过程,将研究结果升华成新的总观点。其内容要点如下:

(1) 本研究结果说明了什么问题,得出了什么规律性的东西,解决了什么理论或实际问题。

(2) 对前人有关本问题的看法做了哪些检验,哪些与本研究结果一致,哪些不一致,作者做了哪些修正、补充、发展或否定。

(3) 本研究的不足之处或遗留问题。

对于某一篇论文的结论,上述要点(1)是必需的,而(2)和(3)视论文的具体内容而定,可以有,也可以没有。

结论部分的格式安排可作如下考虑:如果结论部分的内容较多,可以分条来写,并给以编号,如(1)、(2)、(3)等,每条成一段,包括几句话或一句话;如果结论段内容较少,可以不分条写,整个为一段,几句话。结论里应包括必要的数据,但主要是用文字表达,一般不再用插图和表格。

2. 结论的写作要求

(1) 概括准确,措辞严谨。结论是论文最终的、总体的总结,对论文创新内容的概括应当准确、完整,不要轻易放弃,更不要漏掉一条有价值的结论,但也不能凭空杜撰。措辞要严谨,语句要像法律条文那样,只能作一种解释,清清楚楚,不能模棱两可,含混其词。肯定和否定要明确,一般不用"大概"、"也许"、"可能是"这类词语,以免使人有似是而非的感觉,怀疑论文的真正价值。

(2) 明确具体,简短精练。结论部分有相对的独立性,专业读者和情报人员可以只看摘要和(或)结论就能大致了解论文反映的成果和成果的价值,所以结论部分应提供明确、具体的定性和定量的信息。对要点要具体表述,不能用抽象和笼统的语言。可读性要强,一般不单用量符号,而宜用量名称。行文要简短,不再展开论述,不对论文中各段的小结作简单重复。语言要锤炼,删去可有可无的词语,如"通过理论分析和实验验证,可得出下列结论"这样的行文一般都是废话。

(3) 不作自我评价。研究成果或论文的真正价值是通过具体"结论"来体现的,所以不宜用如"本研究具有国际先进水平"、"本研究结果属国内首创"、"本研究结果填补了国内空白"一类语句来作自我评价。成果到底属何种水平,是不是首创,是否填补了空白,读者自会评说,不必由论文作者把它写在结论里。

(八) 致谢

现代科学技术研究往往不是一个人能单独完成的,需要他人的合作与帮助,因此,当研究成果以论文形式发表时,作者应当对他人的劳动给以充分肯定,并对他们表示感谢。

致谢的对象包括曾经给予论文的选题、构思或撰写以指导或建议的人员,在考察或实验过程中作出某种贡献的人员,或给予过技术、信息、物质或经费帮助的单位、团体或个人。

致谢一般单独成段,放在文章的最后面,但它不是论文的必要组成部分。致谢部分可以列出标题并贯以序号,如"6 致谢"放在如"5 结论"部分之后,也可不列标题,空一行置于"结论"部分之后。

(九) 参考文献

"参考文献"即"文后参考文献",是指为撰写或编辑论文和论著而引用的有关文献信息资源。

根据规定,在科技论文中,凡是引用前人(包括作者自己过去)已发表的文献中的观点、数据和材料等,都要对它们在文中出现的地方予以标明,并在文末(致谢部分之后)列出参考文献表。

这项工作叫做参考文献著录。

1. 参考文献著录的目的与作用

（1）著录参考文献可以反映论文作者严肃的科学态度和论文具有真实、广泛的科学依据,也反映出该论文的起点和深度。

（2）著录参考文献表明了论文作者对他人劳动的尊重。

（3）著录参考文献有利于读者了解此领域其他人做过的工作,便于读者需要时查找相关的原始文献。

（4）著录参考文献有利于节省论文篇幅及叙述方便,避免了一般性表述和资料堆积,使论文容易达到篇幅短、内容精的要求。

（5）著录参考文献有助于科技情报人员进行情报研究和文献计量学研究。

2. 参考文献著录的原则

（1）只著录作者亲自阅读过、并在文中直接引用的文献。

（2）只著录公开发表的出版物,或其他有关档案资料,包括专利等文献。私人通信、内部讲义及未发表的著作,可用脚注或文内注的方式,以说明引用依据。

（3）采用标准化的著录格式。

3. 参考文献著录的方法和要求

GB/T 7714—2005《文后参考文献著录规则》明确规定,我国的科技期刊采用国际上通行的"顺序编码制"和"著者—出版年制"。前者根据正文中引用参考文献的先后,按著者、题名、出版事项的顺序逐项著录;后者首先根据文种(按中文、日文、英文、俄文、其他文种的顺序)集中,然后按参考文献著者的姓氏笔画或姓氏首字母的顺序排列,同一著者有多篇文献被参考引用时,再按文献出版年份的先后依次给出。其中,顺序编码制为我国科技期刊所普遍采用,因此,这里只介绍这一种。

（1）文内标注格式

采用顺序编码制时,在引文处,按它们出现的先后用阿拉伯数字连续编码,并将序码置于方括号内,视具体情况把序码作为上标,或者作为语句的组成部分。

例如:

（引言开始）笔者在文献[1]中,在 Richard S. Crandall[2]和 Porponth Sichanugrist[3]等人工作的基础上,用平均场区域近似方法,对 p-i-n a-Si:H 薄膜太阳电池进行了解析分析,得到了填充因子 F_f 等性能参数与电池结构参数的关系。

这里,[2]和[3]作为用了上标形式表示,而[1]是语句的组成部分,就未写成上标。

（2）文后参考文献表的编写格式

采用顺序编码制时,在文后参考文献表中,各条文献按在论文中的文献序号顺序排列,项目应完整,内容应准确,各个项目的次序和著录符号应符合规定(请注意:参考文献表中各著录项之间的符号是"著录符号",而不是书面汉语或其他语言的"标点符号",所以不要用标点符号的概念去理解)。

参考文献著录的条目以小于正文的字号编排于"致谢"部分之后,"附录"部分之前,每一参考文献条目的末尾均以"."结束。

下面列出参考文献类型及其标识:

参考文献类型	普通图书	会议论文	报纸文章	期刊文章	学位论文	报告	标准	专利	汇编	档案	古籍	参考工具	数据库	计算机程序	电子公告
文献类型标识	M	C	N	J	D	R	S	P	G	B	O	K	DB	CP	EB

各类参考文献条目的编排格式及示例如下:

① 普通图书(包括专著、教材等)、会议论文集、资料汇编、学位论文、报告(包括科研报告、技术报告、调查报告、考察报告等)、参考工具书(包括手册、百科全书、字典、图集等)。

[序号]主要责任者.文献题名:其他题名信息(任选)[文献类型标识].其他责任者(任选).版本项(第1版不标注).出版地:出版者,出版年:起止页码(当整体引用时不注).

[1] 刘国钧,陈绍业,王凤翥.图书馆目录[M].北京:高等教育出版社,1957:15-18.
[2] 昂温 G,昂温 P S.外国出版史[M].陈生铮,译.北京:中国书籍出版社,1988.
[3] 辛希孟.信息技术与信息服务国际研讨会论文集:A集[C].北京:中国社会科学出版社,1994.
[4] 张筑生.微分半动力系统的不变集[D].北京:北京大学数学系数学研究所,1983.
[5] 冯西桥.核反应堆压力管道与压力容器的LBB分析[R].北京:清华大学核能技术设计研究院,1997.
[6] 吕启祥,林东海.红楼梦研究稀见资料汇编[G].北京:人民文学出版社,2001.
[7] 朱一玄.聊斋志异资料汇编[G].郑州:中州古籍出版社,1985:177-178.
[8] 公安部交管局.49—99五十年交通事故统计资料汇编[G].北京:群众出版社,2000.
[9] 张加铨,关景时,程鹏.常用药物手册[K].北京:人民卫生出版社,1982:337.

② 期刊文章。

[序号]主要责任者.文献题名[J].刊名(建议外文刊名后加ISSN号),年,卷(期):起止页码.

[10] 何龄修.读顾城《南明史》[J].中国史研究,1998,(3):167-173.
[11] 金显贺,王昌长,王忠东,等.一种用于在线检测局部放电的数字滤波技术[J].清华大学学报:自然科学版,1993,33(4):62-67.
[12] 闵周植."东方美学的前景"笔谈:全球化时代东方美学的角色[J].文史哲,2001(1):16-18.

③ 报纸文章。

[序号]主要责任者.文献题名[N].报纸名,出版日期(版次).

[13] 谢希德.创造学习的新思路[N].人民日报,1998-12-25(10).

④ 标准(包括国际标准、国家标准、规范、法规等)。

[序号]标准提出单位.标准编号 标准名称[S].出版地:出版者,出版年.

[14] 全国文献工作标准化技术委员会第七分委员会.GB/T 5795—1986 中国标准书号[S].北京:中国标准出版,1986.

⑤ 专利。

［序号］专利所有者．专利题名：专利国别，专利号［P］．公开或公告日期．

［15］姜锡洲．一种温热外敷药制备方案：中国，881056073［P］.1989-07-26．

⑥档案。

［序号］主要责任者．文献题名：原件日期［B］.收藏地：收藏单位(收藏编号)：起止页码．

［16］叶委员剑英关于安平事件调查结果的声明：1946209209［B］．中央档案馆．

［17］国务院外国专家局的报告：1958212211［B］．呼和浩特：内蒙古自治区档案馆(全宗252，目录1，卷宗57)：65-67.

⑦古籍(1911年以前出版、无现代版本但有据可查的善本)。

［序号］主要责任者．文献题名［O］．其他责任者(包括校、勘、注、批等)．刊行年代(古历纪年)及刊物机构(版本)．收藏机构．

［18］沈括．梦溪笔谈［O］．元大德九年茶陵刊本．北京图书馆珍藏．

［19］杨炯．杨盈川集［O］．民国八年商务印书馆四部丛刊影印刊刻本．

［20］纪昀．纪文达公遗集：卷十六［O］．清嘉庆年间刻本．

［21］［唐］李复言．续幽怪录［O］．明抄说集本．朱文钧藏．

⑧各种未定义类型的文献。

［序号］主要责任者．文献题名［Z］．出版地：出版者，出版年．

［22］张永禄．唐代长安词典［Z］．西安：陕西人民出版社，1980.

⑨析出文献。

［序号］析出文献主要责任者．析出文献题名［文献类型标识］//原文献主要责任者．原文献题名．出版地：出版者，出版年：析出文献起止页码．

［23］钟文发．非线性规划在可燃毒物配置中的应用［C］//赵玮．运筹学的理论与应用：中国运筹学会第五届大会论文集．西安：西安电子科技大学出版社，1996：468-471.

［24］王家益.1995年湖南省交通肇事逃逸案件［G］//公安部交管局.49—99五十年交通事故统计资料汇编．北京：群众出版社，2000.

⑩电子文献。

文献的载体类型及其标识：

文献的载体类型	纸张	磁带	磁盘	光盘	联机网络
载体类型标识	免	MT	DK	CD	OL

［文献类型标识/载体类型标识］，如［DB/OL］——联机网上数据库，［DB/MT］——磁带数据库，［M/CD］——光盘图书，［CP/DK］——磁盘软件，［J/OL］——网上期刊，［EB/OL］——网上电子公告。

对于载体为"DK"、"MT"和"CD"等的文献,将对应的印刷版的［文献类型标识］换成［文献类型标识/载体类型标识］(包括［DB/MT］和［CP/DK］等)；对于载体为"OL"的文献，除了将对应的印刷版的［文献类型标识］换成［文献类型标识/载体类型标识］以外，尚需在对应的印刷版著录项目后加上发表或更新日期(加圆括号)、引用日期(加方括号)和电子文献的网址．

［25］刘江．假如陈景润被量化考核［N/OL］．新华每日电讯，2004-03-12(7)［2004-04-04］．

http://search.cnki.net/ccnd/main-frame.asp？encode=gb&display=chinese.

［26］萧钰．出版业信息化迈入快车道［EB/OL］.(2001-12-19)［2002-04-15］.http://www.creader.com/news/20011219/200112190019.html.

［27］西安电子科技大学．光折变自适应光外差探测方法：中国，01128777.2［P/OL］.(2002-03-06)［2002-05-28］.http://211.152.9.47/sipoasp/zljs/hyjs-yx-new.asp？recid=01128777.2&leixin=0.

对网上文献的引用，在网上可以省略作者和题名等信息，但印刷在纸张载体上应作完整著录。

参考文献的责任者不超过三个的全部著录，超过三个的只著录前三个，并加",等"字或",et al"，如例［11］所示。

（十）附录

附录是论文的附件，不是必要组成部分。它在不增加文献正文部分的篇幅和不影响正文主体内容叙述连贯性的前提下，向读者提供论文中部分内容的详尽推导、演算、证明、仪器、装备或解释、说明，以及提供有关数据、曲线、照片或其他辅助资料如计算机的框图和程序软件等。

附录与正文一样，编入连续页码。

附录置于参考文献之后，依次用大写正体A，B，C……或一、二、三编号，如以"附录A"、"附录B"做标题前导词。

附录中的插图、表格、公式、参考文献等的序号与正文分开，另行编制，如编为"图A1"，"图B2"；"表B1"，"表C3"；"式(A1)"，"式(C2)"；"文献［A1］"，"文献［B2］"等。

（十一）注释

解释题名、作者及论文中的某些内容，均可使用注释。能在行文时用括号直接注释的，尽量不单独列出。

不随文列出的注释叫脚注。用中括号括起阿拉伯数字如［1］、［2］、［3］等，或用圈码①、②、③等作为标注符号，置于需要注释的词、词组或句子的右上角。每页均从数码［1］或①开始，当页只有一个脚注时，也用［1］或①。注释内容应置于该页地脚，并在页面的左边用一短细水平线与正文分开，细线的长度为版面宽度的1/4。

三、科技论文规范表述的几个重要问题

（一）数字的使用规则

1. 汉字数字与阿拉伯数字

什么情况使用汉字数字，什么情况使用阿拉伯数字，国家标准有规定。

总的原则是：凡是可以使用阿拉伯数字而且又很得体的地方，均应使用阿拉伯数字。

使用阿拉伯数字的场合：

(1) 公元世纪、年代、年、月、日、时刻。如：20世纪90年代，1999年1月15日，12时5分18秒。

请注意：年份不能简写，如：1999年在任何地方都不能写做99年。

"时刻"可用标准化格式表示，如"12时5分18秒"可写为"12：05：18"。日期与日的时间的组合，表示方法是：年－月－日T时：分：秒。T为时间标识符。"时"、"分"、"秒"之间的分隔符是冒号(：)而不是比号(：)。例如，"1999年1月15日12时5分18秒"可表示为"1999－

01-15T12:05:18"。这种方式更多地用在图表中。

(2) 计量单位和计数单位前的数字。例如:食盐 200 g,木料 5 m³;猪 15 头,羊 12 只,鱼 11 条;13 个特点,22 条意见,200 多人。

(3) 纯数字,包括整数、小数、分数、百分数、比例以及一部分概数。例如:4,-0.3,4/5,56%,3:2,300 余。

(4) 产品型号、样品编号,以及各种代号或序号。

(5) 文后参考文献著录中的数字(古籍除外)。

使用汉字数字的场合:

(1) 定型的词、词组、成语、惯用语、缩略语,以及具有修辞色彩的词语中作为语素的数字,必须用汉字数字。如:第一,二倍体,三氧化二铝,十二指肠,星期五,"十五"计划,第一作者,一分为二,三届四次理事会,他一天忙到黑。

(2) 相邻两个数字连用表示的概数。例如:一两千米,二三十公顷,四百五六十万元[注意:其间不用顿号(、)]。

(3) 带有"几"字的数字表示的概数。例如:十几,几百,三千几百万,几万分之一。

(4) 各国、各民族的非公历纪年及月日。

(5) 含有月日简称表示事件、节日和其他特定含义的词组中的数字。例如:"一二·九"运动,五四运动,"一·一七"批示。

2. 数字的书写规则

(1) 书写和排印 4 位和 4 位以上的阿拉伯数字要采用三位分节法,即从小数点算起,向左和向右每 3 位数之间留出 1/4 个汉字大小的空隙。例如:3 245,3.141 592 6。

(2) 小数点前用来定位的"0"不能省略。例如:0.85 不能写作 .85。

(3) 阿拉伯数字不能与除"万"、"亿"外的汉字数词连用。例如:"十二亿一千五百万"可写为"121 500 万"或"12.15 亿",但不能写为"12 亿 1 千 5 百万"。

(4) 数值的有效位数必须全部写出。例如:一组有 3 位有效数字的电流值"0.250,0.500,0.750A",不能写做"0.25,0.5,0.75A"。

(5) 表示数值范围和公差时应注意以下几点。

① 表示数值范围采用浪纹号(~)。例如:120~130 kg,70~80 头(羊)。

顺便提及,不是表示数值范围,就不要用浪纹号。如"1995~2000 年","做 2~3 次试验"表示都不妥:前者是两个年份(不是数值),其间"~"应改为连接号"—"(一字线);后者"2 次"与"3 次"之间不可能有其他数值,应改为"两三次",但"做 2~4 次试验"这样的表述则可以。

② 表示百分数范围时,前一个百分号不能省略。如"52%~55%"不能写成"52~55%"。

③ 用"万"或"亿"表示的数值范围,每个数值中的"万"或"亿"不能省略。如"20 万~30 万"不能写成"20~30 万"。

④ 单位不完全相同的量值范围,每个量值的单位应全部写出,如"3 h~4 h 20 min"不能写做"3~4 h 20 min";但单位相同的量值范围,前一个量值的单位可以省略,如"100 g~150 g"可以写做"100~150 g"。

⑤ 量值与其公差的单位相同、上下公差也相等时,单位可以只写 1 次,如"12.5 mm ± 0.5 mm"可写做"(12.5 ± 0.5)mm",但不能写做"12.5 ± 0.5 mm"。

⑥ 表示带百分数公差的中心值时,百分号(%)只需写1次,同时"%"前的中心值与公差应当用括号括起。如"(50±5)%"任何时候都不得写做"50±5%",也不得写做"50%±5%"。

⑦ 用量值相乘表示面积或体积时,每个数值的单位都应写出。如 60 m×40 m,不能写做 60×40 m,也不能写做 60×40 m^2;50 cm×40 cm×20 cm,不能写做 50×40×20 cm,也不能写做 50×40×20 cm^3。

⑧ 一组量值的单位相同时,可以只在最末一个量值后写出单位,其余量值的单位可以省略。如"50 mm,45 mm,42 mm,37 mm",可以写做"50,45,42,37 mm"。各量值后的点号可以用",",也可以用"、",但全文应统一。

(二) 图表的设计和制作原则

插图和表格是论文的重要组成部分,对于它们的设计和制作,这里再强调几点。

(1) 图表都应精省:一般能用文字表示清楚的内容就不必用图表,用大量文字还说不明白而用图或表就能方便说明的内容才用图表;只用1幅或1个表就能说明的内容,就不要用2个或更多的图或表。

(2) 每个图表都应有图序或表序。图序的格式为"图1"、"图2"、"图3"等,表序的格式为"表1"、"表2"、"表3"等。

(3) 每个图表都应有图题或表题。图题或表题应是以最准确、最简练的并能反映图或表特定内容的词语的逻辑组合,一般是词组(很少用句子),而且绝大多数是以名词或名词性词组为中心语的偏正词组(很少用动宾词组),要求准确得体,简短精练,容易认读。

(4) 图表中的标目,采用量与单位比值的形式,即"量名称或(和)量符号/单位",比如"p/MPa",或"压力/MPa",或"压力 p/MPa";而不用传统的、不科学并容易引起歧义的表示方法,如"p,MPa",或"压力,MPa",或"压力 p,MPa",或者"p(MPa)"或"压力(MPa)",或"压力 p(MPa)"。

百分号"%"虽然不是单位,但在这里也可按单位处理,如"相对压力/%"或"η p/%"。

第三节 科技论文的写作

一、选题

选题是写好科技论文的关键,它实际上就是明确"写什么"的问题,亦即确定研究写作的对象和目标。如果"写什么"都不明确,那么"怎么写"就无从谈起。因此,选题是科研人员研究工作的起点,是整个研究工作中具有战略意义的首要环节。

课题选定是否正确,对以后的进展是否顺利,工作有无成效,以及成果的水平都起决定性的作用。所以,选题本身就是一项科学研究工作。爱因斯坦曾经说过,"提出一个问题往往比解决一个问题更重要,因为解决问题,也许仅仅是一个数学上或实验上的技能而已。而提出新的问题、新的可能性,从新的角度去看旧的问题,都需要创造性的想象力,而且标志着科学的真正进步"。

(一) 选题的原则

1. 价值性原则

科技论文的选题要有意义,这包括两个方面:一是社会实践的需要,尤其是工农业生产的需要,这是它的社会意义;二是根据科学本身发展的需要,这是它的学术意义。

2. 可行性原则

科技论文的选题既要考虑价值性原则，满足社会现实和学术研究的需要，也要考虑可行性原则，即科学研究必须具备的主客观条件。主观条件是指研究者的知识结构、学术水平、研究能力、实践经验等。客观条件包括经费来源、文献资料、实验场所、仪器设备以及相关学科的发展水平等。

3. 创新性原则

无论是科学研究或技术研究，都应对既有的科学理论或技术领域有"新"的添加、新的贡献。没有新的东西，所选的课题就毫无意义了。要实现创新性原则，必须及时掌握科学技术发展动态，才能不重复别人已经研究过的课题。

4. 科学性原则

科学性原则是指所选的课题必须属于科学的范畴，是客观存在的，而不是虚构的。

（二）选题的途径

1. 从理论与实践发生的矛盾中选择课题

在社会生活和生产实践中，一些传统的理论或方法往往无法指导新形势、新条件下的实践，为寻找新的课题研究提供了契机。

2. 从科学与技术的"空白点"上找探究课题

被忽视的地方就是"空白点"。在现代科学技术中，出现了一些边缘学科和交叉学科等新的科学领域，为人们提供了新的知识和理论。这些新的知识和理论又为综合技术的发展创造了条件。如有些新的技术、新的产品包含了多种学科的理论和原理的应用。但是，这些领域的研究广度与深度，与传统学科相比较，仍存在许多"空白的地方"。

3. 从科技信息中寻找研究课题

收集研究科技信息是从事科学研究和技术创新不可缺少的手段。目前，我国科技期刊的品种数量已经达到 5 000 余种，这些都是科技信息源。要博览群刊，从获得的信息中启迪自己去寻找新的发现；或者是对收集的已有的知识进行归纳、分析，也可能会有新的发现。

4. 从企业的技术创新中选择研究课题

所谓技术创新是指企业用新的知识和新技术、新工艺，采用新的生产方式和经营管理模式，提高产品质量，开发生产新的产品等。在此过程中，会出现许多新问题，供科研人员探索研究。

5. 结合地区特色选题

针对不同地区的环境特点、经济及社会发展水平进行分析，根据区域影响所至的不同问题有所侧重地进行选题。

总之，要能选出具有学术价值和技术水平的课题，还得靠自己平时不断地学习，不断地吸收新知识，牢固树立创新的思想意识。取得的任何成果都是理论和实践相结合的结果，是知识和经验不断积累的结果，是以创新性的思维进行思考与研究的结果。

（三）大学生毕业论文选题注意事项

1. 选题的时间要适宜

大学生撰写毕业论文，选题应尽量早一些。早做准备，以便有更加充分的时间积累资料，能够比较从容地从事调查和研究。但又不宜过早，要根据专业课的学习情况而定。过早的话，由于专业知识还比较单薄，很难发现和评价选题的优劣；过晚的话，来不及仔细地调查研究和认真思考,容易草率。

2. 选题的大小、难易要适度

一般而言,毕业论文的课题范围不宜过大、难易也要适度。因为课题范围、难度过大,不但时间不允许,而且问题难以深入研究。论文的选题应小一些、专一些。当然,题目也不能过小、过易。过小的题目,搜集资料、阐述都不容易;过易的题目,一方面自己的潜力得不到充分挖掘,另一方面论文达不到应有的水平和深度。因此,大学生在毕业论文选题时要根据自身的专业基础、时间以及其他相关因素综合考察,以选择大小适当、难易适度的课题。

3. 选择有科学价值和现实意义的课题

科学研究的目的是为了更好地认识世界、改造世界,以推动社会的不断进步和发展。因此,毕业论文的选题,必须紧密结合社会需要,以促进科学事业发展和解决现实存在的问题作为出发点和落脚点。选题要符合科学研究的正确方向,要具有新颖性,要有创新、理论价值和现实的指导意义或推动作用,一项毫无意义的研究,即使花费很大的精力,表达再完善,也没有丝毫价值。

4. 要根据自己的能力选择切实可行的课题

毕业论文的写作是一种创造性劳动,不但要有作者个人的见解和主张,同时还需要具备一定的客观条件。由于作者个人的主客观条件都是各不相同的,因此,在选题时,应该结合自己的专业特长、兴趣爱好及所具备的客观条件,确定出符合自己个性的选题。

课题的选定既是重要的,也是艰难的。要选择既能反映自己的科学水平和创新能力,又符合自己客观条件的课题不是一件容易的事情。因此,人们常讲,选择一个好的题目,论文也就成功了一半。

二、开题报告

选题过程中,已经查阅了大量的资料,为论证该选题的可行性,需要撰写开题报告。开题报告主要包括以下几个方面:

(一)课题名称

(二)课题研究的目的、意义

可以从以下几方面进行阐述:

(1)理论意义:对学科发展或理论完善的贡献。

(2)现实意义:对经济发展、社会进步、企业转型等方面的贡献。

(3)时代意义:在特定时代解决特定问题的紧迫性和重要性。

(4)方法价值:对特定研究方法的发展和完善的贡献。

(三)国内外研究现状、水平和发展趋势

简述本课题目前的研究达到什么水平、存在什么不足以及正在向什么方向发展,该课题领域的空白点或发展机会等,确定拟研究的问题或假设。开题报告写这些内容一方面可以论证本课题研究的地位和价值,另一方面也能反映课题研究人员对本课题研究是否有较好的把握。

(四)课题的主要研究内容、方法

有了课题的研究目标,就要根据目标来确定课题具体要研究的内容。相对研究目标来说,研究内容要更具体、明确,并且一个目标可能要通过几方面的研究内容来实现,它们不一定是一一对应的关系。要把课题进行分解,针对具体问题确定研究内容。

研究方法包括文献调查研究法、问卷调查研究法、实验研究法、比较研究法、统计方法、模型法等。一个大的课题往往需要多种方法的结合,才能充分论证论文的观点。对课题的研究思路应该有较为明晰的概念,以相应的研究方法来论证论文观点。

(五) 研究工作的步骤、进程

课题研究的步骤,也就是课题研究在时间和顺序上的安排。研究的步骤要充分考虑研究内容的相互关系和难易程度,一般情况下都是根据课题研究的内容,循序渐进,分阶段进行,每个阶段从什么时间开始、至什么时间结束都要有规定。

三、资料的搜集与整理

科技写作是一门科学,确切地说是一门创造性的科学。科技论文的写作过程就是创造的过程。科学具有继承性,因此,在科学研究和科技论文的写作活动中,一个必要的先决条件就是要学习前人所创造的知识,即占有充分的资料。

资料是科技论文内容的组成部分,是论文论点的依托和支柱。问题的发现和解决问题的线索总是存在于资料之中,资料占有越充分,问题也会越清楚。占有了相当数量的资料,才能搞清楚在研究题目的范围内有哪些问题前人还没有解决,有哪些问题前人未曾提出过。如果又围绕这些问题收集了更大数量的资料,才可能弄清问题的关键在哪里,才可能找到问题的正确答案。

(一) 资料的来源及要求

所谓资料,就是为了表现主题而收集到的各种事实、数据和观点等。按来源分,资料有三种:第一种,直接资料,即论文作者通过亲自调查、观察或科学实验得到的材料;第二种,间接资料,即作者从文献资料中得到的或由他人提供的材料;第三种,发展资料,即作者对直接资料和间接资料加以整理、分析、研究而形成的资料。

搜集资料就是通过多种途径,尽可能广泛地获取与主题有关的材料。在选择资料时应遵循以下原则。

1. 必要而充分

必要即必不可少,缺此不能表现主题。写作时应紧紧抓住这类材料,而与主题无关的材料,则不论来得多么不容易也不要采用,一时用了修改时也应割爱。充分即量要足够,若没有一定的数量,有时难以将问题论证清楚,即所谓"证据不足"。有了足够的量,才能从中选出足够的必要材料。

2. 真实而准确

真实即不虚假,材料来自客观实际,即来自社会调查、生产实践和科学实验,而不是虚拟或编造的。准确即完全符合实际。科技论文十分强调科学性,任何一点不真实、不准确的材料,都会使观点损失可信度和可靠性,从而使论文的价值降低或完全丧失;因此,研究方法、调查方式和实验方案的选取要合理,实验操作和数据的采集、记录及处理要正确,才能获得真实而准确的材料。写作时要尽量用直接材料;对间接材料要分析和核对,引用时要在全面理解的基础上合理取舍,避免断章取义,更不能歪曲原意;形成发展材料时,要保持原有材料的客观性,力求避免由主观因素可能造成的失真。

3. 典型而新颖

典型即材料能反映事物的本质特征。这样的材料能使道理具体化、描述形象化,有较强的说服力。要获得典型的材料,调查和研究工作必须深入,否则难以捕获事物的本质;应善于从众多、繁杂的材料中选取具有代表性的材料,而将一般性的材料果断舍去。新颖即新鲜,不陈旧。要使材料新颖,关键是要做开拓性工作,不断获得创新性成果;同时,收集文献资料面要广、量要大,并多作分析、比较,从中选取能反映新进展、新成果的新材料,而摒弃过时的陈旧材料。

(二) 资料的整理

收集好资料以后,要对资料进行认真的分析与研究,尤其是对别人的观点要进行全面的理解,以防在引用时断章取义,同时便于对资料进行分类整理。所谓整理就是按照测试数据,实验结果,分析、推理论证所得结果进行分类归纳,最后根据研究的目的或文章的主题决定取舍,并考虑资料在文中如何引用最为恰当。

四、提纲的编写

(一) 提纲的作用

从写作程序上讲,编写提纲是作者动笔行文前的必要准备。用简洁明了的语言安排出论文的篇章结构,把文章的逻辑关系视觉化,就是编写提纲。一个好的提纲,能帮助作者理清思路,把握论文的逻辑构成情况,将观点和材料组织成先后有序、连贯周密的论文轮廓。

具体来讲,编写提纲的好处至少有如下四个方面:

(1) 能合理展现文章的结构,找出文章最佳的结构方案,并使重要的内容不会遗漏;

(2) 能使作者严谨、周密地思考问题,加强文章的条理性;

(3) 能使作者思路连续,即使中断一段时间,思路也容易接上;

(4) 当一篇文章由多人合作写作时,提纲能使文章内容互相衔接协调,也为写作和修改提供依据。

(二) 提纲的分类

提纲可分为简单提纲(又称"标题提纲")和详细提纲(又称"句子提纲")。

简单提纲即根据写作格式的要求,用标题的形式,非常概括地写出各部分的内容。这种提纲简明扼要,一目了然,也节省时间。

详细提纲是根据基本格式的要求,用一个或几个能表达完整意思的句子把各部分的内容写出来。这种方法具体、明确,不易遗失内容。

提纲的选择要根据作者的需要。如果考虑周到,调查详细,用简单提纲问题不是很大;但如果考虑粗疏,调查不周,则必须用详细提纲。对于初次写作的人,或者写作的内容比较复杂的论文,一般采用详细提纲。

五、论文的撰写

在了解了科技论文的基本格式、各部分的写作要求以及提纲的编写以后,如何按照上述要求写出一篇高质量的科技论文,要做到以下几点:

(一) 掌握各部分的写作重点

科技论文表述的思路是:提出问题,解决(分析)问题,结果和结论。因此,有些内容尽管在各部分提纲中都要涉及,但在具体写作时其展开的深度是不同的。引言部分写作的重点是提出问题,展开的广度与深度要让读者明白作者是"如何提出问题"或"为什么要提出这个问题",提出这个问题的"必要性和重要性"。正文部分写作的重点是"如何解决(分析)问题",其展开的广度与深度,以达到使读者明了"作者从不同的角度已经把产生问题的原因分析透彻","解决问题的方法符合科学理论","而且得到了使人可以相信的结果"为度。结论部分写作的重点是作者对自己的研究成果做出结论。当然,结论不用展开论述,否则就与正文重复了。

(二)紧紧围绕主题写作

在正文写作时,应该坚持开门见山,紧紧围绕主题写作的要求,以为引用的材料越多越好的观点是错误的。凡是与主题无关的材料都不应该写。科技论文的写作也不能用文学创作的手法,如寓言、暗喻、伏笔等。

(三)科技论文讲究摆事实、讲道理,以理服人

一篇论文的论点是否正确,学术水平的高低,读者会根据文章的创新性、理论性、科学性及技术实践的结果作出评价。因此,在写作时不用文学创作上的形容词,诸如"重大发现","具有重大的指导意义与参考价值"等。即使是通过科技成果鉴定(评审)的科技成果以论文形式发表时,也不要引用鉴定(评审)意见中对成果评价的词语,尤其是不要用夸张的手法表达作者的思想观点。

(四)讲究语言运用简明、准确、连贯、通顺,文字简练,层次清晰、逻辑性强

所谓语言运用简明,是指不啰唆,表达意思清楚,用语合乎语法与语言习惯。语言准确,是指语言能准确地表达作者的意思,不能让读者对你所表达的意思有第二种或更多方面的理解。连贯,是指句子之间的组合与衔接,一个复句的各分句之间,或段落之间的衔接应有条理,应保持话题的一致和陈述角度的一致,符合事物的内在逻辑关系。通顺,指全文在表意上层次清楚,合乎逻辑,语言不啰唆;句子与句子之间的衔接有条理,前后呼应,文气流畅。文字简练,是指在一篇文章中,除了联系上下文的必要重复外,不应出现语言的重复;另外,在一句话中,对"词"或"字"的使用要做到:去掉以后对句子的意思不会产生歧义时就应当去掉,当少一个就会对句子的意思产生不同的理解时,就必须加上。层次清晰、逻辑性强,是指整篇文章要围绕题名论述,每一段文章只说明一层意思,每一段和每一句话陈述的角度应保持一致,每层意思的递进应符合事物发展的逻辑。

(五)文字书写要规范,注意标点符号的正确运用

(六)注意保守商业秘密

由于技术具有地域性和交易性,因此,技术论文还应注意保守其商业机密。

(七)按照客观事物的内在逻辑关系表述

对于实验性或试验性的论文,一定要按照客观事物的内在逻辑关系来表述,而不应按照实验或试验的时间顺序来表述。

六、论文的修改与校核

在论文交稿之前,作者应对论文进行修改与校核。不论是初次撰写论文的作者,还是经常撰写论文的作者,这个环节都是必要的。

(一)内容方面的修改与校核

1. 修改观点

观点是论文的重要组成部分。如果观点不明晰或论据说明的是另外的论点,那么文章中的

观点就要进行调整。观点的修改一般只能是微调,如果否定全部观点的话,文章就要重新撰写。观点的修改既包括对论点的增加或删减,也包括对观点的订正。但无论是哪一方面,都要使文章显得论点突出、明了。

2. 内容的增删和调整

论文写完之后,应认真地反复阅读,当发现结构残缺、数据不足或论据单薄时,应进行适当的增补。发现与主题毫不相干或关系不密切的材料,应毫不犹豫地删除;发现有更好的材料可以说明观点,就必须更换或增加材料;如果发现材料用得不够恰当、布局不够合理时要进行调整,一是位置上的调整,二是篇幅上的调整。

3. 调整结论

文章的结论应简要反映全文的内容。如果文章的结论不能准确反映文章的内容或文章的结论不足以反映文章的内容,则结论同样要进行调整。

4. 锤炼字句、润色文字

在写作过程中,不可避免地会出现一些病句或重复啰唆的语句。因此,在论文交稿之前,作者要对论文各部分的语句及用词进行反复的推敲和提炼,通过修改尽量避免这些错误的出现,使文章文字简练,用词准确,内容精粹。此外,改正错别字也是修改过程中的工作。

5. 校核

对原始数据、运算过程和最后结果,都要进行认真的校核,尤其是对数学式的推导要认真审核,看其是否存在错误。总之,对论文的观点、论据,每一个数据、推理、结论等,都应认真地推敲,要经得起科学实践的检验。

(二) 形式方面的修改

主要包括以下几方面:

(1) 行款格式是否符合科技论文写作格式的规定。

(2) 计量单位是否符合国家法定计量单位的要求。

(3) 标点符号及各种人工语言符号的使用与书写是否正确、清楚。图、表、数学公式及化学式等位置的安排是否恰当,是否符合科技论文写作的规定或是否约定俗成的表达方式。

七、投稿与核心期刊简介

(一) 投稿相关事项

一般论文都是通过学术期刊发表的。论文只有发表了才能广泛交流,才有被学术界认可的机会和更大程度转化为成果的可能。很多论文都具有较强的时效性,因此,论文一旦完成,就要想尽办法尽快发表。

1. 如何判断论文的投稿价值

判断论文投稿价值可从以下几方面入手:

(1) 论文是否涉及一些前人没有的重要研究工作,诸如新发现、新发明、新理论、新证据、新方法,等等。若论文满足上述条件之一,就具有投稿价值。

(2) 论文观点需有新意。新意是一个笼统概念,需具体分析。例如,提出一个能很好解释所有天文观察现象的宇宙模型,算是有新意;认为海水的咸味和纯 NaCl 溶液味不一样,也算有新意(如果作者首先论及的话)。但是,二者新意的意义简直不能比拟。因此,应站在整个科学技术发展史的高度,正确评估论文的新意。

另外,可进行心理置换,从编辑的角度,用编辑的标准模拟审稿。这样,通过作者和"模拟编辑"的双向评价,确定投稿价值,结论会更客观一些。

2. 向何处投稿

判断不能投稿的刊物很容易,判断适宜投稿的刊物非常困难,因为这里涉及许多技术问题。简单地说,这些问题主要有三个方面:

(1) 考虑你即将发表的研究是一般人感兴趣,或多数同行感兴趣,或少数特殊同行感兴趣,据此把选择范围缩小到几家刊物。

(2) 若几家刊物都感觉适宜,就从多方面进行比较,诸如当前组织的稿件内容、已发表论文的科学水平、印刷质量、插图美感、办刊经历、稿酬,等等,然后择优投稿。

(3) 除学科的专业期刊外,还可考虑向边缘学科、交叉学科的杂志投稿。科技论文内容不仅涉及科学技术研究,而且也涉及关于这种研究的研究。因此,即使对具体分支学科的专业杂志,一些科学方法、科技史、科技发展战略、科技管理等方面的论文也有投稿价值。

若作者希望扩大学术影响,最好根据刊物声望选择投稿。由于刊物声望与论文水平互为因果,发表在核心刊物的论文往往给人印象深刻。所以,一般"学林高手"都愿在核心刊物登一二篇高水平论文,而不愿在一般刊物刊登十篇论文。

稿件投错,会带来两个副作用:

(1) 退稿。退稿本身不值得遗憾,遗憾的是耽误了几星期甚至几个月的时间,对某些"季节性"强的稿件,无疑是致命的打击。

(2) 即使发表,因登载刊物同行很难"问津",故没多大影响。

(二) 核心期刊

1. 期刊评价

期刊评价目前已经成为国内外学术界的一个研究热点。目前,国内学术界对期刊评价有两种观点:一是核心期刊评价法,二是期刊综合评价梯度法。前者简称"0/1 法则",后者简称"综合法则"。两种法则都是以传统的情报学文献离散定律、引文分析定律等为理论依据的。只是"综合法则"涵盖了"0/1 法则",更加强调梯度的概念。

期刊评价的工具,国外以 JCR (Journal Citation Reports) 为代表,国内以《中文核心期刊要目总览》、《中国科技期刊引证报告》和《中国学术期刊综合引证报告》为代表。《中文核心期刊要目总览》和《中国科技期刊引证报告》是"0/1 法则"评价的结果,《中国学术期刊综合引证报告》是"综合法则"评价的结果。

2. 核心期刊的内涵

核心期刊指的是某一学科中高水平、高影响力的期刊。

核心期刊有两个主要特性:一是学科性,二是学术性。

一般情况下,核心期刊都是在某一个学科范围内来界定的,某一个学科的核心期刊,到另一个学科就不一定是核心期刊(当然,综合性学科的核心期刊,如 *Nature*、*Science* 等例外)。

核心期刊的学术性主要是以期刊影响因子来测定的。这是一个国际上通行的期刊评价指标,是加菲尔德于 1972 年提出来的。由于它是一个相对统计值,可克服大小期刊由于载文量不同所带来的偏差。一般来说,影响因子越大,其学术影响力越大。具体算法为:某刊前两年发表的论文在统计当年的被引用总次数除以该刊前两年内发表论文的总数。

3. 如何向国内、国际核心期刊投稿

投国际刊物，请参考 JCR（包括科技版和社科版），选择自己想要找的学科类目，按照影响因子排序，挑选适合的刊物。然后在《乌利希国际期刊指南》网站查找刊物的地址或网站信息，登录刊物的网站，查找在线投稿信息。

投国内刊物，请参考《中文核心期刊要目总览》和《中国科技期刊引证报告》，从中选择自己想要找的学科类别，然后按照影响力，挑选适合的刊物。投稿地址信息可以参考工具书《中文核心期刊要目总览》，也可以登录中国知网，查找刊物的投稿信息。

在向核心期刊投稿的过程中，需要注意的事项：尽量不要投增刊，论文格式要规范。

思考与练习

1. 什么是科技论文？科技论文有何特点？
2. 简述科技论文写作与发表的意义。
3. 根据 GB/T 7713—1987 规定，科学技术报告、学位论文和学术论文由哪几部分构成？一般学术论文通常包括哪几部分？国标对各部分的写作有何要求？
4. 在编写摘要时，要注意哪些事项？试找一篇 5 000 字左右的学术论文，阅读后为其编写摘要。
5. 简述大学生毕业论文选题的注意事项。

附录一　中国高校信息素质能力指标体系（讨论稿）

指标一　具备信息素质的学生能够了解信息及信息能力在现代社会中的作用、价值与力量。
1. 具备信息素质的学生具有强烈的信息意识。
   a　了解信息的基本知识；
   b　了解信息在学习、科研、工作、生活等各方面产生的重要作用；
   c　认识到寻求信息是解决问题的重要途径之一。
2. 具备信息素质的学生了解信息素质的内涵。
   a　了解信息是一种综合能力；
   b　了解这种能力是开展学术研究必备的基础能力；
   c　了解这种能力是成为终身学习者必备的能力。

指标二　具备信息素质的学生能够确定所需信息的性质与范围。
1. 具备信息素质的学生能够识别不同的信息源并了解其特点。
   a　了解信息是如何生产、组织与传递的；
   b　认识不同的信息源(图书、期刊、数据库、视听资料等)，了解他们各自的特点；
   c　认识不同层次的信息源(零次、一次、二次和三次信息)，了解他们各自的特点；
   d　认识到内容相同的信息可以在不同的信息中出现(例如许多会议论文又同时发表在学术期刊上)；
   e　熟悉所在学科领域的主要信息源。
2. 具备信息素质的学生能够明确地表达信息需求。
3. 具备信息素质的学生能够考虑到影响信息获取的因素。

指标三　具备信息素质的学生能够有效地获取所需要的信息。
1. 具备信息素质的学生能够了解多种信息检索系统，并使用最恰当的信息检索系统进行信息检索。
2. 具备信息素质的学生能够组织与实施有效的检索策略。
3. 具备信息素质的学生能够根据需要利用恰当的信息服务获取信息。
4. 具备信息素质的学生能够关注常用的信息源与检索系统的变化。

指标四　具备信息素质的学生能够正确地评价信息及其信息源,并且把选择的信息融入自身的知识体系中,重构新的知识体系。

指标五　具备信息素质的学生能够有效地管理、组织与交流信息。

指标六　具备信息素质的学生作为个人或群体的一部分能够有效地利用信息来完成一项具体的任务。

指标七　具备信息素质的学生了解与信息检索、利用相关的法律、伦理和社会经济问题,能够合理合法地检索与利用信息。

说明:该指标体系由北京高校信息素质教育研究会 2007 年提出。

附录二 《中图法》结构示意图

基本部类	基本大类	简表

马克思主义、列宁主义、毛泽东思想、邓小平理论 …… A 马克思主义、列宁主义、毛泽东思想、邓小平理论

哲学……………………………………… B 哲学、宗教

社会科学………………………………… C 社会科学总论

　　　　　　　　　　　　　　　　　　D 政治、法律

　　　　　　　　　　　　　　　　　　E 军事

　　　　　　　　　　　　　　　　　　F 经济

　　　　　　　　　　　　　　　　　　G 文化、科学、教育、体育

　　　　　　　　　　　　　　　　　　H 语言、文字

　　　　　　　　　　　　　　　　　　I 文学

　　　　　　　　　　　　　　　　　　J 艺术　　　　　　　　　　　TB 一般工业技术

　　　　　　　　　　　　　　　　　　K 历史、地理　　　　　　　　TD 矿业工程

自然科学………………………………… N 自然科学总论　　　　　　　TE 石油、天然气工业

　　　　　　　　　　　　　　　　　　O 数理科学和化学　　　　　　TF 冶金工业

　　　　　　　　　　　　　　　　　　P 天文学、地球科学　　　　　TG 金属学与金属工艺

　　　　　　　　　　　　　　　　　　Q 生物科学　　　　　　　　　TH 机械、仪表工业

　　　　　　　　　　　　　　　　　　R 医药、卫生　　　　　　　　TJ 武器工业

　　　　　　　　　　　　　　　　　　S 农业科学　　　　　　　　　TK 能源与动力工程

　　　　　　　　　　　　　　　　　　T 工业技术　　　　　　　　　TL 原子能技术

　　　　　　　　　　　　　　　　　　U 交通运输　　　　　　　　　TM 电工技术

　　　　　　　　　　　　　　　　　　V 航空、航天　　　　　　　　TN 无线电电子学、电信技术

　　　　　　　　　　　　　　　　　　X 环境科学、安全科学　　　　TP 自动化技术、计算机技术

综合性图书……………………………… Z 综合性图书　　　　　　　　TQ 化学工业

　　　　　　　　　　　　　　　　　　　　　　　　　　　　　　　TS 轻工业、手工业

　　　　　　　　　　　　　　　　　　　　　　　　　　　　　　　TU 建筑科学

　　　　　　　　　　　　　　　　　　　　　　　　　　　　　　　TV 水利工程

《中图法》结构示意图 附录二

详　　表

- TU1 建筑基础科学
- TU19 建筑勘测
- TU2 建筑设计
- TU3 建筑结构
- TU4 土力学、地基基础工程
- TU5 建筑材料
- TU6 建筑施工机械和设备
- TU7 建筑施工
  - TU71 施工管理
  - TU72 施工组织与计划
  - TU73 施工设备
    - TU731 现场设备
      - TU731.1 施工现场布置
      - TU731.2 脚手架
      - TU731.3 动力设备
      - TU731.4 照明设备
      - TU731.5 供水设备
      - TU731.6 安全设备
    - TU732 运输设备
    - TU733 施工场地、临时工程设施
  - TU74 施工技术
  - TU75 各项工程与工种
- TU8 房屋建筑设备
- TU9 地下建筑
- TU97 高层建筑
- TU98 区域规划、城乡规划
- TU99 市政工程

177

附录三 《国际标准分类法》一级类目表

国际标准分类法(International Classification for Standards,简称ICS)是由国际标准化组织编制的标准文献分类法。它主要用于国际标准、区域标准和国家标准以及相关标准化文献的分类、编目、订购与建库,从而促进国际标准、区域标准、国家标准以及其他标准化文献在世界范围的传播。ICS 是一个等级分类法,包含三个级别。第一级包含 40 个标准化专业领域,各个专业又细分为 407 个组(二级类),407 个二级类中的 134 个又被进一步细分为 896 个分组(三级类)。国际标准分类法采用数字编号。第一级和第三级采用双位数,第二级采用三位数表示,各级分类号之间以实圆点相隔。如 43.040.20(照明、信号和报警设备)。大类的序列如下表所示。

01 综合、术语、标准化、文献	35 信息技术、办公机械	73 采矿和矿产品
03 社会学、服务、公司(企业)的组织和管理、行政、运输	37 成像技术	75 石油及相关技术
07 数学、自然科学	39 精密机械、珠宝	77 冶金
11 医疗卫生技术	43 道路车辆工程	79 木材技术
13 环保、保健和安全	45 铁路工程	81 玻璃和陶瓷工业
17 计量学和测量、物理现象	47 造船和海上构筑物	83 橡胶和塑料工业
19 试验	49 航空器与航天器工程	85 造纸技术
21 机械系统和通用件	53 材料储运设备	87 涂料和颜料工业
23 流体系统和通用件	55 货物的包装和调运	91 建筑材料和建筑物
25 制造工程	59 纺织和皮革技术	93 土木工程
27 能源和传热导工程	61 服装工业	95 军事工程
29 电气技术	65 农业	97 家用和商用设备、文娱、体育
31 电子学	67 食品技术	99 (无标题)
33 电信、音频和视频工程	71 化工技术	

附录四　中华人民共和国标准代号

1. 国家标准代号

| GB——强制性国家标准代号 | GB/T——推荐性国家标准代号 |

2. 行业标准代号

1	AQ 安全生产行业标准	2	BB 包装行业标准
3	CB 船舶行业标准	4	CECS 工程建设标准化协会标准
5	CH 测绘行业标准	6	CJ 城建行业标准
7	CJJ 城建行业工程建设规程	8	CY 新闻出版行业标准
9	DA 档案行业标准	10	DB 地震行业标准
11	DL 电力行业标准	12	DZ 地质行业标准
13	EJ 核工业行业标准	14	FZ 纺织行业标准
15	GA 公安行业标准	16	GH 供销合作行业标准
17	GY 广播电影电视行业标准	18	HB 航空行业标准
19	HG 化工行业标准	20	HGJ 化工行业工程建设规程
21	HJ 环保行业标准	22	HS 海关行业标准
23	HY 海洋行业标准	24	JB 机械行业标准
25	JC 建材行业标准	26	JG 建筑行业标准
27	JGJ 建筑行业工程建设规程	28	JR 金融行业标准
29	JT 交通行业标准	30	JY 教育行业标准
31	LB 旅游行业标准	32	LD 劳动行业标准
33	LS 粮油行业标准	34	LY 林业行业标准
35	MH 民用航空行业标准	36	MT 煤炭行业标准
37	MZ 民政行业标准	38	NY 农业行业标准
39	QB 轻工业行业标准	40	QC 汽车行业标准
41	QJ 航天行业标准	42	QX 气象行业标准
43	RF 人防行业标准	44	SB 商业行业标准
45	SC 水产行业标准	46	SH 石油化工行业标准
47	SJ 电子行业标准	48	SL 水利行业标准
49	SN 商品检验行业标准	50	SY 石油行业标准
51	TB 铁道行业标准	52	TD 土地行业标准

附录四 中华人民共和国标准代号

续表

53	TSG 特种设备行业标准		54	TY 体育行业标准
55	WB 物资行业标准		56	WH 文化行业标准
57	WJ 兵工民品行业标准		58	WM 外贸行业标准
59	WS 卫生行业标准		60	XB 稀土行业标准
61	YB 黑色冶金行业标准		62	YBB 药品包装行业标准
63	YC 烟草行业标准		64	YD 通信行业标准
65	YS 有色冶金行业标准		66	YY 医药行业标准
67	YZ 邮政行业标准		68	ZY 中医药行业标准

注:行业标准分为强制性和推荐性标准。表中给出的是强制性行业标准代号,推荐性行业标准的代号是在强制性行业标准代号后面加"/T",例如农业行业的推荐性行业标准代号是 NY/T。

3. 地方标准代号

序号	代号	含义	管理部门
1	DB + *	中华人民共和国强制性地方标准代号	省级质量技术监督局
2	DB + */T	中华人民共和国推荐性地方标准代号	省级质量技术监督局

注:* 表示省级行政区划代码前两位

4. 企业标准代号

序号	代号	含义	管理部门
1	Q + *	中华人民共和国企业产品标准	企业

注:* 表示企业代号

附录五　中国科技论文在线稿件格式(中文)

标题(居中,小二黑体)[①]

作者姓名[1],作者姓名[2],作者姓名[3](小四号宋体)
1 学校系名,城市(邮编)(五号仿宋)
2 学校系名,城市(邮编)(五号仿宋)
3 学校系名,城市(邮编)(五号仿宋)
E-mail(小五,Times New Roman)

[示例]:

熊易群[1],贾改莲[2],钟小锋[1],刘建君[1]
1 陕西师范大学教育系,陕西西安(710062)
2 陕西省教育学院教育系,陕西西安(710061)
E-mail: feoij@sohu.com

摘要:本文给出了一种……(五号,楷体)页边距:左右各:3.17 cm,上下各:2.5 cm;页眉:1.7 cm,页脚:1.75 cm。
关键词:(3~5 个)
中图分类号:查阅《中国图书馆分类法》

1. 引言(四号,宋体,加粗)

引言中应简要回顾本文所涉及的科学问题的研究历史,尤其是近三年的研究成果,需引用参考文献;并在此基础上提出论文所要解决的问题,并扼要说明本研究中所采用的方法和技术手段等。引言部分不加小标题。

[示例]:
近年来……(正文五号宋体,段首空两汉字字符,1.25 倍行距)页边距:左右各:3.17 cm,上下各:2.5 cm;页眉:1.7 cm,页脚:1.75 cm。

---

① 本课题得到******资助(注明资助项目类别、名称和批准号)。

2. 系统介绍(同上)

2.1 一级子标题(小四号,宋体,加粗)

2.1.1 二级子标题(五号,宋体,加粗)

图表的标注:图片标注在图下方,表格标注在表格上方,居中,汉字用宋体,数字英文用Times New Roman,罗马字用Symbol。字号:小五。

文献出处标注:以参考文献的序号在正文中以[1]标注出,字体:Times New Roman,字号:五号,上标,颜色:蓝色。例:……年产量居全国之首[1]……

3. ……

4. ……

5. 结论(同上)

本文给出了……

6. 致谢(可选)

应向对论文有帮助的有关人士或单位表示谢意。

参考文献(五号,黑体)

[1] Said H E S,Tan T,Baker K. Personal identification based on handwriting[J].Pattern Recognition,2000,33(1):149-160.

[2] 吴佑寿,丁晓青.汉字识别原理与应用[M].北京:高等教育出版社,1992:8.

(小五号宋体)

注:文中所引的参考文献,作者均应认真阅读过,对文献的作者、题目、发表的刊物、年份、卷期号和起止页码等均应核实无误,并按在正文出现的先后顺序编号。标引的序号两边加"[ ]",作者不超过3人的姓名都写,超过3人的第三人后面加",等(et al)"。无论中外署名,一律姓(大写)先名后,作者姓名之间以逗号分隔。参考文献一律置于文末。具体格式如下:

期　　刊:作者.论文题目[J].刊名,出版年,卷号(期号):起始页码-终止页码.
专　　著:作者.书名[M].出版地:出版社,出版年.

译　　著:作者.书名[M].译者.出版地:出版者,出版年.
论　文　集:作者.论文题目[A].编者.文集[C].出版地:出版者,出版年.起始页码-终止页码.
学位论文:作者.论文题目[D].所在城市:保存单位,年份.
专　　利:申请者.专利名[P].国名及专利号,发布日期.
技术标准:技术标准代号.技术标准名称[S].地名:责任单位,发布年份.
技术报告:作者.文题[R].报告代码及编号,地名:责任单位,年份.
报纸文章:作者.文题[N].报纸名,出版日期(版次).
电子公告/在线文献:作者.文题[EB/OL].http://……,日期.
数据库/光盘文献:作者.文题[DB/CD].出版地:出版者,出版日期.
其他文献:作者.文题[Z].出版地:出版者,出版日期.

Title(三号,加粗,英文全用 Times New Roman 字体)

Author name(小四号)
Author address(五号)

Abstract(五号粗体)

In this paper……(10 Points: Times New Roman)
Keywords: *neural computation,* ……

作者简介(可选): 每个作者介绍不超过150字。可以有多个作者的简介。(宋体,五号)

参考文献

[1] 杨长平.信息检索与利用[M].北京:中国农业出版社,2009.
[2] 杜伟.信息检索[M].北京:科学出版社,2009.
[3] 法律出版社法规中心.中华人民共和国专利法注释本[M].2版.北京:法律出版社,2009.
[4] 潘燕桃.信息检索通用教程[M].北京:高等教育出版社,2009.
[5] 周勤,周洪波.信息检索实用教程[M].北京:北京理工大学出版社,2009.
[6] 郭玉强,付先华,周和玉.现代信息检索与利用[M].武汉:武汉理工大学出版社,2009.
[7] 肖亚明,尹志清,王涛.信息检索与利用[M].天津:天津大学出版社,2009.
[8] 王雅南.实用网络信息检索[M].北京:高等教育出版社,2008.
[9] 赵静.现代信息查询与利用[M].2版.北京:科学出版社,2008.
[10] 陈渭.标准化基础教程:标准化理论与实践[M].北京:中国计量出版社,2008.
[11] 朱静芳.现代信息检索实用教程[M].北京:清华大学出版社,2008.
[12] 信息检索利用技术编写组.信息检索利用技术[M].成都:四川大学出版社,2008.
[13] 王岩.社会科学信息检索与利用[M].北京:海洋出版社,2008.
[14] 赵乃瑄.实用信息检索方法与利用[M].北京:化学工业出版社,2008.
[15] 乔好勤,冯建福,张材鸿.文献信息检索与利用[M].武汉:华中科技大学出版社,2008.
[16] 袁津生,赵传刚.搜索引擎与信息检索教程[M].北京:中国水利水电出版社,2008.
[17] 章云兰,王学勤.现代信息检索与利用[M].杭州:浙江科学技术出版社,2007.
[18] 孙桂荣,乔博,史留功.现代文献信息检索教程[M].郑州:河南人民出版社,2007.
[19] 谷茂兰,黄云.信息检索与利用[M].北京:北京理工大学出版社,2007.
[20] 张白影.新编文献信息检索通用教程[M].北京:首都经济贸易大学出版社,2007.
[21] 袁学松,宋雯斐.现代信息检索[M].北京:中国水利水电出版社,2007.
[22] 包忠文.文献信息检索概论及应用教程[M].北京:科学出版社,2007.
[23] 朱俊波.实用信息检索[M].成都:西南交通大学出版社,2007.
[24] 高润芝.现代信息资源检索与利用[M].北京:经济管理出版社,2007.
[25] 洪全.信息检索与利用[M].北京:清华大学出版社,2007.
[26] 王立诚.社会科学文献检索与利用[M].2版.南京:东南大学出版社,2007.
[27] 吴六爱,李霞,张秀红,等.计算机信息检索教程[M].兰州:甘肃人民出版社,2006.
[28] 刘振西,李润松,叶茜.实用信息检索技术概论[M].北京:清华大学出版社,2006.

［29］王细荣,韩玲,张勤.文献信息检索与论文写作[M].上海:上海交通大学出版社,2006.
［30］徐学锋.信息检索与利用[M].北京:煤炭工业出版社,2006.
［31］袁豪杰,颜先卓.现代信息检索与利用[M].北京:北京邮电大学出版社,2004.
［32］沈固朝.信息检索(多媒体)教程[M].北京:高等教育出版社,2002.
［33］肖时开,吴汝舟.实用科技论文和科技文件写作[M].济南:山东人民出版社,2002.
［34］陈浩元.科技书刊标准化18讲[M].北京:北京师范大学出版社,1998.
［35］杨应珍.文检课与大学生的信息意识教育[J].中国西部科技,2006(4):71-72.
［36］李远毅.《教育大百科全书》评介[J].教育研究,2006(7).
［37］张林龙.高职高专文献检索课教学存在的问题及其对策[J].渝西学院学报:自然科学版,2005(4):58-61.
［38］徐金铸.信息源及其分类研究[J].现代情报,2001(6):39-40.
［39］王世伟.论数字图书馆的特点及其对当代图书馆学教育的影响[J].图书情报工作,2001(3):13-15.
［40］陈建芳.中文元搜索引擎的比较与创新[J].情报探索,2009(11):92-94.
［41］王波.全国高校信息素质教育学术研讨会综述[J].大学图书馆学报,2002(2):89-90.
［42］全国信息与文献标准化技术委员会.GB/T 7713—1987科学技术报告、学位论文和学术论文的编写格式[S].北京:中国标准出版社,1987.
［43］裴俊青.高校信息素养教育与创新型人才培养的关系[EB/OL].(2006-04-27)[2010-04-04].http://edu.lib.tsinghua.edu.cn/ElectronicJournal/WenZhang/0601/PeiJunQing.doc.
［44］网络信息资源的类型和特点[EB/OL].(2007-11-12)[2010-04-01].http://yh.ntu.edu.cn/chapter04/material/netinfo.htm.
［45］http://www.sowang.com/link.htm.
［46］http://202.119.47.33:8080/opac/search.php.
［47］http://202.119.47.8:8080/opac/search_adv.php.
［48］http://beta.nstl.gov.cn/NSTL/.
［49］http://www.calis.edu.cn.
［50］http://www.wanfangdata.com.cn/.
［51］http://www.cqvip.com/about/about.shtml.
［52］http://service.cqvip.com/view.asp?id=12.
［53］http://www.21dmedia.com/.
［54］http://pds.sslibrary.com.
［55］http://dlib.apabi.com/tiyan.
［56］http://www.paper.edu.cn/aboutus_xiezuo.php.
［57］http://www.wanfangdata.com.cn/UpdateDetails.aspx.
［58］http://epub.cnki.net/grid2008/Help/jiansuopingtai/.
［59］http://www.cnki.net.
［60］http://baike.baidu.com/view/1154.htm.
［61］http://libserver.jsie.edu.cn/include/webnet.asp.

参 考 文 献

[62] http://www.51job.com/bo/AboutUs.php.

[63] http://www.teein.com/about.html.

[64] http://www.daqi.com/news/about.html.

[65] http://www.mylaw.com/html/page-1.htm.

[66] http://www.openv.com/about/index.php.

[67] http://www.leexoo.com/about/corporate.action.

[68] http://baidu.gouwuke.com/about.html.

[69] http://www.ding9.com/aboutus.htm.

[70] http://www.emule.org.cn/about/.

[71] http://www.tuotu.com/53bd3581-fba2-46c8-b9db-5ac0c6ea6ecc.htm.

[72] http://ysxhhps-11220327.blogbus.com/logs/33508546.html.

[73] http://jwc.jssvc.edu.cn/js/dzja4_2.htm.

[74] http://blog.csdn.net/Fandywang_jlu/archive/2008/06/26/2587606.aspx.

[75] http://chengguren.cn/Article/it/seo/200906/678.html.

[76] http://www.williamlong.info/archives/728.html.

郑 重 声 明

高等教育出版社依法对本书享有专有出版权。任何未经许可的复制、销售行为均违反《中华人民共和国著作权法》，其行为人将承担相应的民事责任和行政责任，构成犯罪的，将被依法追究刑事责任。为了维护市场秩序，保护读者的合法权益，避免读者误用盗版书造成不良后果，我社将配合行政执法部门和司法机关对违法犯罪的单位和个人给予严厉打击。社会各界人士如发现上述侵权行为，希望及时举报，本社将奖励举报有功人员。

反盗版举报电话:(010)58581897/58581896/58581879
反盗版举报传真:(010)82086060
E - mail:dd@hep.com.cn
通信地址:北京市西城区德外大街4号
　　　　　高等教育出版社打击盗版办公室
邮　　编:100120

购书请拨打电话:(010)58581118